古代歷史文化研究輯刊

二二編

王明蓀 主編

第 17 冊

幽燕畫卷——北京史論稿

周峰、范軍 著

國家圖書館出版品預行編目資料

幽燕畫卷——北京史論稿／周峰、范軍 著 — 初版 — 新北市：
花木蘭文化事業有限公司，2019〔民 108〕
目 2+210 面；19×26 公分
（古代歷史文化研究輯刊 二二編；第 17 冊）
ISBN 978-986-485-911-5（精裝）
1. 區域研究 2. 北京市
618   108011821

ISBN-978-986-485-911-5

古代歷史文化研究輯刊
二二編　第十七冊　　　　　　　ISBN：978-986-485-911-5

幽燕畫卷——北京史論稿

作　　　者	周峰、范軍
主　　　編	王明蓀
總 編 輯	杜潔祥
副總編輯	楊嘉樂
編　　　輯	許郁翎、王筑、張雅淋　美術編輯　陳逸婷
出　　　版	花木蘭文化事業有限公司
發 行 人	高小娟
聯絡地址	235 新北市中和區中安街七二號十三樓
	電話：02-2923-1455／傳真：02-2923-1452
網　　　址	http://www.huamulan.tw 信箱 hml810518@gmail.com
印　　　刷	普羅文化出版廣告事業
初　　　版	2019 年 9 月
全書字數	152060 字
定　　　價	二二編 25 冊（精裝）台幣 63,000 元

幽燕畫卷——北京史論稿

周峰、范軍　著

作者簡介

　　周峰，男，漢族，1972 年生，河北省安新縣人。中國社會科學院民族學與人類學研究所研究員，歷史學博士，碩士生導師。主要從事遼金史、西夏學的研究。出版《完顏亮評傳》《21 世紀遼金史論著目錄（2001 ～ 2010 年）》《西夏文〈亥年新法 • 第三〉譯釋與研究》《奚族史略》《遼金史論稿》等著作 11 部（含合著），發表論文 90 餘篇。

　　范軍，女，漢族，1967 年生，山東省臨沂市人。北京市文物局老城保護處處長，副研究館員。主要從事文物博物館學、北京史的研究，出版有《金章宗傳》（合著），發表論文 10 餘篇。

提　　要

　　本書收錄兩位作者 20 年來撰寫的有關北京史的論文與文章，其中除了《關於金中都北城牆光泰門的問題》《金代嚴行大德閑公塔銘考釋》兩篇外，其他均已公開發表。按所涉及的範圍可分三組：一組是遼金北京史諸問題，其中主要有遼南京和金中都的概略性介紹以及金章宗與北京等內容；一組是北京地區的碑刻、墓誌考述與介紹，以遼金時期爲主，也有跨越明、清、民國的永定河碑刻；第三組是關於元明清北京史諸問題，有關於阿尼哥、花鄉、二閘、謠諺等。涿州雖然現在不在北京市行政區劃範圍內，但歷史上是大北京（順天府）的一部分，因此《史道與明代涿州史氏家族》一文收入本書也沒有問題。

目次

遼朝陪都——南京城

一、契丹族源流、立國與建都

　　契丹這個在北方草原上縱橫馳騁了 600 年的古老民族在公元 10 世紀終於迎來了他的黃金歲月。大契丹國——大遼政權的建立使這個至今已經消亡了的民族在中國乃至世界歷史上留下了光輝燦爛、不可磨滅的一頁。

　　「契丹」一詞最早見於《魏書》，這時的契丹族有八個部落游牧於潢河（今內蒙古西拉沐淪河）、土河（今老哈河）流域。之後契丹族先後處於突厥、回紇的統治之下，並經常和北朝、隋、唐等中原王朝發生武裝衝突。大賀氏、遙輦氏兩個部落先後處於契丹族部落聯盟首領地位，同中原農耕文化接觸較多，發展較快，耶律阿保機的祖父勻德實、父親撒拉的、叔父釋魯先後出任迭剌部的夷離堇（軍事首領），耶律家族逐漸在迭剌部乃至遙輦氏部落聯盟中佔據了主導地位，耶律氏取代遙輦氏只不過是時間問題而已。

　　公元 907 年，耶律阿保機利用強大的軍事力量一舉成為契丹族的最高首領。公元 916 年，阿保機在龍化州（今內蒙古赤峰市八仙筒一帶）築壇、登基即位，國號「契丹」，建元「神冊」，自稱「大聖大明天皇帝」，冊妻述律氏為「應天大明地皇后」，立長子耶律倍為皇太子。確定了皇權世襲的統治，宣告了契丹部落聯盟選舉制的消亡和契丹皇朝的誕生，耶律阿保機成為大契丹國的第一位皇帝。契丹建國後，定都於上京（臨潢府，今內蒙古巴林左旗南）。創制了契丹大、小字，結束了契丹民族無文字的歷史，為契丹族的文化的發展奠定了基礎。神冊六年，阿保機又下令制定了法律。一系列措施，使契丹國家已初具規模，從此契丹開始逐漸走向強盛。

卓歇圖（局部）

二、行政區劃、政權機構和城市布局

遼太祖耶律阿保機死後，其子耶律德光繼位，是爲太宗。遼太宗繼續執行太祖的政策，不斷南下叩打中原的門戶，以圖佔據中原，而首當其衝的就是幽州城。

天顯十一年（936），後唐將領石敬瑭在晉陽（今山西太原市西南）叛唐自立，並上表向遼太宗求援，甘願稱比自己小的太宗爲父，許諾滅後唐後向契丹納土稱臣。這樣，耶律德光派兵南下，大敗後唐於晉陽。十一月，冊封石敬瑭爲「大晉皇帝」，二人執手「約爲父子」。之後，石敬瑭南下攻佔洛陽，滅後唐。

石敬瑭當上「兒皇帝」之後，於會同元年（938）十一月，把燕雲十六州之地割讓給契丹。隨即，太宗詔書以皇都爲上京，改原南京（今遼寧遼陽）爲東京，升幽州爲南京（也稱燕京）。此後，南京就成爲遼五京之一（另二京

爲中京大定府、西京大同府），北京從中原王朝的邊疆重鎮而一變成爲北方游牧民族王朝的陪都，拉開了北京成爲全國政治中心的序幕，揭開了它歷史上嶄新的一頁。

南京在遼代隸屬於南京道，遼初府名爲幽都，後改析津。南京析津府下直轄 11 縣，還轄有 6 個刺史州，其下各設數量不等的縣共計 13 個，如下表：

遼南京行政區劃表

南京析津府	直轄	析津縣、宛平縣、昌平縣、潞縣、良鄉縣、永清縣、武清縣、香河縣、玉河縣、漷陰縣
	順州	懷柔縣
	檀州	密雲縣、行唐縣
	涿州	范陽縣、固安縣、新城縣、歸義縣
	薊州	漁陽縣、三河縣、玉田縣
	景州	

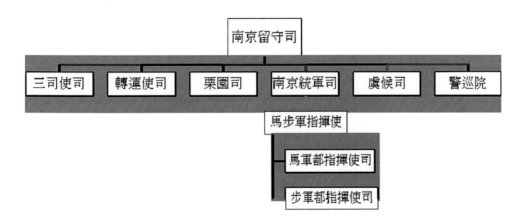

南京地方政權機構圖

契丹在得到幽燕地區後，社會內部也發生了很大的變化。但是契丹族當時的主要生產方式還是以畜牧與狩獵爲主，而幽燕地區已具有高度發展的封建經濟文化，過著以農業爲主的定居生活，兩者社會經濟與文化發展有很大差異。針對此種情況，契丹統治者在國家管理上採取「胡漢分治」的辦法，「以國制治契丹，以漢制待漢人」。即中央統治機構分設北面官和南面官兩大系統。北面官治理契丹人和其他游牧民族，而南面官則治理漢人和渤海人等農

耕民族。南京的政權機構屬南面官系統。南京的中央機構有宰相府，設左右相、左右平章事。地方機構有南京留守司，管理南京軍政，其長官留守是南京的最高行政長官，一般同時又兼任析津府尹。留守司下設三司使司、轉運使司、栗園司等經濟管理機構。另有虞候司負責皇帝巡幸南京時的警衛，警巡院負責治安。軍事機構有南京統軍司，長官爲南京統軍使，下屬有馬步軍指揮使，轄馬軍都指揮使司和步軍都指揮使司。地方各州縣的機構則一如中原王朝制度。

天寧寺塔

南京城在遼五京中規模最大，位於今宣武區西南一帶。基本沿用唐幽州城，只是把城牆重加修築，並未進行大規模城市改造。其北城牆在白雲觀北

側東西一線；南城牆在白紙坊東西、街一線；東城牆在爛漫胡同與法源寺之間；西城牆在會城門至蓮花河東岸。《遼史‧地理志》載南京「城方三十六里，崇三丈，衡廣一丈五尺」。有八個城門，四面各兩個。東為安東、迎春；南為開陽、丹鳳；西為顯西、清晉；北為通天、拱辰。皇城即子城在南京城的西南隅，皇城的西、南牆實為南京城西、南牆的一部分。皇城有四門：宣和、丹鳳、顯西、子北。南京城內分佈著居民居住的 26 坊，坊大多沿用唐代舊稱，坊有圍牆、坊門，門上有坊名。城北設有市，為商貿中心，彙集各地的商品。城市人口達 30 萬，除漢族、契丹族外，還有奚、渤海等少數民族。從「肅慎」「罽賓」等坊名可以看出這裡還有東北、西域的少數民族。

三、宋與遼爭奪燕京

遼取得燕雲十六州之後，不僅獲得了這十六州的土地人民、財賦收入，更主要的是取得了對中原政權的戰略主動地位。燕山等山脈的崇山峻嶺不再成為契丹鐵騎南下的屏障，而是成為其穩固的後方。華北大平原的門戶頓開使中原政權幾乎無險可守。因此，契丹建國後，連年南下，給中原政權造成了極大的威脅。奪回燕雲十六州成為中原政權的宿願，於是在後周和北宋時期，就先後發動了三次攻打燕京的戰爭，中原政權與遼圍繞以燕京為中心的燕雲十六州展開了激烈的爭奪。

遼應曆九年（959）四月，後周世宗決心一舉收復燕雲。戰爭開始後，後周軍勢如破竹，先後攻下或受降益津、瓦橋、淤口三關。遼戰爭失利的主要原因在於遼穆宗思想上的不重視，認為這些土地本來就是「漢地」，損失了也不足為惜。當周世宗下令進攻燕京時，穆宗在大臣蕭思溫的再三鼓動下到南京親自督戰。而在此時，周世宗卻突發急病，只得回師，雙方罷兵。中原政權第一次攻燕之役至此結束，結果後周盡取拒馬河以南之地。

宋建國後，試圖重新佔領燕雲十六州，但採取的是先南後北的策略，在消滅了南方的割據勢力及北漢政權之後，宋太宗決定趁勢北上，御駕親征，收復幽燕。宋太平興國四年（979，遼保寧十一年）六月二十三日，宋軍直抵燕京城南，遼的漢族官員及平民紛紛降宋。但遼景宗及皇后蕭綽（燕燕）派名將耶律休哥率五院軍精騎 3 萬人出山後間道馳援，七月七日與耶律斜軫所率六院軍分左右兩翼夾攻宋軍於燕京城北的高梁河，宋軍大敗，宋太宗乘驢車逃走。

今北京西直門外高梁河上的高梁橋

　　宋在高梁河之戰失敗後，並未放棄收復燕雲的願望，而一直積蓄力量，待勢而動。雍熙三年（986，遼統和四年）三月，宋又發動了第二次北伐。宋軍分東、中、西三路北上，進展迅速。東路在曹彬率領下十三日攻下涿州，由於孤軍深入，供給線過長，加之耶律休哥派小股精銳不斷騷擾，宋軍不得已退駐雄州。在宋太宗的督促下又第二次進軍涿州，但耶律休哥層層設伏，宋軍雖又攻下涿州，但實力大損，不得已二次退出。遼軍全面反擊，宋軍大敗。接著西線也潰敗，名將楊業戰死，遼取得了第三次燕京保衛戰的勝利。

　　遼聖宗統和二十二年（1004，宋景德元年），遼大軍又南下侵入宋境內直至澶州（又稱澶淵郡，今河南濮陽附近），在城下遇到宋眞宗親率大軍的頑強抵抗，雙方勢均力敵，在同年的十二月簽定了史稱「澶淵之盟」的和約。從此雙方以白溝（今涿州南）爲界，宋利用滹沱與白溝等河，築堤貯水，擴大水田，以防契丹鐵騎南下。之後百餘年，宋遼基本和平相處，在經濟、文化方面保持密切聯繫。

四、漢族世家顯貴

　　南京在遼代雖爲五京之一，但是遼代皇帝仍沿襲著「四時捺缽」的制度，即隨著四季變遷而游牧、田獵於不同的地區，政治中心也就隨之遷移，只在冬季捺缽時才到南京，因此南京不具備眞正的都城意義。又由於契丹貴族大多須隨皇帝遷移，因此南面朝官和幽燕地區州縣官吏基本由漢人擔任。在遼南京居住的大多爲漢族世家顯貴，這可從在北京發現的遼墓幾乎全爲漢人墓葬得到證實。韓、劉、馬、趙等家族都是南京有名的世家豪族，他們爲契丹統治者獻計獻策，遼的許多制度仍沿襲唐朝舊制。

　　韓氏家族　韓氏有兩大家族，即韓知古──韓德讓家族和韓延徽家族。韓知古是薊州玉田人，爲遼太祖所俘，成爲遼初重臣，爲遼的建元立國立下了汗馬功勞。其子韓匡嗣曾官拜南京留守。而匡嗣子德讓在遼代更是聲名顯赫，深受景宗皇后蕭綽的寵幸，官至宰相，被賜名爲耶律隆運，列於皇族。他爲聖宗（蕭綽與景宗之子）朝的興盛起了重要作用。

　　韓延徽也是遼初太祖耶律阿保機時代的功臣之一。他積極爲阿保機出謀劃策，在安置降遼漢人方面做出了突出貢獻。他的家族墓地在今八寶山附近韓家山，已發現有其孫韓佚及夫人合葬墓和六世孫韓資道墓。韓佚墓內出土的精美文物爲研究南京漢族世家顯貴的生活提供了珍貴的實物資料。

韓佚墓壁畫

劉氏家族　劉氏家族在唐代一直在幽州爲官，到遼代，劉景官至南京副留守。劉景子愼行，曾爲北府宰相，監修國史。劉愼行有 6 子，達到了劉氏鼎盛時期。其中劉三嘏娶聖宗第九女同昌公主，劉四端娶聖宗第十一女仁壽公主。劉六符在遼代政治生活中更是起了重要作用，他在興宗朝出使北宋，通過高超的外交藝術及政治鬥爭經驗，藉口索要關南十縣之地，迫使宋每年增加歲幣 20 萬，爲遼立下了卓越功勳而官拜宰相。

劉鑄墓誌拓本，劉鑄是劉景之弟

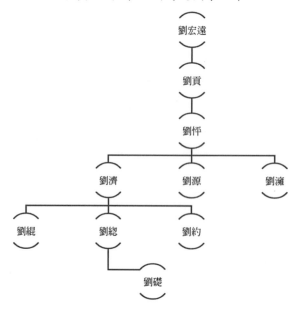

劉氏家族世系表一

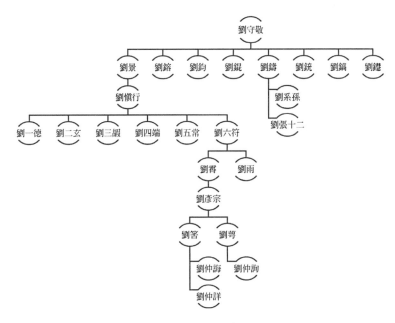

劉氏家族世系表二

馬氏家族 馬氏家族雖然在宋人筆下有記載，但卻不見載於《遼史》，而馬直溫夫妻合葬墓的發現卻為尋找馬氏家族提供了實物資料，出土的馬直溫妻張縮墓誌提供了難得的史料。馬直溫本人生平並不顯赫，但他的姻親卻都很有權勢，夫人張縮為遼代名相張儉的孫女，而馬直溫的五個女兒又都嫁給皇族耶律氏及劉氏、李氏、張氏等漢家大族，形成了一個錯綜複雜的關係網。這也是遼南京漢族世家顯貴的一個普遍特點。

馬直溫墓出土的木生肖俑，現展陳於首都博物館

　　趙氏家族　趙德鈞、趙延壽（德鈞養子）父子曾顯赫一時。趙德鈞爲五代時的幽州割據勢力，任北平王。趙德鈞長期鎮守幽州，統治較爲寬鬆，在保衛和建設幽州方面頗有建樹，在平定內亂，抗擊契丹侵擾中也有一定貢獻。後討伐石敬瑭失敗，父子二人投降了遼太宗。趙延壽曾爲南京留守，並協助遼南下攻打中原。但是他卻企圖當中原的皇帝，被遼世宗剝奪了兵權。之後，趙氏家族逐漸衰落。

趙德鈞墓出土磚雕殘片，首都博物館藏

五、經濟恢復與發展

　　遼統治的大部分區域——上京、中京、東京三道大多數爲游牧地區，農耕爲主的只有西京、南京二道所屬地區，尤以南京地區經濟最爲發達，爲遼政權提供了大量的財富。王澤墓誌載南京「兵戎冠天下之雄，與賦當域中之半」。

　　南京的手工業以瓷器生產最爲興盛，門頭溝區龍泉務村遼代瓷窯址的發掘爲此提供了實物資料。該窯址位於龍泉務村北，三面環山，臨永定河，周圍蘊藏著豐富的煤炭資源及瓷土資源，爲窯場的創建提供了便利條件。窯址總面積27600多平方米，已發掘了1000餘平方米，發現窯爐13座、作坊2處及火炕、爐灶、建築遺跡等，出土各類器物8000餘件。白瓷以盤、碟、碗、缽爲主，其次有罐、壺、盂、盒、洗、爐、枕等生活用品，獅、猴、羊、狗、塤、鈴、圍棋子、象棋子、硯等文玩。三彩器有碗、爐、碟、佛像、蓮座及磚、瓦當、吻獸等建築構件，其中的三彩菩薩像堪稱珍品，造型優美，工藝精緻。還發現了一件刻有「壽昌五」三字的香爐殘片，壽昌是遼道宗的年號，五年是1099年。龍泉務瓷窯址據專家考證應屬遼代官窯，它的發掘爲研究遼金時期的北方瓷窯及陶瓷手工業的發展提供了大量實物資料，充分反映了遼南京手工業的繁榮。

龍泉務窯三彩菩薩像，首都博物館藏

　　遼與五代並立時，就與南方政權有著貿易往來，如韓佚墓中出土的青瓷器為越窯產品，很明顯這是來自對外貿易。遼南京處於遼宋交界地帶，遼在南京以南的涿州、新城等地設置榷場與宋進行貿易。遼輸入的物資主要以糧食和茶為主，另外有絹帛、漆器、香料、藥物等，而輸出的則以畜產品為主，如羊、馬、駱駝等。榷場貿易不僅使遼獲得了大批緊缺物資，而且也獲得了大量稅收，大大促進了遼經濟的發展。

韓佚墓出土越窯青釉刻花盞托

六、文化及社會習俗

由於遼代文獻資料的匱乏，很難勾勒出遼南京文化的整個輪廓，但從爲數不多的史料中仍可看出遼南京文化的繁榮。

遼代和各代一樣，對儒學也很重視，在南京設有太學，所屬州、縣又設有州學、縣學。統和十三年（995），因爲南京太學生人數很多，聖宗下令賜給太學有水田的農莊一處，以此資助辦學經費。遼代的科舉制度也是自南京而始的，起初取士人數不多，到聖宗時期數量大增，很多讀書人由此進入統治階層，如上文提到的劉氏家族的劉三嘏、劉四端、劉六符等人都是進士出身。

南京的文人學士中，成就較突出的有耶律儼、王鼎、行鈞等人。耶律儼原姓李，因父被賜姓而從姓耶律。他是南京析津府人，進士出身，官至知樞密院事，兼修國史。天祚帝時，他修成了太祖以下諸帝實錄70卷，元代修《遼史》時多參照此書。耶律儼堪稱遼代史學第一人。王鼎爲涿州人，也出身進士，官任翰林學士，當時的公牘文書，很多出自其手，南京地區的很多碑刻也爲他所撰寫，但奠定他在遼代文壇地位的卻是《焚椒錄》一書。《龍龕手鏡》是南京僧人行鈞編寫的一部漢字字典，是古代音韻學及文字學方面的一部重要著作。

明汲古閣刻本《焚椒錄》書影　　　　　《龍龕手鏡》書影

大覺寺山門

灰陶契丹族男立俑，首都博物館藏。

昌平南口陳莊遼墓出土，俑髡髮、左衽，是典型的契丹男子形象。

如前所述，遼的統治者在吸收、繼承、發展漢族傳統文化的同時，也將契丹族文化、習俗的精粹傳播到了南京等漢族地區。

遼代皇帝仍沿襲著四時遊獵的「納缽」習俗，位於今通州區境內的延芳澱（現已無存）就是遼代皇帝春季納缽捕獵天鵝的地方。契丹族有朝日之俗，房屋、帳幕等都東向而設，這一點也影響到南京的建築，今西山大覺寺，遼代是著名寺院——清水院，它的整個布局就是坐西朝東的。

遼南京的契丹人和漢人的通婚現象普遍存在，這不僅促進了民族的融合，而且契丹族的很多婚俗也影響到漢族，如姊妹接續婚、婚姻不論輩分等。契丹族的火葬習俗也同樣影響著南京地區的漢人，如前文所述馬直溫夫妻合葬墓就是典型的火葬習俗。另外契丹族的飲食習俗（如食用乳製品）、服飾習俗（如左衽）等社會生活的各個方面也對南京地區有著廣泛而深刻的影響，並一直延續到今天。

七、佛教的興盛

遼南京不僅漢族佛教信徒眾多，而且契丹人包括皇帝在內對佛教也誠信有加。《契丹國志》記載南京「僧居佛寺，冠於北方」，在北京的歷史上達到了一個崇佛的高峰。

南京佛教的興盛，首先表現在寺廟眾多，佛塔林立。據宋人洪皓《松漠記聞》記載，南京大的寺院即有 36 所。城內著名的寺院有憫忠寺（今法源寺）、天王寺（今天寧寺）、竹林寺、昊天寺、歸義寺、仙露寺等，雖經數百年的兵燹戰亂，有的寺廟仍保留下來，其中的憫忠寺與天王寺今仍有跡可尋。遼南京城外的著名寺院有暘臺山清水院（今大覺寺）和慧聚寺（今戒臺寺）等。戒臺寺的主要建築雖多為明、清重建，但其主要殿宇多保留坐西朝東的布局，寺內仍有遼代高僧法均大師的舍利塔及衣缽塔，塔下立有《法均大師遺行碑》，記載了法均大師的生平，是北京僅存的幾通遼碑之一，具有較高的歷史文物價值。塔是寺廟建築的重要組成部分，有的寺廟雖已毀壞，塔卻猶存至今。目前遍佈城郊有 20 餘座遼代單塔和塔林，如天寧寺塔、雲居寺北塔等，仍巍然矗立，十分壯觀。塔一般為八角形，3、7，11 或 13 層密簷磚塔，塔身雕刻佛教圖案。塔身裝飾異常華麗的稱為花塔。有的塔雖然倒塌了，其地宮中仍出土有精美的文物。遼塔充分體現了遼代的建築水平和社會生活習俗。

由於佛教的興盛，帶來刻經之風盛行，一種刻有佛像和經文的六角、八角形石柱——經幢也有較多發現，如倒塌的北鄭村塔塔身內發現高約 2 米的經幢，也都是珍貴的佛教文物。

遼南京佛教興盛的另一突出表現爲刻經，一方面是房山雲居寺石經的續刻，另一方面是《契丹藏》的刻印。房山石經的刻造始於隋代靜琬大師，刻經事業歷經隋、唐而持續不斷。到了遼代，由於統治者的崇信，刻經事業在聖宗時達到了一個高峰。聖宗太平七年（1027），時任涿州知州的韓紹芳（韓延徽之後）遊白帶山雲居寺，檢視前代所刻石經，產生了續刻石經的想法，奏明聖宗之後，得到許可。這樣，刻經事業又得到恢復。自太平七年至道宗清寧三年（1057）又刻成《大般若經》80 卷，《大寶積經》120 卷，共計 2730 石，接續唐代刻經，完成了《四大部經》的全部。道宗初，又親自主持刻經 180 石。後又由名僧通理大師主持刻小經板 4080 塊，多爲「律」和「大乘論」，使佛教大乘派的經、律、論三藏齊全。後來通理大師的弟子將道宗及通理所刻石經埋入寺西南隅的地穴中加以保存。還在近旁修建了鎮經之塔，這就是雲居寺南塔。

雲居寺北塔

　　從遼代寺院碑刻和應縣木塔出土的佛經題記中，發現有檀州街、燕京左街和燕京右街街名。經考證，檀州街在今宣武門內三廟街一帶。應縣木塔出土的《妙法蓮華經》就是在檀州街顯忠坊門南的「馮家」刻造的。雲居寺《大般若波羅密多經》又刻有「大唐幽州薊縣薊北坊檀州街西店」的字樣。可見，此地由唐至遼，既能刻石板經，又能印經書。

　　遼代房山石經的刻造，不僅就佛教本身來說有重大意義，它保存了經文，延續了佛教的發展，而且石經有著重要的歷史價值、藝術價值和學術價值。房山石經到遼代達到了一個高潮，起到了承前啓後的重要作用。

　　遼代在續刻房山石經的同時，又在南京刻印木版《契丹藏》。1974 年在山西應縣遼代木塔的釋迦像中發現了 12 卷刻經，每卷經文的譯者按照《千字文》編的號均與房山石經相同，而且經文的題記中也都載明刻於燕京，可確認這些經卷就是歷史上名聲很大但卻未見到實物的《契丹藏》。同石經一樣，這些經卷也是遼南京佛教興盛的見證。

（原載《圖說北京史》，北京燕山出版社，1999 年）

《資治通鑑》遼代北京記事輯稿

　　《遼史》在元修三史（《宋史》、《遼史》、《金史》）中是最差的一部。編纂時間最短，篇幅最少，而錯訛最多，這在整個二十四史中也是比較突出的。因此，研究遼史，僅憑《遼史》中的資料是遠遠不夠的，必須從其他史籍中廣徵博引，而遼代北京的史料更是如此。因此，筆者從《資治通鑑》中輯得有關遼代北京史料 80 條，以爲北京史的研究者提供一些最基礎的史料。

　　雖然遼在太宗天顯十一年（936）才佔有幽州，但此前契丹民族卻一直在因南下爭奪燕雲十六州而與中原政權發生著種種聯合、衝突，故而本稿起自遼太祖耶律阿保機正式即帝位之年，即公元 907 年。

907 年，唐天祐四年，後梁開平元年

1、三月，癸未，王（朱溫—筆者注，下同）以亳州刺史李思安爲北路行軍都統，將兵擊幽州（胡三省注：擊劉仁恭也，下簡稱胡注）。（卷 266，第 8670 頁）

2、盧龍節度使劉仁恭，驕侈貪暴，常慮幽州城不固，築館於大安山（胡注：《薛史》：幽州西有名山曰大安山），曰：「此山四面懸絕，可以少制眾。」其棟宇壯麗，擬於帝者。選美女實其中。與方士練丹藥，求不死。悉斂境內錢，瘞於山巔；令民間用菫泥爲錢（胡注：菫泥，黏土也）。又禁江南茶商無得入境，自採山中草木爲茶，鬻之。

　　仁恭有愛妾羅氏，其子守光通焉。仁恭杖而斥之，不以爲子數（胡注：不齒之於諸子之列）。李思安引兵入其境。所過焚蕩無餘。夏四月己酉，直抵幽州城下。仁恭猶在大安山，城中無備，幾至不守，守光自外引兵入，登城

拒守；又出兵與思安戰，思安敗退。守光遂自稱節度使，令部將李小喜、元行欽將兵攻大安山。仁恭遣兵拒戰，爲小喜所敗。虜仁恭以歸，囚於別室。仁恭將佐及左右，凡守光素所惡者皆殺之。

銀胡䘵都指揮使王思同帥部兵三千（胡注：胡䘵，箭室也），山後八軍巡檢使李承約帥部兵二千（胡注：盧龍以嬀、檀、新、武四州爲山後）奔河東（胡注：奔李克用）；守光弟守齊奔契丹，未幾，亦奔河東（胡注：爲劉守齊引河東兵伐燕張本）。河東節度使晉王克用以承約爲匡霸指揮使，思同爲飛龍指揮使，思同母，仁恭之女也（胡注：匡霸、飛龍，皆晉王所置軍都之號）。（卷266，第8671～8672頁）

3、劉守光即囚其父（胡注：事見上四月），自稱盧龍留後，遣使請命。秋七月甲午，以守光爲盧龍節度使、同平章事。（卷266，第8683頁）

908年，後梁開平二年

4、劉守文舉滄德兵攻幽州，劉守光求救於晉，晉王遣兵五千救之。丁亥，守文兵至盧臺軍（胡注：盧臺軍，宋爲乾寧軍地。《九域志》：乾寧軍在滄州西北九十里），爲守光所敗；又戰玉田，亦敗（胡注：玉田，漢無終縣，唐萬歲通天元年更名玉田，屬薊州，在薊州東南八十里，又東北至平州二百里）。守文乃還。（卷267，第8706頁）

909年，後梁開平三年

5、劉守文頻年攻劉守光不克（胡注：劉守文自元年攻守光，事始見上卷），乃大發兵，以重賂召契丹，合四萬屯薊州。守光逆戰於雞蘇（胡注：按《薛史》梁紀，是年劉守光上言，於薊州西與兄守文戰，生擒守文。蓋既雞蘇也），爲守文所敗。守文單馬立於陣前，泣謂其眾曰：「勿殺吾弟。」守光將元行欽識之，直前擒之（胡注：劉守光以子囚父，天下之賊也。劉守文既聲其罪而討之，有誅無赦。小不忍以敗大事，身爲俘囚，自取也），滄德兵皆潰。守光囚之別室，桎以蒺棘，乘勝進攻滄州。滄州節度判官呂兗、孫鶴推守文子延祚爲帥，乘城拒守。兗，安次人也（胡注：安次，漢縣，唐屬幽州，在州東南一百三十里）。（卷267，第8710頁）

6、秋，七月甲子，以劉守光爲燕王。（卷267，第8713頁）

910年，後梁開平四年

7、春，正月乙未，劉延祚力盡出降。時劉繼威尚幼（胡注：劉繼威，守

光之子也），守光使大將張萬進、周知裕輔之鎮滄州（胡注：爲張萬進殺劉繼威張本），以延祚及其將佐歸幽州，族呂袞而釋孫鶴。（卷267，第8720頁）

8、（正月）劉守光爲其父仁恭請致仕，丙午，以仁恭爲太師，致仕。守光尋使人潛殺其兄守文，以歸罪於殺者而誅之。（卷267，第8720頁）

9、……（王）鎔使者至幽州，燕王守光方獵，幕僚孫鶴馳詣守光曰：「趙人來乞師，此天欲成王之功業也。」光曰：「何故？」對曰：「比常患其與朱溫膠固。溫之志分盡吞河朔不已，今彼自爲仇敵，王若與之並力破梁，則鎮、定皆斂袵而朝燕矣（胡注：鎮，王鎔；定，王處直）。王不出師，但恐晉人先我矣。」守光曰：「王鎔數負約，今使之與梁自相弊，吾可以坐承其利（胡注：自戰國以來，卞莊刺虎，鷸蚌相持，犬兔俱斃，皆此說也，苟不能審勢見機，則此說誤人多矣），又何救焉！」（卷267，第8729頁）

911年，後梁乾化元年

10、盧龍、義昌節度使兼中書令燕王守光既克滄州（胡注：去年正月克滄州），自謂得天助，淫虐茲甚。每刑人，必置諸鐵籠，以火逼之；又爲鐵刷刷人面。聞梁兵敗於柏鄉，使人謂趙王鎔及王處直曰：「聞二鎮與晉王破梁兵，舉軍南下，僕亦有精騎三萬，欲自將之爲諸公啓行（胡注：《詩》：元戎十乘，以先啓行。注云：啓突敵陣之前行）。然四鎮連兵，必有盟主，僕若至彼，何以處之？」（胡注：四鎮謂并、幽、鎮、定）鎔患之，遣使告於晉王，晉王笑曰：「趙人告急，守光不能出一卒以救之；及吾成功，乃復欲以兵離間二鎮，愚莫甚焉！」諸將曰：「雲、代帶燕接境，彼若擾我城戍，動搖人情，吾千里出征，緩急難應，此亦腹心之患也。不若先取守光，然後可以專意南討。」王曰：「善！」（胡注：爲晉攻燕滅之張本）……

趙王鎔自來謁晉王於趙州（胡注：《九域志》：鎮州南至趙州九十五里），大犒將士，自是遣其養子德明將三十七都常從晉王征討。德明本姓張，名文禮，燕人也（胡注：張文禮後遂殺王鎔而亂鎮州）。（卷267，第8738~8739頁）

11、燕王守光嘗衣赭袍（胡注：赭袍，唐世天子之服），顧謂將吏曰：「今天下大亂，吾兵強地險，亦欲自帝，如何？」孫鶴曰：「今內難新平（胡注：謂新平滄、德。斯言不當發於孫鶴），公私困竭，太原窺吾西，契丹伺吾北，遽謀稱帝，未見其可。大王但養士愛民，訓兵積穀，德政既修，四方自服矣。」守光不悅。

　　又使人諷鎮、定，求尊己爲尙父，趙王鎔以告晉王。晉王怒，欲伐之，諸將皆曰：「是爲惡極矣，行當誅滅，不若陽爲推尊以稔之（胡注：稔其惡也）。乃與鎔及義武王處直、昭義李嗣昭、振武周德威、天德宋瑤六節度使（胡注：五鎮並河東爲六；然自昭義以下皆屬河東）共奉冊推守光爲中書令、尙父。

　　守光不寤，以爲六鎮皆畏己，益驕，乃具表其狀曰：「晉王等推臣，臣荷陛下厚恩，未之敢受，竊思其宜，不若陛下授臣河東都統，則并、鎮不足平矣。」（胡注：並，謂晉王，鎮，謂趙王鎔）上亦知其狂愚，乃以守光爲河北道採訪使（胡注：唐之盛時，置十道採訪使，河北其一也；自安、史亂後，不復除授），遣閤門使王瞳、受旨使史彥群策命之（胡注：受旨，蓋崇政院官屬，猶樞密院承旨也。梁避廟諱，改『承』爲『受』）。

　　守光命僚屬草尙父、採訪使受冊儀。乙卯，僚屬取唐冊太尉儀獻之，守光視之，問何得無郊天、改元之事，對曰：「尙父雖貴，人臣也。安有郊天、改元者乎？」守光怒，投之於地，曰：「我地方二千里，帶甲三十萬，直作河北天子，誰能禁我！尙父何足爲哉！」命趣具即帝位之儀，械瞳、彥群及諸道使者於獄，既而皆釋之（考異曰：《莊宗列傳・劉守光傳》云：朱溫命僞閤門使王瞳、供奉官史彥章等使燕，冊守光爲河北道採訪使。六月，汴使至，守光令所司定尙父、採訪使儀注，取二十四日受冊。」《朱溫傳》亦云「史彥章」。《莊宗實錄》作「史彥璋」，《編遺錄》、《薛史》皆作「史彥群」，今從之。又《莊宗實錄》：「三月己丑，鎮州遣押牙劉光業至，言劉守光凶淫縱毒，欲自尊大，請稔其惡以咎之，推爲尙父。乙未，上至晉陽宮，召張承業諸將等議討燕之謀，諸將亦云應稔其禍。上令押衙戴漢超持墨制及六鎮書如幽州，其辭曰：『天祐八年三月二十七日，天德軍節度使宋瑤、振武節度使周德威、昭義節度使李嗣昭、易定節度使王處直、鎮州節度使王鎔、河中節度使・尙書令晉王謹奉冊進盧龍、橫海等軍節度、檢校太師兼中書令燕王爲尙書令、尙父。』五月六鎮使至，汴使亦集。六月，守光令有司定尙父、採訪使儀則。」《梁太祖實錄》都不言守光事，惟《編遺錄》云：「三月壬辰，差閤門使王瞳、受旨使史彥群齎國禮賜幽州劉守光。甲午，守光連上表章，帥以鎮、定既與河東結歡，兼同差使請當道卻行天祐年號事。守光尋捉王瞳、史彥群上下一行並囚禁，數日後放出。」按《莊宗實錄》及《南唐烈祖實錄》皆云：「三月辛亥晉王遣戴漢超推守光爲尙父。」辛亥，三月二十七日也。壬辰乃三月初八日，王瞳等安得已在幽州！甲午乃三月十日，守光安得上表云「六鎮推臣

爲尙父」！《編遺錄》日月多差錯，今不取）。（卷 268，第 8742～8743 頁）

12、燕王守光將稱帝，將佐多議以爲不可，守光乃置斧質於庭（胡注：質，椹也）曰：「敢諫者斬！」孫鶴曰：「滄州之破，鶴分當死，蒙王生全（胡注：事見上卷開平四年。劉守光囚父殺兄，幽、滄之人義不與共戴天可也。孫鶴受劉守文委任，不能以死殉之，乃銜守光生全之恩，忠諫而死，是可以死而不能死，可以無死而死也），以至今日，敢愛死而忘忠義乎！竊以爲今日帝之未可也。」守光怒，伏諸質上，令軍士剮而噉之。鶴呼曰：「不出百日，大兵當至！」守光命以土窒其口，寸斬之。

甲子，守光即皇帝位，國號大燕，改元應天。以梁使王瞳爲左相，盧龍判官齊涉爲右相，史彥群爲御史大夫（考異曰：《編遺錄》云御史臺副使。今從《莊宗實錄》）。受冊之日，契丹陷平州，燕人驚擾（胡注：宋白曰：平州，舜十二州爲營州之境。周官職方在幽州之地，春秋爲山戎孤竹、白狄肥子二國地，漢爲肥如、石城之地。唐武德初置平州於盧龍）。（卷 268，第 8744～8745 頁）

13、晉王聞燕主守光稱帝，大笑曰：「俟彼卜年，吾當問其鼎矣。」（胡注：以周成王卜年、楚子問鼎之事戲笑守光）張承業請遣使致賀以驕之，晉王遣太原少尹李承勳往。承勳至幽州，用鄰藩通使之禮。燕之典客者曰：「吾王帝矣，公當稱臣庭見。」承勳曰：「吾受命於唐朝爲太原少尹，燕王自可臣其境內，豈可臣他國之使乎！」守光怒，囚之數日，出而問之曰：「臣我乎？」承勳曰：「燕王能臣我王，則我請爲臣；不然，有死而已！」守光竟不能屈。（卷 268，第 8746 頁）

14、燕主守光集將吏謀攻易定，幽州參軍景城馮道以爲未可（胡注：景城縣屬瀛州，漢舊縣名）；守光怒，繫獄，或救之，得免。（卷 268，第 8747 頁）

15、（十一月）戊申，燕主守光將兵二萬寇易定，攻容城（胡注：容城，漢縣名，唐屬易州，宋屬雄州）。王處直告急於晉。（卷 268，第 8749 頁）

16、（十二月）甲子，晉王遣蕃漢馬步總管周德威將兵三萬攻燕，以救易定。（卷 268，第 8750 頁）

912 年，後梁乾化二年

17、春，正月，德威東出飛狐（胡注：自代州出飛狐。宋白曰：飛狐縣，漢代郡地，曹魏封樂進於廣昌侯國，後周於五龍城置廣昌縣；隋改飛狐縣，

因縣北飛狐口爲名），與趙王將王德明、義武將程岩會於易水（胡注：趙王，王鎔。義武，王處直）。丙戌，三鎮兵進攻燕祁溝關，下之（胡注：三鎮，并、鎮、定。祁溝關在涿州南，易州拒馬河之北。自關而西至易州六十里。拒馬河東至新城縣四十里）；戊子，圍涿州（胡注：宋白曰：涿州，古涿鹿地。漢高帝置涿郡，魏改范陽郡，取漢涿縣在范水之陽爲名。唐大曆四年立涿州。南至莫州一百六十里，東北至幽州一百二十里）。刺史劉知溫守城，劉守奇之客劉去非大呼於城下，謂知溫曰：「河東小劉郎來爲父討賊，何豫汝事而堅守邪？」知溫拜於城上，遂降。周德威疾守奇之功，譖諸晉王，王召之；守奇恐獲罪，與去非及進士趙鳳來奔，上以守奇爲博州刺史。去非、鳳，皆幽州人也。先是，燕主守光籍境內丁壯，悉文面爲兵，雖士人不免，鳳詐爲僧奔晉，守奇客之。

丁酉，德威至幽州城下，守光來救。二月，帝疾小愈，議自將擊鎮、定以救之。（卷 268，第 8750～8751 頁）

18、（三月）戊申，周德威遣裨將李存暉等攻瓦橋關（胡注：《九域志》：瓦橋關在涿州南一百二十里），其將吏及莫州刺史李嚴等皆降。嚴，幽州人也，涉獵書傳，晉王使傳其子繼岌，嚴固辭。晉王怒，將斬之，教練使孟知祥徒跣入諫曰：「強敵未滅，大王豈宜以一怒戮向義之士乎！」（胡注：言非所以招懷燕人）乃免之。（卷 268，第 8754～8755 頁）

19、周德威白晉王，以兵少不足攻城（胡注：言幽州城大而固，非兵少所能攻），晉王遣李存審將吐谷渾、契苾騎兵會之。（卷 268，第 8756 頁）

20、燕主守光遣其將單廷珪將精兵萬人出戰，與周德威遇於龍頭崗（胡注：龍頭崗在幽州城東南。考異曰：《莊宗實錄》作『羊頭岡』，今從《莊宗列傳》。《莊宗實錄》：「四月己卯朔，周德威擒單廷珪，進軍大城莊。」今從之）。廷珪曰：「今日必擒周楊五以獻。」楊五者，德威小名也。既戰，見德威於陣，援槍單騎逐之，槍及德威背，德威側身避之，奮檛反擊廷珪墜馬（胡注：單廷珪之馬方疾馳，勢不得止。周德威側身避其鋒，馬差過前，則德威已在槍裏，奮檛擊廷珪，廷珪安所避之，此其所以墜馬也。格鬥之勢力，刀不如棒，謂此也），生擒，置於軍門。燕兵退走，德威引騎乘之，燕兵大敗，斬首三千級。廷珪，燕驍將也，燕人失之，奪氣。（卷 268，第 8756 頁）

913 年，後梁乾化三年

21、春，正月丁巳，晉周德威拔燕順州（胡注：唐貞觀四年平突厥，以

其部落置順、祐、化、長四州，六年，以順州僑治營州南之五柳戍。沈括曰：幽州東北三十里有望京館，東行少北十里余出古長城，又二十里至中頓，又踰孫侯河行二十里至順州，其北平斥，土厚宜稼。又東北行三十里至檀州。《金人疆域圖》：順州至燕京一百五十里。《匈奴須知》：順州南至燕京九十里。其載道里遠近不同，今並存之。宋白曰：幽州東北至順州八十里。大元順州領懷柔、密雲二縣，屬大都府路）。（卷 268，第 8765 頁）

22、晉周德威拔燕安遠軍，薊州將成行言等降於晉（胡注：宋白曰：薊州治漁陽，本春秋無終子之國，隋開皇初徙玄州於此，煬帝廢州，立漁陽郡。唐初廢郡，其地屬幽州；開元十八年置幽州，取古薊門關以名。州西至幽州一百二十里）。（卷 268，第 8765～8766 頁）

23、（二月）丙申，晉李存暉攻燕檀州，刺史陳確以城降（胡注：《匈奴須知》：檀州南至燕京一百六十里，東南至薊州一百九十里。宋白曰：檀州，古白檀之地）。（卷 268，第 8768 頁）

24、三月甲辰朔，晉周德威拔燕盧臺軍。（卷 268，第 8768 頁）

25、乙丑，晉將劉光濬克古北口（胡注：檀州燕樂縣東有東軍、北口二守捉。北口，長城口也。沈括曰：檀州東北五十里有金溝館。自館少東北行，乍原乍隰，三十餘里至中頓。過頓，屈折北行峽中，濟灤水，通三十餘里，鉤折投山隙以度，所謂古北口也。《匈奴須知》：虎北口至燕京三百里），燕居庸關使胡令圭等奔晉（胡注：幽州昌平縣北十五里有軍都陘，西北三十五里有納款關，即居庸關）。（卷 268，第 8768 頁）

26、（四月），晉周德威進軍逼幽州南門，壬辰，燕主守光遣使致書於德威以請和，語甚卑而哀。德威曰：「大燕皇帝尚未郊天，何雌伏如是邪（胡注：漢趙溫曰：大丈夫當雄飛，安能雌伏）！予受命討有罪者，結盟繼好，非所聞也。」不答書。守光懼，復遣人乞哀，德威乃以聞於晉王。（卷 268，第 8771 頁）

27、六月，壬申朔，晉王遣張承業詣幽州，與周德威議軍事。（卷 268，第 8772 頁）

28、辛卯，燕主守光遣使詣張承業，請以城降；承業以其無信，不許。（卷 268，第 8773 頁）

29、（九月）燕主守光引兵夜出，復取順州（胡注：是年春正月，晉周德威拔燕順州）。（卷 268，第 8776 頁）

30、冬，十月，己巳朔，燕主守光帥眾五千夜出，將入檀州；庚午，周德威自涿州引兵邀擊，大破之。守光以百餘騎逃歸幽州，其將卒降者相繼。（卷268，第8777頁）

31、盧龍巡屬皆入於晉，燕主守光獨守幽州城，求援於契丹；契丹以其無信，竟不救。守光屢請降於晉，晉人疑其詐，終不許。至是，守光登城謂周德威曰：「俟晉王至，吾則開門泥首聽命。」德威使白晉王。十一月，甲辰，晉王以監軍張承業權知軍府事，自詣幽州。辛酉，單騎抵城下，謂守光曰：「朱溫篡逆，余本與公合河朔五鎮之兵興復唐祚（胡注：五鎮，潞、鎮、定、幽、滄）。公謀之不臧，乃效彼狂僭。鎮、定二帥俯首事公（胡注：鎮帥，王鎔；定帥，王處直），而公曾不知恤，是以有今日之役（胡注：守光攻易定，晉王救之，遂伐守光，事見上年。丈夫成敗須決所向，公將何如？」守光曰：「今日俎上肉耳，惟王所裁。」王憫之，與折弓矢為誓，曰：「但出相見，保無他。」（胡注：言不殺之）守光辭以他日。

先是，守光愛將李小喜多贊成守光之惡，言聽計從，權傾境內。至是，守光將出降，小喜止之。是夕，小喜踰城詣晉軍，且言城中力竭。壬戌，晉王入幽州（胡注：唐昭宗乾寧二年劉仁恭據幽州，至是父子俱敗亡）。（卷268，第8777～8778頁）

32、（十二月）燕主守光將奔滄州就劉守奇（胡注：劉守奇籍兵於梁以取滄州，事見上卷上年），涉寒，足腫（胡注：史炤曰：腫，鍾也，寒熱氣聚也），且迷失道，至燕樂之境（胡注：燕樂縣，後魏置，治白檀古城。唐長壽二年徙置新興城，屬檀州。宋白曰：燕樂、密雲二縣皆屬漢虒奚縣地），晝匿坑谷，數日不食，令妻祝氏乞食於田父張師造家。師造怪婦人異狀，詰知守光處，並其三子擒之。癸酉，晉王方宴，將吏擒守光適之，王語之曰：「主人何避客之深邪！」並仁恭置之館舍，以器服膳飲賜之。王命掌書記王緘草露布，緘不知故事，書之於布，遣人曳之（胡注：魏晉以來，每戰勝則書捷狀，建之漆竿，使天下皆知之，謂之露布。露布者，未嘗書之於布而使人曳之也。《文心雕龍》曰：露布者，蓋露板不封，布諸觀聽也）。

晉王欲自雲、代歸（胡注：自幽州取山後路，歷雲、代等州至晉陽），趙王鎔及王處直請由中山、真定趣井陘（胡注：王處直、王鎔欲晉王取道中山、真定，各展迎賀之禮），王從之。庚辰，晉王發幽州，劉仁恭父子皆荷校於露布之下（胡注：《易》曰：荷校滅耳。注云：校者，以木絞校者也，即械也；

校者取其通名也）。守光父母唾其面而罵之曰：「逆賊，破我家至此！」守光俯首而已。（卷 269，第 8780～8781 頁）

915 年，後梁乾化五年、貞明元年

33、（七月）……周德威聞（劉）鄩西上，自幽州引千騎救晉陽……（卷 269，第 8793 頁）

34、初，燕人苦劉守光殘虐，軍士多歸於契丹；及守光被圍於幽州，其北邊士民多爲契丹所掠；契丹日益強大……

劉守光末年衰困，遣參軍韓延徽求援於契丹（考異：《漢高祖實錄·延徽傳》云：「天祐中連帥劉守光攻中山不利，欲結北戎，遣延徽將命入虜。」劉恕以爲劉守光據幽州後未嘗攻定州，惟唐光化三年汴將張存敬拔瀛、莫，攻定州，劉仁恭遣守光救定州，爲存敬所敗，恐是此時，仁恭方爲幽帥，非守光也。按劉仁恭父子強盛之時常陵暴契丹，豈肯遣使與之相結！乾化元年守光攻易定，王處直求救於晉，故晉王遣周德威伐之，其遣延徽結契丹蓋在此時。然事無顯據，故但云衰困，附於此），使牧馬於野。延徽，幽州人，有智略，頗知屬文。（卷 269，第 8808～8810 頁）

35、初，幽州北七百里有渝關（胡注：渝關入營州界及平州石城縣界），下有渝水通海。自關東北循海有道，道狹處才數尺，旁皆亂山，高峻不可越。比至牛口（胡注：『比』當作『北』），舊置八防禦軍，募土兵守之（胡注：《歐史》曰：渝關東臨海，北有兔耳、覆舟山，山皆斗絕。並海東北有路，狹僅通車，其旁地可耕植。唐時置東硤石、西硤石、淥疇、米磚、長楊、黃花、紫蒙、白狼城以扼之。宋白曰：渝關關城下有渝水入大海，其關東臨海，北有兔耳山、覆舟山，山皆斗峻，山下尋海岸東北行，狹處才通一軌。三面臨海，北連陸關，西亂山至進牛柵凡六口，柵戍行接，此所以天限戎狄者也），田租皆供軍食，不入於薊，幽州歲致繒纊以供將士衣。每歲早獲，清野堅壁以待契丹，契丹至，輒閉壁不戰，俟其去，選驍勇據險邀之（胡注：幽州盧龍節度治薊縣），契丹常失利走。士兵皆自爲田園，力戰有功則賜勳加賞（胡注：勳，勳級也），由是契丹不敢輕入寇。及周德威爲盧龍節度使，恃勇不修邊備，遂失渝關之險，契丹每芻牧於營、平之間（胡注：《金虜節要》曰：燕山之地，易州西北乃金坡關，昌平縣之西乃居庸關，順州之地乃古北口，景州之東乃松亭關，平州之東乃渝關，渝關之東即金人來路也。此數關皆天造地設分蕃、漢之限，一夫守之可以當百。本朝復燕之役，若得諸關，則燕山

之境可保。然關內之地，平、灤、營三州，自後唐陷於阿保機，改平州爲遼興府，以營、灤二州隸之，號爲平州路。至石晉之初，耶律德光又得燕山、檀、順、景、薊、涿、易諸州，建燕山爲燕京，以轄六郡，號燕京路，而與平州自成兩路。海上議割地，但云燕、雲兩路而已，初謂燕山路盡得關內之地，殊不知燕山、平州盡在關內而異路也。破遼之後，金人復得平州路據之，故阿离不後由平州入寇，乃當時議燕、雲不明地理之故。又《金虜行程》云：灤州，古無之。唐末阿保機攻陷平、營，劉守光據幽州，暴虐，民多亡入虜中，乃築此城。營州古柳城郡，舜所築也，乃殷之孤竹國，漢、唐遼西地。其城外多大山，高下皆石，不產草木，地當營室，故以爲名。自營州東至渝關，並無保障，沃野千里，北限大山，重崗複嶺，中有五關，惟渝關、居庸可以通餉饋，松亭、金坡、古北口止通人馬，不可行車。其山之南，則五穀百果、良材美木，無所不有，出關未數里地則地皆瘠鹵，豈天設以此限華夷乎？（卷269，第8812～8814頁）

917年，後梁貞明三年

36、契丹乘勝進圍幽州，聲言有眾百萬，氈車毳幕彌漫山澤（胡注：獸毛緝細者爲毳）。盧文進教之攻城，爲地道，晝夜四面俱進，城中穴地然膏以邀之；又爲土山以臨城，城中鎔銅以灑之，日殺千計，而攻之不止。周德威遣間使詣晉王告急，王方與梁相持於河上，欲分兵則兵少，欲勿救恐失之，謀於諸將，獨李嗣源、李存審、閻寶勸王救之。王喜曰：「昔太宗得一李靖猶擒頡利，今吾有猛將三人，復何憂哉！」（胡注：褒而期之，以作三臣之氣）存審、寶以爲虜無輜重，勢不能久，俟其野無所掠，食盡自還，然後躡而擊之。李嗣源曰：「周德威社稷之臣，今幽州朝夕不保，恐變生於中，何暇待虜之衰！臣請身爲前鋒以赴之。」王曰：「公言是也。」即日，命治兵。夏，四月，晉王命嗣源將兵先進，軍於淶水（胡注：淶水縣屬易州。宋白曰：李嗣源時屯淶水，扼祁溝諸關以伺賊勢），閻寶以鎮、定之兵繼之。（卷269，第8814～8815頁）

37、晉王以李嗣源、閻寶兵少，未足以敵契丹。辛未，更命李存審將兵益之。（卷269，第8816頁）

38、契丹圍幽州且二百日（胡注：是年三月，契丹圍幽州，事始見上卷），城中危困。李嗣源、閻寶、李存審步騎七萬會於易州（胡注：閻寶班在李存審之下，而先書寶者，嗣源與寶先進屯淶水，而存審繼之也。《匈奴須知》曰：

淶水西至易州四十里，易州東至幽州二百二十里），存審曰：「虜眾吾寡，虜多騎，吾多步，若平原相遇，虜以萬騎蹂吾陣，吾無遺類矣。」嗣源曰：「虜無輜重，行必載糧食自隨，若平原相遇，虜抄吾糧，吾不戰自潰矣。不若自山中潛行趣幽州，與城中合勢，若中道遇虜，則據險守之。」甲午，自易州北行，庚子，踰大房嶺（胡注：《水經注》：聖水出上谷縣西南谷，東南流逕大防嶺。又曰：良鄉縣西北有大防山，防水出其南。按易州即漢上谷郡地。范成大《北使錄》：自良鄉六十五里至幽州城外。此又驛路也），循澗而東。嗣源與養子從珂將三千騎為前鋒，距幽州六十里，與契丹遇，契丹驚卻，晉兵翼而隨之（胡注：張左右翼而踵其後）。契丹行山上，晉兵行澗下，每至谷口，契丹輒邀之，嗣源父子力戰，乃得進。至山口，契丹以萬餘騎遮其前，將士失色；嗣源以百餘騎先進，免冑揚鞭，胡語謂契丹曰：「無故犯我疆場，晉王命我將百萬眾直抵西樓，滅汝種族！」（胡注：此史家以華言譯胡語而筆之於史也。胡嶠《陷虜記》曰：自幽州西北入居庸關，行幾一月乃至上京，所謂西樓也。西樓有邑屋市肆。《歐史·四夷附錄》曰：契丹好鬼而貴日，每月朔旦東向而拜日；其大會聚、視國事，皆以東向為尊，西樓門屋皆東向。《薛史》曰：西樓距幽州三千里）因躍馬奮檛，三入其陣，斬契丹酋長一人。後軍齊進，契丹兵卻，晉兵始得出。李存審命步兵伐木為鹿角，人持一枝，止則成寨。契丹騎環寨而過，寨中發萬弩射之，流矢蔽日，契丹人馬死傷塞路。將至幽州，契丹列陣待之。存審命步兵陣於其後（胡注：陣於契丹陣後，將夾擊之也。一日以騎兵前進，令步兵陣於其後），戒勿動，先令羸兵曳柴然草而進，煙塵蔽天，契丹莫測其多少；因鼓譟合戰，存審乃趣後陣起乘之，契丹大敗，席卷其眾自北山去（胡注：取古北口路而去），委棄車帳鎧仗羊馬滿野，晉兵追之，俘斬萬計。辛丑，嗣源等入幽州，周德威見之。握手流涕（胡注：為虜所困，得救而解，喜極涕流）。

契丹以盧文進為幽州留後，其後又以為盧龍節度使，文進常居平州，帥奚騎歲入北邊，殺掠吏民。晉人自瓦橋運糧輸薊城（胡注：《九域志》：瓦橋北至涿州一百二十二里，涿州北至薊城一百二十里），雖以兵援之，不免抄掠。契丹每入寇，則文進帥漢卒為嚮導，盧龍巡屬州縣為之殘弊（胡注：盧龍諸州，自唐中世以來自為一域，外而捍禦兩蕃，內而連兵河朔，其力常有餘。及並於晉，則歲遣糧援繼之而不足，此其何故也？保有一隅者其心力專，廣土眾民其心力有所不及也。《詩》云：無田甫田，維莠驕驕。信矣！）（卷270，

第 8817～8818 頁）

918 年，後梁貞明四年

39、晉王謀大舉入寇，周德威將幽州步騎三萬……皆以兵會之。（卷 270，第 8833 頁）

40、……周德威不得已，引幽州兵從之，謂其子曰：「吾死無所矣。」……晉輜重在陣西，望見梁旗幟，驚潰，入幽州陣，幽州兵亦擾亂，自相蹈藉；周德威不能制，父子皆戰死。（卷 270，第 8839 頁）

41、晉王還營，聞周德威父子死，哭之慟，曰：「喪吾良將，是吾罪也。」以其子幽州中軍兵馬使光輔為嵐州刺史。（卷 270，第 8841 頁）

919 年，後梁貞明五年

42、（正月）……晉王還魏州，遣李嗣昭權知幽州軍府事。（卷 270，第 8842 頁）

43、晉王自領盧龍節度使（胡注：周德威死，難其代，且北邊大鎮，士馬強銳，故自領之），以中門使李紹宏提舉軍府事，代李嗣昭。（卷 270，第 8843 頁）

921 年，後梁龍德元年

44、十二月，辛未，（契丹）攻幽州，李紹宏嬰城自守（胡注：貞明五年，晉王令李紹宏提舉幽州軍府事）。契丹長驅而南……（卷 271，第 8870 頁）

922 年，後梁龍德二年

45、惟兩騎自他道走免（胡注：進軍易，退軍難，退而能整，是難能也。契丹之強，其有以哉！）。（卷 271，第 8873 頁）

46、……晉王聞德勝勢危，二月，自幽州赴之，五日至魏州。（卷 271，第 8874 頁）

923 年，後梁龍德三年，後唐同光元年

47、契丹寇幽州，晉王問帥於郭崇韜，崇韜薦橫海節度使李存審。時存審臥病，己卯，徙存審為盧龍節度使，輿疾赴鎮。（卷 272，第 8881 頁）

48、（閏月）甲午，契丹寇幽州，至易定而還。（卷 272，第 8884 頁）

924 年，後唐同光二年

49、春，正月，幽州奏契丹入寇，至瓦橋（胡注：李存審奏也）。以天平

軍節度使李嗣源爲北面行營都招討使，陝州留後霍彥威副之，宣徽使李紹宏爲監軍，將兵救幽州。（卷273，第8911頁）

50、契丹出塞。召李嗣源旋師，命泰寧節度使李紹欽、澤州刺史董璋戍瓦橋。（卷273，第8913頁）

51、（三月）庚戌，幽州奏契丹寇新城（胡注：新城縣屬涿州，唐太和六年以故督亢地置。《匈奴須知》：新城縣北至涿州六十里）。（卷273，第8917頁）

52、（四月）壬子，新宣武節度使兼中書令、蕃漢馬步總管李存審卒於幽州（胡注：李存審受宣武之命而未離幽州也）。（卷273，第8922頁）

53、幽州言契丹將入寇，甲寅，以橫海節度使李紹斌充東北面行營招討使，將大軍渡河北。契丹屯幽州東南城門之外，虜騎充斥，饋運多爲所掠。（卷273，第8922頁）

54、（七月）契丹恃其強盛，遣使就帝求幽州以處盧文進。時東北諸夷皆役屬契丹，惟勃海未服；契丹主謀入寇，恐勃海掎其後（胡注：勃海時爲海東盛國，置五京、十五府、六十二州，盡有高麗、肅愼之地），乃先舉兵擊勃海之遼東，遣其將禿餒及盧文進據營、平以擾燕地。（卷273，第8924頁）。

55、（八月）丁巳，幽州言契丹入寇。（卷273，第8925頁）

56、（十二月）己巳，命宣武節度使李嗣源將宿衛兵三萬七千人赴汴州，遂如幽州禦契丹（胡注：命李嗣源將兵赴鎮，因而北出備邊）。（卷273，第8928頁）

925年，後唐同光三年

57、（正月）契丹寇幽州。（卷273，第8928頁）

58、二月甲戌，以橫海節度使李紹斌爲盧龍節度使（胡注：李紹斌至明宗時復姓趙，賜名德鈞。德鈞守幽州不爲無功；其後乘威以邀君，外與契丹爲市，不但父子爲虜，幽州亦爲虜有矣）。（卷273，第8930頁）

926年，後唐同光三年

59、（八月）庚子，幽州言契丹寇邊，命齊州防禦使安審通將兵禦之。（卷275，第8992頁）

60、（九月）癸酉，盧龍節度使李紹斌請復姓趙（胡注：《歐史》曰：趙德鈞，幽州人也，事劉守文、守光爲軍使，莊宗伐燕得之，賜姓名曰李紹斌），從之，仍賜名德鈞。德鈞養子延壽尚帝女興平公主，故德鈞尤蒙寵任。（卷275，

第 8992 頁）

61、（十月）庚子，幽州奏契丹盧龍節度使盧文進來奔（胡注：盧文進入契丹見二百六十九卷梁均王貞明三年）。初，文進爲契丹守平州，帝即位，遣間使說之，以易代之後，無復嫌怨（胡注：莊宗怨盧文進殺其弟而奔契丹，又引契丹而擾邊，今莊宗殂而明宗立，則無復嫌怨矣）。文進所部皆華人，思歸，乃殺契丹戍平州者，帥其眾十餘萬、車帳八千乘來奔（胡注：爲後盧文進又奔淮南張本）。（卷 275，第 8994 頁）

62、（正月）帝以冀州刺史烏震三將兵運糧入幽州（胡注：時契丹常以勁騎徜徉幽州四郊之外，抄掠糧運，故以三將兵運糧，善達者爲勞績）……（卷 275，第 9001 頁）

63、（六月）壬辰，貶劉訓爲檀州刺史（胡注：以征荊南無功也。檀州密雲縣，因白檀古縣名以名州）。（卷 275，第 9006 頁）

928 年，後唐天成三年

64、（五月）……盧龍節度使趙德鈞邀擊契丹，北走者殆無孑遺（胡注：言無單子得遺也）。（卷 276，第 9019 頁）

65、契丹北走，道路泥濘，人馬饑疲，入幽州境。八月，甲戌，趙德鈞遣牙將武從諫將精騎邀擊之，分兵扼險要，生擒剔隱等數百人；餘眾散投村落，村民以白梃擊之，其得脫歸國者不過數十人。自是契丹沮氣，不敢輕犯塞。（卷 276，第 9021～9022 頁）

932 年，後唐長興三年

66、初，契丹既強，寇抄盧龍諸州皆遍，幽州城門之外，虜騎充斥。每自涿州運糧入幽州，虜多伏兵於閻溝，掠取之（胡注：據《水經》，漢涿郡故安縣有閻鄉，其西山則易水所出也。《歐史》作「鹽溝」）。及趙德鈞爲節度使，城閻溝而戍之，爲良鄉縣（胡注：良鄉，漢古縣，趙德鈞移之於閻溝耳。《匈奴須知》：閻溝縣北至燕六十里，古良鄉空城南至涿州四十里。蓋契丹得燕之後改良鄉縣爲閻溝縣，而所謂古良鄉空城即趙德鈞未移縣之前古城也），糧道稍通。幽州東十里之外，人不敢樵牧；德鈞於州東五十里城潞縣而戍之（胡注：潞，漢古縣，唐屬幽州。《匈奴須知》：潞縣東二里有潞河，自潞縣西至燕六十里），近州之民始得稼穡。至是，又於州東北百餘里城三河縣以通薊州運路（胡注：唐開元四年，分潞縣置三河縣，屬薊州。《匈奴須知》：三河縣

西至燕一百七十里,薊州西至三河縣七十里),虜騎來爭,德鈞擊卻之。九月,
庚辰朔,奏城三河畢。邊人賴之。(卷278,第9076頁)

67、(十月)丙辰,幽州奏契丹據捺剌泊(胡注:時幽州有備,契丹寇掠
不得其志。契丹主西徙橫帳,居捺剌泊,出寇雲、朔之間。《薛史・本紀》,
是年十一月,雲州奏契丹主在黑榆林南捺剌泊治造攻城之具。是後石敬瑭鎮
河東,因契丹部落近在雲、應,遂資其兵力以取中國,而燕雲十六州之地遂
皆爲北方引弓之民)。(卷278,第9077頁)

936年,後唐清泰三年,後晉天福元年

68、(八月)戊寅,以成德節度使董溫琪爲東北面副招討使,以佐盧龍節
度使趙德鈞。(卷280,第9154頁)

69、……契丹主作冊書,命敬瑭爲大晉皇帝,自解衣冠授之(胡注:石
敬瑭蓋以北服即位),築壇於柳林,是日,即皇帝位(考異曰:《廢帝實錄》:
「閏月丁卯,胡立石諱爲天子於柳林」,誤也,今從《晉高祖實錄》、《薛史》
契丹冊文)。割幽、薊、瀛、莫、涿、檀、順、新、嬀、儒、武、雲、應、寰、
朔、蔚十六州以與契丹,仍許歲輸帛三十萬匹。(卷280,第9154頁)

937年,後晉天福二年

70、契丹以幽州爲南京(胡注:《歐史》曰:以幽州爲燕京。參考趙思溫
爲留守事,則南京爲是)。(卷281,第9167頁)

938年,後晉天福三年

71、……初,契丹既得幽州,命曰南京(胡注:天福元年契丹始得幽州),
以唐降將趙思溫爲留守。思溫子延照在晉,帝以爲祁州刺史(胡注:唐昭宗
景福三年,義武節度使王處存奏以定州無極、深澤二縣置祁州)。思溫密令延
照言虜情終變,請以幽州內附;帝不許(胡注:趙延照後遂入契丹,爲契丹
用)。(卷281,第9189頁)

943年,後晉天福八年

72、……晉使如契丹,皆係之幽州,不得見。(卷83,第9254頁)

73、……(楊)光遠益驕,密告契丹,以晉主負德違盟,境內大饑,公
私困竭,乘此際攻之,一舉可取;趙延壽亦勸之。契丹主乃集山後及盧龍兵
合五萬人,使延壽將之(胡注:山後,即嬀、檀、雲、應諸州。盧龍,幽州
軍號。此皆天福之初割與契丹之土地人民也。將中國之兵以攻晉;藉寇兵而

齎盜糧，中國自此胥爲夷也）……（卷 283，第 9256 頁）

945 年，後晉開運二年

74、……契丹主至幽州，散兵稍集；以軍失利，杖其酋長各數百，唯趙延壽得免。（卷 283，第 9290 頁）

945 年，後晉開運三年

75、……有自幽州來者，言趙延壽有意歸國；樞密使李崧、馮玉信之，命天雄節度使杜威致書於延壽，具述朝旨，啗以厚利，洛州軍將趙行實嘗事延壽，遣齎書潛往見之。延壽復書言：「久處異域，思歸中國。乞發大軍應接，拔身南去。」辭旨懇密。朝廷欣然，復遣行實詣延壽，與爲期約（胡注：晉人自此墮趙延壽計中矣）。（卷 285，第 9306 頁）

76、十一月，丁酉，以李守貞權知幽州行府事。（卷 285，第 9314 頁）

947 年，後漢天福十二年

77、契丹主以前燕京留守劉晞爲西京留守（胡注：劉晞者，涿州人，陷虜，歷官至平章事兼侍中。考異曰：《實錄》作「禧」。或云名晞，今從《陷蕃記》）……（卷 286，第 9333 頁）

948 年，後漢乾祐元年

78、契丹主留晉翰林學士徐臺符於幽州（胡注：徐臺符從契丹主北去見上卷上年），臺符逃歸。（卷 288，第 9393 頁）

952 年，後周廣順二年

79、太子賓客李濤之弟李澣在契丹爲勤政殿學士，與幽州節度使蕭海眞善。海眞，契丹主兀欲之妻弟也。澣說海眞內附，海眞欣然許之。澣因定州諜者田重霸齎絹表以聞，且與濤書，言：「契丹主童騃，專事宴遊，無遠志，非前人之比（胡注：前人，謂阿保機、德光等），朝廷若能用兵，必克；不然，與和，必得。二者皆利於速，度其情勢，他日終不能力助河東者也。」（胡注：河東，謂北漢）壬寅，重霸至大梁，會中國多事，不果從。（卷 290，第 9479 頁）

80、契丹瀛、莫、幽州大水，流民入塞散居河北數十萬口，契丹州縣亦不之禁。詔所在賑給存處之，中國民先爲所掠，得歸者十五六。（卷 291，第 9484 頁）

（原載《赤峰學院學報》2009 年第 8 期）

遼代的藏經與讀經——以《暘臺山清水院創造藏經記》等碑刻爲中心

遼代從契丹族統治者到平民百姓普遍信仰佛教，以往學界對佛教與遼代社會的關係進行過大量研究。〔註1〕但是對於遼代的藏經與讀（誦）經還未見有專文研究〔註2〕，筆者不揣簡陋，僅對此二問題進行簡略介紹。

一、藏經

歷代藏經自然以寺院爲主，遼代也不例外。遼代最著名的寺院藏經應屬雲居寺石經，以往對此研究很多，就不再贅述。

除了石經外，遼代寺院大量收藏的是紙本經卷，大的寺院所藏有大藏經也就是契丹藏，其中流傳至今的有 1974 年在山西應縣佛宮寺釋迦塔佛像中發現的 10 餘卷 61 件經卷。從題記中看，有坊刻本，如「燕京仰山寺前楊家印造」，更多的是寺院刻本，如聖壽寺、弘法寺、弘業寺、大昊天寺、大憫忠寺等。這些寺院都在燕京（遼南京，今北京市），在刊刻大藏經的同時，它們也必然都藏有大藏經。

1987 年在對河北省豐潤縣遼代天宮寺塔進行維修時，發現了十餘種遼代佛經，有幾種刊有千字文編號：《佛說熾聖光消災經》，「卿」字號；《大乘本

〔註1〕較新的論著有：張國慶：《佛教文化與遼代社會》，遼寧民族出版社，2011 年；陳曉偉：《遼以釋廢：少數民族社會視野下的佛教》，《世界宗教研究》2010 年第 1 期等等。

〔註2〕張國慶的《佛教文化與遼代社會》一書中對遼代的誦經活動有簡短介紹，見該書第 145～146 頁。

生心地觀經》，「壁」字號；《大方廣佛花嚴經》，從「平」至「伏」字號。〔註3〕可見這些佛經也屬於契丹藏，遼代的天宮寺也應藏有大藏經。

學界一般認為，契丹藏「約開雕於遼聖宗統和時期（公元 983～1012 年），完成於遼道宗清寧年間（公元 1055～1064 年）或咸雍四年（公元 1068 年）之前。共收經 1373 部，6006 卷，分作 579 帙，千字文函號自『天』至『滅』，本藏屬卷軸裝，每版正文大抵為 24 行，亦有 27～28 行不等者，每行字 15～18 不等。每版另有小字所刻經題、卷數、板號、千字文編次等。」〔註4〕其中的 579 帙，是得自北京西山大覺寺遼代《暘臺山清水院創造藏經記》碑的記載：

> 暘臺山者，薊壤之名峰，清水院者，幽都之勝概。……今優婆塞南陽鄧公從貴，善根生得，幼齡早事於薰修；淨行日嚴，施度恒治於新惜。咸雍四年三月四日，捨錢三十萬，葺諸僧舍宅……又五十萬，及募同志助辦印大藏經，凡五百七十九帙，創內外藏而龕措之。〔註5〕

於遼道宗咸雍四年（1068）向清水院（今大覺寺）施捨五十萬錢刷印大藏經的鄧從貴全家是南安窠村（今北京市海淀區南安河村）人，該地距大覺寺很近。五十萬錢也就是五百緡或五百貫，用這些錢只能是印刷 579 帙經卷，而不可能是既雕版又刷印，否則是難以負擔的。因此鄧從貴刷印大藏經的經版應該是燕京城內各寺院所有，這從最後的題名「燕京右街檢校太保大卿大師賜紫沙門覺苑」也可看出，作為燕京僧官的覺苑應該是負責協調刷印所需各寺院的經版。「古代僧人便仿照傳統書籍的方式，將佛經每十卷左右分作一個小單元，稱作「一帙」，用一塊帙皮包捲起來。」〔註6〕房山石經也大多十卷為一帙，如《雲居寺續秘藏石經塔記》記載的「通理大師所辦石經小碑四千八十片，經四十四帙。」〔註7〕其每帙大多為十卷。因此清水院的 579 帙大藏經應該有將近 5790 卷左右。

同樣在遼道宗咸雍四年（1068），涿州范陽縣歧溝關（今河北省涿州市松林店鎮歧溝村）的天王院也立了一座《新贖大藏經建立香幢記》經幢，記載

〔註3〕 參見鄭紹宗：《豐潤天宮寺發現的遼代刻經》，《內蒙古文物考古文集》（第二輯），中國大百科全書出版社，1997 年。

〔註4〕 覺真：《佛教〈大藏經〉散論》，載 http://www.foyuan.net/article-96401-1.html。

〔註5〕 向南編：《遼代石刻文編》，河北教育出版社，1995 年，第 332 頁。

〔註6〕 覺真：《佛教〈大藏經〉散論》，載 http://www.foyuan.net/article-96401-1.html。

〔註7〕 向南編：《遼代石刻文編》，河北教育出版社，1995 年，第 671 頁。

「大遼國涿州范陽縣歧溝關天王院大眾等，各捨淨財，贖雜寶大藏經，圓滿周畢。」〔註8〕據張國慶先生研究：「所謂『贖雜寶大藏經』，是指該院僧人集資，以『贖』的形式，購買、收藏了《大藏經》的一種。道宗朝政府大力扶持佛教，爲減輕該院僧人因贖購《大藏經》而造成的經濟負擔，便決定減免該院寺莊一定時期內一定畝數的『田稅』，作爲補償。」〔註9〕天王院這次購買大藏經的行爲應該與鄧從貴刷印大藏經有關，一次刷印不可能只刷印一部大藏經，天王院與清水院相距不遠，同屬燕京所轄，天王院入藏的大藏經應該與清水院所藏是同一次印刷的。

咸雍六年（1070），涿州歸義縣丞相鄉柳林莊（今河北省高碑店市東柳林莊）的洪福寺也入藏了大藏經。「次西北有大雜寶經藏一坐……內函則龕經六百帙，外費則櫝價一千緡。赤軸霞爛，黃卷金融。載傳者滅七返之罪，禮看者免無間之獄。」〔註10〕洪福寺所藏大藏經有 600 帙，與清水院的 579 帙大藏經相差不多，很可能是同一版本同一次印刷，而所謂的「六百帙」是取其成數。

遼興宗重熙十三年（1044），契丹貴族出身的和尚志智在燕京募化錢財造經一藏。「以糯米膠破新羅墨，方充印造，白檀木爲軸，新羅紙爲幖，雲錦爲囊，綺繡爲巾，織輕霞爲條，斫蘇枋爲函，用錢三百萬。談笑之間能事畢□。在俊安厝於寺中。適值天火焚寺。□□間運經於阡陌。即日無暇收實。火後。遍語諸人。請經還寺。惟欠般若一軸。卒難詢訪。月餘。有村翁梁永於惠濟寺道周之左。獲經一卷。如神力所策。直□師前拜納。即所失之經也。昭應如□□」。〔註11〕志智所刷印的大藏經用錢三百萬遠遠超過了清水院五十萬錢刷印的大藏經，是因爲其原料都極爲高級。也正因爲志智是契丹貴族出身，他才能得以印造如此昂貴的大藏經。此經後應藏於志智主持的燕京大昊天寺（址在今北京市西便門內路西）。

現有史料表明，收藏有大藏經的寺院大都位於南京道轄區，這與南京道

〔註8〕 楊衛東：《與〈契丹藏〉有關的一件石刻——讀遼咸雍四年刊〈新贖大藏經建立香幢記〉》，《文物春秋》2007 年第 3 期，第 77 頁。

〔註9〕 張國慶：《遼代的寺田及相關問題探究》，《中國農史》2010 年第 4 期。

〔註10〕《洪福寺碑》，載向南編：《遼代石刻文編》，河北教育出版社，1995 年，第345 頁。

〔註11〕《妙行大師行狀碑》，載向南編：《遼代石刻文編》，河北教育出版社，1995年，第 586 頁。

在遼代五道中經濟、文化最為繁盛有關，其信徒多有餘資能夠幫助寺院刊印大藏經。除了前引鄧從貴外，涞水縣的董姓家族也有雄厚的家產幫助金山演教院刊印了一部大藏經。天祚帝乾統三年（1103），「時有縣之豪士董生，數詣參訪。仰師德之孤高，嗟山坊之闃寂。遂罄其家產，構大藏一座，印內典五百餘帙，在中龕置。」〔註12〕

其他寺院也有佛經收藏，如薊州沽漁山寺「經律論三學之內典，皆悉備矣。」〔註13〕安次縣祠垡里寺院「內置千帙之教，後留萬載之名。」〔註14〕

南京道之外，也有個別寺院藏有大藏經。遼興宗重熙二十二年（1053），興中府安德州（位於今遼寧省朝陽縣西營子鄉五十家子村）靈巖寺「有寺僧潛奧與悟開上人鳩集淨財，締結信士，與邑人尹節、李敬、張士禹、高聳等購經一藏，用廣流通。」〔註15〕

除了寺院藏經外，遼代信仰佛教的高官顯貴們的家庭中也有大量藏經。曾任奉陵軍節度使的王澤篤信佛教，「自夫人疾歿，迨越十稔，繼室無從，杜門不仕。惟與僧侶，定為善交，研達性相之宗，薰練戒慧之體。間年看《法華經》千三百餘部，每日持《陀羅尼》數十本。全藏教部，讀覽未意。」〔註16〕王澤所看佛經，應該都是其家族所藏。受此影響，王澤夫妻的三個女兒中，長女與第三女都出家為尼，第三女崇辯，「亦出家，誦全部蓮經，習講經律。」〔註17〕

二、讀經

誦讀佛經的目的不外乎消災祈福，遼代讀經大致有三種情況，一是佛事活動中的讀經，二是僧尼的日常讀經，三是佛教信徒的在家讀經。

由於遼代普遍崇信佛教，上至王公貴族下至平民百姓都熱衷於佛事活

〔註12〕 《金山演教院千人邑記》，載向南編：《遼代石刻文編》，河北教育出版社，1995年，第533頁。

〔註13〕 《薊州沽漁山寺碑銘》，載向南編：《遼代石刻文編》，河北教育出版社，1995年，第254～255頁。

〔註14〕 《安次縣祠垡里寺院內起建堂殿並內藏埠記》，載向南編：《遼代石刻文編》，河北教育出版社，1995年，第419頁。

〔註15〕 《興中府安德州創建靈巖寺碑》，載向南編：《遼代石刻文編》，河北教育出版社，1995年，第593頁。

〔註16〕 《王澤墓誌》，載向南編：《遼代石刻文編》，河北教育出版社，1995年，第261頁。

〔註17〕 《王澤妻李氏墓誌》，載向南編：《遼代石刻文編》，河北教育出版社，1995年，第241頁。

動，而佛事活動中，又以誦讀佛經爲主要內容。道宗朝的「尚父大王」耶律仁先家族所舉辦的一次佛事道場堪稱遼代最盛大的一次私家佛事活動。

> 起建道場六十二晝夜，齋僧四千四百人，維持開菩薩戒經講三席，目看卻經二、大□明王經七十三部、華嚴經六百七十卷、金光明經二百三十五部、阿彌陀經二千卷、無量壽經一百二十六遍、菩薩戒經一千一百四十遍、諸經要集二十八帙、藥師經四十六遍、法華經七十三部，誦觀音經四百二十六卷、多心經一千二百三十六遍，念大悲心陀羅尼七千四百二十卷、生天陀羅尼五萬八千四百六十遍、破地獄眞言三千一百八十遍、滅外障眞言一千八十遍、滅內障眞言一千八十遍、滅罪眞言三千一百八十遍、文殊五□眞言一千八十遍、無量壽眞言一千八十遍、滿願眞言一千八十遍、無垢淨光眞言四十九遍、一切如來眞言七十遍、大佛頂眞言五千二百遍、阿閦如來眞言一萬□千六十遍、天門眞言七遍、護身眞言六千二百六十遍、大隨求眞言一千四百遍、佛頂尊勝陀羅尼四千四百五十遍、梵本心眞言四千二百遍、大輪眞言一千八十遍、圓三聚眞言一千八十遍、摧碎眞言四千二百遍、百字明眞言四百八十五遍、摩利支天眞言四萬六千六百遍、如意輪眞言八千四百遍、滅惡業眞言一萬一千八十遍、觀音應願眞言一千八十遍、熾盛光眞言一千四百遍、六字眞言三萬二千四百遍、五字眞言一千遍、一字眞言一千遍、諸雜眞言並佛名一十萬遍、持課兩個月□諸佛名號二百四十五萬四千四百□。〔註18〕

由此可見一場盛大的佛事活動中誦讀佛經在其中的重要性。

另外一個顯貴蕭閣去世後，其家人爲其舉辦的超度道場雖然不能與耶律仁先家族相比，但也規模宏大，誦讀佛經也是其主要內容。

> ……將軍頃逝，自來資薦去靈功德，具下項開……生天道場一個月，齋僧四百人。開梵……日。持陀羅尼並諸眞言二萬一千……佛名七萬□，已上功德男勃特缽里。……僧五百五十人看讀經、律、論一千四百六十部……百六十五帙。次道場三晝夜，齋僧四十人……三卷計七遍。持陀羅尼並諸眞言一百八十六……次陀羅尼並諸眞言

〔註18〕 《辦集勝事碑》，載向南、張國慶、李宇峰輯注：《遼代石刻文續編》，遼寧人民出版社，2010年，第317頁。

並佛菩薩名號計一百七十……一千八百四十遍。已以功德，弟闔疏
道場七晝夜、齋僧九十八人、持誦諸經四帙計六十遍、持大悲心四
十九遍、諸佛名號三萬□。〔註19〕

漢族的富裕家庭，也往往熱衷於讀經等佛事活動。如立於遼道宗大康四年
（1078）的《大遼析津府良鄉縣張君於轂積山院讀藏經之記》記載：「清河張
君諱文絢，良鄉縣之繡戶也。妻田氏，皆性鍾純，吉名聞鄉閭。家有餘資，
靡好奢華之樂；身惟積善，頗信浮圖之法。越一日，謂親族曰：我興佛剎，
飯僧徒修植善根，鳩集福聚固亦多矣。然於藏典，似闕勝經。乃啟白司空大
師，議於轂積山院，請眾僧侶讀大藏經，便從今年四月十五日為啟讀之始，
他時亦然。乃將縣北公村別墅一所，田土園林約近陸柒頃，莊院房舍依舊住
佃；擄所收地利斛粟果實等，並元買券契，共壹拾陸道，並分付院司常住收
附，以充逐歲蕝流蒲塞之費。約曰：若僧徒不怠，經課無闕，及不別將貨賣
典質他，後子孫無得取索；苟或反此，取之可也。仍刻貞珉，以貽後來者。」
〔註20〕張文絢將田園家產大部捐出，以供延請轂積山院僧侶讀大藏經之用，
可見其信仰之虔誠。

遼代女性也篤信佛教，在舉辦讀經等佛事活動中，也不甘人後。如某位
清河公之女張氏「與父同興善道，於重熙二十二年，去當村開化院內，獨辦
法堂一坐。兼請到十方高上法師，於冬夏開花嚴法華經約三十餘蓆，乃於崀
山靈峰院內請大眾讀了經一十藏。其餘善道，不可具述。」〔註21〕

誦讀佛經是僧尼每日必做的功課，很多僧尼也以誦讀大量的佛經成為其
生平主要事蹟。如和尚季支「自小出家。受具後，住山一十五年。誦六門陀
羅尼大般若經、明王經、大小乘律等經，誦滿萬部。」〔註22〕和尚可興之師
傅「誦蓮經二萬部，持菩薩戒經數千遍，並諸陀羅尼難可備錄。」〔註23〕和

〔註19〕《辨佛事碑》，載向南、張國慶、李宇峰輯注：《遼代石刻文續編》，遼寧人民
出版社，2010年，第134頁。
〔註20〕向南、張國慶、李宇峰輯注：《遼代石刻文續編》，遼寧人民出版社，2010年，
第164～165頁。
〔註21〕《清河公女墳記》，載向南編：《遼代石刻文編》，河北教育出版社，1995年，
第401頁。
〔註22〕《沙門可訓造幢記》，載向南編：《遼代石刻文編》，河北教育出版社，1995
年，第304頁。
〔註23〕《可興等建尊勝悲心陀羅尼塔記》，載向南編：《遼代石刻文編》，河北教育出
版社，1995年，第381頁。

尚玄樞「暨大安初，俗年四十有二，遂齋心禁足，以日繫時，召集徒眾，發菩提心，誦觀音彌陁梵行大悲心密多心等經。歷數十年間，各不啻萬卷。」〔註24〕善興寺花嚴座主「於是讀□四萬六百卷，念大悲心唯提與支□□等眞言共一百三十六萬遍。」〔註25〕和尚守常「日誦大悲心咒以爲恒課。」〔註26〕

篤信佛教的居士們在家也是經常誦讀佛經不斷。河北宣化遼墓是一處遼代富裕漢族地主張氏家族的墓地，該墓出土多方墓誌記載了這一家族有崇奉佛教的傳統。張世卿於遼道宗大安年間，因爲遭遇饑荒，他向朝廷進獻粟二千五百斛，而被授予右班殿直之虛職。他「特於郡北方百步，以金募膏腴，幅員三頃。盡植異花百餘品，迨四萬窠，引水灌漑，繁茂殊絕。中敞大小二亭，北置道院、佛殿、僧舍大備。東有別位，層樓巨堂，前後東西廊具焉，以待四方賓客棲息之所。」〔註27〕除了自己享樂以及接待賓客外，他的園林還有一大用處，那就是每年四月二十九日天祚皇帝的生日也就是天興節期間，張世卿要在園內建道場一晝夜，邀請僧尼以及男女信眾爲皇帝祈福。由於園內花木眾多，張世卿還特製了 500 個琉璃瓶，從春天到秋天，每日採花裝於瓶內，貢獻於各寺的佛像前。張世卿日常生活中也誦經不斷，「誦法華經一十萬部，讀誦金光明經二千部。」張世卿的堂兄弟張世古「自幼及耄，志崇佛教，常誦金剛、行願等經，神咒密言，口未嘗掇。請僧轉金光明經千餘部，維持經律論講一十席，請尼萬部，齋供終身。誦妙法蓮花經三十餘季，至今未闕。」〔註28〕張世古之子張恭誘「常誦金光明經五百餘部。」〔註29〕其家族中的張匡正、張世本也是日常生活中誦讀佛經不已。宣化遼墓中的另外一個家族韓氏家族的韓師訓墓誌也云：「公自幼及髫，志崇佛教，延供苾芻，

〔註24〕《寶勝寺前監寺大德遺行記》，載向南編：《遼代石刻文編》，河北教育出版社，1995 年，第 603～604 頁。

〔註25〕《易州馬頭山善興寺花嚴座主塔記》，載向南編：《遼代石刻文編》，河北教育出版社，1995 年，第 678 頁。

〔註26〕《六聘山天開寺懺悔上人墳塔記》，載向南編：《遼代石刻文編》，河北教育出版社，1995 年，第 413 頁。

〔註27〕《張世卿墓誌》，載向南編：《遼代石刻文編》，河北教育出版社，1995 年，第 655 頁。

〔註28〕《張世古墓誌》，載向南、張國慶、李宇峰輯注：《遼代石刻文續編》，遼寧人民出版社，2010 年，第 294 頁。

〔註29〕《張恭誘墓誌》，載向南、張國慶、李宇峰輯注：《遼代石刻文續編》，遼寧人民出版社，2010 年，第 296 頁。

讀經六藏，金光明經一百部，法華經五百部……躬讀大華嚴經五十部，及讀金剛經、行願、觀音、藥師、多心經等□不計其數。」〔註 30〕由此可見，遼代歸化州（今河北省張家口市宣化區）佛教在一般民眾中的廣泛傳播。

（原載《暘臺集──大覺寺歷史文化研究》，北京燕山出版社，2012 年）

〔註 30〕《韓世訓墓誌》，載向南、張國慶、李宇峰輯注：《遼代石刻文續編》，遼寧人民出版社，2010 年，第 280 頁。

遼金時期發生在居庸關的戰爭

　　居庸關，作為長城上的一處重要關隘，歷來起著拱衛北京的重要作用。居庸之名，來源於秦代「徙居庸徒」，即秦始皇修長城時，將士卒及民夫徙居於此。漢代上谷郡下轄有居庸縣，縣有關，〔註1〕即為居庸關。北齊改居庸關為納款關。唐代仍稱居庸關，又有軍都關、薊門關等名。居庸關形勢十分險要，自古以來就是兵家必爭之地。「居庸關在幽州之北，最為深阻，號天下四塞之一。大山中斷，兩岸峽束，石路盤腸，縈帶隙罅。南曰南口，北曰北口。滴瀝濺漫，常為冰霰，滑濕濡漉，側輪跐足。殆六十里石穴。及出北口，則左轉上谷之右，並長嶺而西，陰煙枯沙，遺鏃朽骨，淒風慘日，自為一天，中原能守則為陽國北門，中原失守則為陰國南門。故自漢唐遼金以來，嘗宿重兵以謹管鑰。」〔註2〕遼金以前，居庸關是中原政權與北方民族的分水嶺。而到了遼金時期，局勢為之一變。遼、金入占北京，以正統王朝自居，而又都分別據守居庸關抵禦同樣來自北方的女眞、蒙古。此時的居庸關，已不單是北方民族與中原王朝的分水嶺，而是成為保衛中原政權和正統觀念的「堡壘」，而據守居庸關則成為契丹、女眞等民族融入中華的一個象徵。

　　遼金時期，「幽州之地，沃野千里，北限大山，重巒複障，中有五關，居庸可以行大車，通轉饟。松亭（今河北省寬城縣西南——筆者注）、金坡（即紫荊關，在今河北省易縣——筆者注）、古北口止通人馬，不可行車。外有十八小路，盡兔徑鳥道，止能通人，不可行馬。山之南，地則五穀、百果、良

〔註1〕　《漢書》卷二八下《地理志下》，中華書局，1974 年，第 1623 頁。
〔註2〕　（元）郝經：《居庸關銘》，《陵川集》。轉引自《日下舊聞考》卷一五四「邊障」，北京古籍出版社，1983 年，第 2479 頁。

材、美木無所不有。出關來才數十里則童山水濁，皆瘠鹵，彌守黃茅、白草，莫知互極，豈天設此限華夷也。」〔註3〕正是由於居庸關在拱衛北京的五關之中交通最爲方便，因而也就成了進攻北京的最佳路徑。遼金時期圍繞爭奪居庸關進而進佔北京而發生的戰爭層出不窮，可分爲三個階段：即遼初、遼末遼宋金三個政權爭奪燕京時期及金末，下分述之。

一、遼初發生在居庸關的戰爭

遼初，在未佔領燕雲十六州之前，入侵中原多經由居庸關。遼太祖神冊二年（917 年）「三月辛亥，攻幽州，節度使周德威以幽、并、鎮、定、魏五州之兵拒於居庸關之西，合戰於新州東，大破之，斬首三萬餘級，殺李嗣恩之子武八。以後弟阿骨只爲統軍，實魯爲先鋒，東出關略燕、趙，不遇敵而還。」〔註4〕周德威時爲晉王李存勗（即後來的後唐莊宗）的幽州節度使。這次戰役的地點是在居庸關之西，新州（今河北省涿鹿縣）之東。遼軍取勝後，隨即向東進入居庸關，而居庸關一旦失守，北京的門戶就頓開，契丹鐵騎就蜂擁而入，給中原政權造成極大的物力、人力損失。神冊六年（921）十月，遼太祖再次率大軍南下。「丙子，上率大軍入居庸關。十一月癸卯，下古北口。丁未，分兵略檀、順、定遠、三河、良鄉、望都、潞、滿城、遂城等十餘城，俘其民徙內地。」〔註5〕居庸關和古北口兩個重要關隘的失守，使遼軍更如入無人之境，給中原人民造成了更大的破壞和損失。

遼太宗會同元年（938 年，後晉天福三年）十月，石敬瑭將燕雲十六州割讓給遼之後，居庸關成爲遼的內地，但其重要的戰略地位依然不減。遼聖宗統和四年（986 年，宋雍熙三年），宋太宗發起「雍熙之役」，向遼進攻，企圖收復燕雲十六州。三月，宋西路軍進展順利，遼應州、飛狐關、靈丘守將相繼投降，又攻下雲州。遼軍西線吃緊，於是遼聖宗「詔兩部突騎赴蔚州，以助闥覽。橫帳郎君老君奴率諸郎君巡徼居庸之北。」〔註6〕可見，遼聖宗在派兩部突騎增援西線蕭闥覽的同時，並未忘記居庸關的重要戰略地位，因而派

〔註3〕（宋）徐夢莘：《三朝北盟會編》卷二〇引《許亢宗奉使行程錄》，上海古籍出版社，1987 年，第 143 頁。五關除上引四關外，尚有渝關（又寫作榆關，今山海關），見中華書局標點本《資治通鑑》卷二六九，第 8813 頁，胡三省注引《金虜節要》。

〔註4〕《遼史》卷一《太祖紀上》，中華書局，1974 年，第 12 頁。

〔註5〕《遼史》卷二《太祖紀下》，中華書局，1974 年，第 17 頁。

〔註6〕《遼史》卷一一《聖宗紀二》，中華書局，1974 年，第 121 頁。

耶律老君奴等在關北警戒，以防西線宋軍的進攻。

二、遼末，遼宋金圍繞居庸關爭奪燕京

遼末，東北的女眞族不堪忍受遼的壓迫、掠奪，在完顏阿骨打率領下奮起反抗，於 1115 年正式建國，國號大金。金政權建立後，向遼發起了節節進攻，對遼的統治產生了極大的威脅，而宋也從中看到了收復燕雲十六州的希望。宋徽宗於重和元年（1118）派馬政自登州渡海赴遼東與金談判合力攻遼事宜，後又派趙良嗣及馬政之子馬擴使金。宣和三年（1121，金天輔五年）九月，宋致金國書中提到：「已差太傅知樞密院事童貫領兵相應，使回，請示舉軍目的，以憑進兵。夾攻所有五代以後所陷幽、薊等州舊漢地及漢民，並居庸、古北、松亭、榆關已議收復。所有兵馬，彼此不得侵越過關，外據諸邑及貴朝舉兵之後，潰散到彼餘處人戶，不在收復之數，銀絹依與契丹數目歲交。」〔註7〕即約定宋金雙方夾攻遼，宋收復居庸、古北、松亭、榆關之南原漢地，彼此不得過關。宋將原來給遼的歲幣予金。雙方達成了史稱爲「海上之盟」的盟約。但宋朝對「燕雲十六州」及「舊漢地」的地理概念並不十分清楚，所謂「五代以後所陷幽、薊等州」即「燕雲十六州」之地並不包括松亭、榆關在內。即使在居庸關、古北口內外，這裡早已居住著很多契丹、奚族部落，所謂「舊漢地」早已胡漢雜居了。對此，金朝十分明確。完顏兀室就說：「有居庸、金坡等關，貴朝佔據，古北、松亭關，本奚家族帳。」〔註8〕又說：「古北、居庸本是奚地，自合本朝佔據，今特將古北口與貴朝，其松亭關本朝屯戍，更不可說。」〔註9〕明確道出，將古北口、居庸關等原奚地交給宋，已是對宋的格外優待了，松亭關當然不能再給宋。金朝的這種不無道理而又咄咄逼人之勢，爲日後宋金開戰埋下了伏筆。

遼在金軍的進攻下節節敗退，遼天祚帝於保大二年（1122）正月從燕京逃至鴛鴦泊（今河北省張北縣西北）。在金軍的進攻下，又逃至西京（今山西省大同市）。天祚帝的叔父耶律淳留守燕京，在李處溫、蕭幹等人的推戴及郭藥師所統率的怨軍的支持下，於三月自稱天錫皇帝，改元建福。四月，宋派

〔註7〕 （宋）徐夢莘：《三朝北盟會編》卷四，上海古籍出版社，1987 年，第 28 頁。
〔註8〕 （宋）徐夢莘：《三朝北盟會編》卷一三，上海古籍出版社，1987 年，第 93 頁。
〔註9〕 （宋）徐夢莘：《三朝北盟會編》卷一三，上海古籍出版社，1987 年，第 93 頁。

宦官童貫率兵十萬進攻燕京，爲遼耶律大石、蕭幹所敗。六月，耶律淳病死，其妻蕭德妃稱制。七月，宋派劉延慶統軍再次攻燕。鑒於上次宋軍的失利，劉延慶「與幕府議持重，不可進兵，使女眞軍馬先入居庸關，收下燕京，然後多以歲幣贖之，此爲萬全。」〔註 10〕但是遼常勝軍（即原來的怨軍）首領郭藥師降宋，才使劉延慶鼓起勇氣，命郭藥師率部突襲燕京。郭藥師雖然攻入燕京，但苦戰數晝夜，外無援兵，因而只率少數士卒突出城外，而大部分將士戰死城內。接著劉延慶全軍潰退，宋朝的兩次攻燕之役均告失敗。

　　與宋軍的懦弱無能相比，金軍卻進展迅速。十二月初，金軍在古北口大敗遼軍後，又向居庸關進發。「太祖取燕京，婆盧火爲右翼，兵出居庸關，大敗遼兵，遂取居庸。蕭妃遁去，都監高六等來送款乞降。」〔註 11〕說「大敗遼兵」，其實並未發生大的戰鬥，這從其他記載中可看出，如《金史》卷七五《左企弓傳》載：「太祖至居庸關，蕭妃自古北口遁去。都監高六等送款於太祖，太祖徑至城下。」《遼史》更記載遼兵不戰自潰，「秦晉王淳妻蕭德妃五表於金，求立秦王，不許，以勁兵守居庸。及金兵臨關，崖石自崩，戍卒多壓死，不戰自潰。」〔註 12〕金太祖對於遼軍如此不堪一擊，而宋軍卻對之無能爲力感到不可理解，對宋朝甚爲輕視。此時，宋使馬擴隨金軍一同進軍，他爲我們留下了對當時情況的生動描述：「初五日抵居庸關，契丹棄關走。僕隨行，阿骨打謂曰：『契丹國土十分，我已取其九，只有燕京一分地土。我著人馬三面逼著，令汝家就取，卻恁生受，奈何不下。初聞南軍已到盧溝河，已入燕。我心下亦喜，南家故地，教他收了，我與他分定界至，軍馬歸國，早見太平。近聞都統劉延慶一夜走了，是甚模樣。』僕答曰：『使人留此，不得而知兵。兵家進退常事，恐亦非敗。縱使劉延慶果敗，亦別有大軍在後。』阿骨打云：『似恁統領底人，敗了軍國大事，汝家有甚賞罰？』擴曰：『將折兵死，兵折將死。延慶果是退敗，便做官大，亦行軍法。』阿骨打云：『若不行軍法，後怎生使兵也。待一兩日到居庸關，你看我家兵將戰鬥，有敢走麼！』初六日，入居庸關。」〔註 13〕在後來金予宋的國書中，對宋的懦弱又加以責

〔註 10〕　（宋）徐夢莘：《三朝北盟會編》卷一〇引馬擴《茅齋自敘》，上海古籍出版社，1987 年，第 69 頁。

〔註 11〕　《金史》卷七一《完顏婆盧火傳》，中華書局，1975 年，第 1638 頁。

〔註 12〕　《遼史》卷二九《天祚皇帝三》，中華書局，1974 年，第 345 頁。

〔註 13〕　（宋）徐夢莘：《三朝北盟會編》卷一二引馬擴《茅齋自敘》，上海古籍出版社，1987 年，第 84～85 頁。

備：「所謂夾攻者，宋朝自涿、易二州等衝要處進兵至燕京。金國自古北口烏鴉巖衝要等處進兵至燕京。至日臨期，當朝兵馬攻下居庸關，直抵燕，即日款降外，貴朝兵馬從無一人一騎、一鼓一旗、一甲一矢，竟不能入燕，已被戰退。」〔註14〕對此，宋在回書中百般為自己辯護，但是實在難以自圓其說。「昨趙良嗣等還自伐北，知欲入關討伐，即自涿、易等處分遣軍馬夾攻，三面掩殺契丹，數陣大獲勝捷，追逐遠過燕京東北，實與貴朝攻取居庸之兵相應，靡有差失。暨國妃與四軍以下奔竄，城中無不順之人，似聞貴朝兵馬相近，於義不當爭入燕城，即令遠駐兵馬，本堅守信約。應夾攻者，事皆有跡可考，不待理辯。」〔註15〕

金軍佔領燕京後，於天會元年（1123，宋宣和五年）三月，依照「海上之盟」的規定，將燕京及附近六州交給宋朝，但卻將人戶、財產等席卷而去，宋只得到幾座空城。「阿骨打交燕畢，於契丹漢兒內兩府中攜劉彥宗出居庸關，由雲中府、德州路西巡。」〔註16〕宋隨即命「常勝軍守松亭、古北、居庸關。」〔註17〕宋金的「海上之盟」只是基於夾攻遼的短暫同盟，一旦遼亡，宋金直接交界，再加之金早已看出宋的軟弱無能，因而戰爭也就不可避免。

金太宗天會三年（1125，宋宣和五年）十一月，金軍分東西兩路攻宋。十二月，金軍在白河大敗宋郭藥師部，與此同時，又「遣女真萬戶嘔敦、郎君蒲盧虎、賽里郎君、契丹都統馬五東寇居庸關以應之。慮居庸關難取，遂分兵由紫荊口金坡關入寇易州。即出奇取鳳山，治皇太妃嶺道以寇昌平縣，則反顧居庸矣。於是居庸亦潰，彼賊遂入居庸。初郭藥師之備金人也，嚴於東北而弛於西，何哉？蓋東北乃金人來路也，燕山之東，以韓城鎮為界，東北以符家口為界，韓城、符家去燕山皆四百餘里。斡離不既寇東北，探騎潰軍絡繹而來，燕山得預聞之，故藥師出常勝軍屯於燕山之東白河以待賊。西則居庸關為絕邊，去燕無百里之遠，但閉關而已，更無他備。不意賊西取居庸，一夕寇城，故預無警報而弛備焉。設若白河之戰藥師苟能全勝追賊而東，

〔註14〕（宋）徐夢莘：《三朝北盟會編》卷一二，上海古籍出版社，1987年，第88頁。

〔註15〕（宋）徐夢莘：《三朝北盟會編》卷一三，上海古籍出版社，1987年，第91頁。

〔註16〕（宋）徐夢莘：《三朝北盟會編》卷一七，上海古籍出版社，1987年，第119頁。

〔註17〕（宋）徐夢莘：《三朝北盟會編》卷一六，上海古籍出版社，1987年，第117頁。

則西亦為粘罕乘虛矣。況戰不利，何以禦之。」〔註18〕可見，即使郭藥師在白河之戰中獲勝，由於居庸關的失守，燕京也難免陷落。

在金代，居庸關的戰略地位仍為時人所重，世宗時梁襄認為：「燕都地處雄要，北倚山險，南壓區夏，若坐堂隍，俯視庭宇，本地所生，人馬勇勁，亡遼雖小，止以得燕故能控制南北，坐致宋幣。燕蓋京都之選首也，況今又有宮闕井邑之繁麗，倉府武庫之充實，百官家屬皆處其內，非同曩日之陪京也。居庸、古北、松亭、榆林等關，東西千里，山峻相連，近在都畿，易於據守，皇天本以限中外，開大金萬世之基而設也。」〔註19〕金在居庸關專門設官駐守，「居庸關、紫荊關、通會關、會安關及他官皆設使，從七品。」〔註20〕世宗時，契丹人在移剌窩斡領導下起兵反金，世宗在大軍鎮壓的同時，大定二年（1162 年）六月「戊寅，詔居庸關、古北口譏察契丹奸細，捕獲者加賞。」〔註21〕

三、金、蒙古居庸關之戰

女真族作為來自北方的民族，建立了大金王朝，先後滅掉了遼和北宋兩個強大的王朝，但是在它立國近百年後，卻同樣遭到了來自北方的游牧民族——蒙古的威脅。公元 1211 年二月，成吉思汗誓師伐金，此時金朝皇帝為衛紹王完顏允濟。他派完顏承裕率軍抵禦蒙古的入侵，「八月，大元大兵至野狐嶺，承裕喪氣，不敢拒戰，退至宣平。縣中土豪請以土兵為前鋒，以行省兵為聲援，承裕畏怯不敢用，但問此去宣德間道而已。土豪嗤之曰：『溪澗曲折，我輩諳知之。行省不知用地利力戰，但謀走耳，今敗矣。』其夜，承裕率兵南行，大元兵踵擊之。明日，至會河川，承裕兵大潰。承裕僅脫身，走入宣德。大元遊兵入居庸關，中都戒嚴，識者謂金之亡決於是役。衛紹王猶薄其罪，除名而已。」〔註22〕會河川之戰後，金軍固守居庸關，先前成吉思汗「遣札八兒使金，金不為禮而歸。金人恃居庸之塞，冶鐵錮關門，布鐵蒺藜百餘里，守以精銳。札八兒既還報，太祖遂進軍，距關百里不能前，召

〔註18〕（宋）徐夢莘：《三朝北盟會編》卷二五，上海古籍出版社，1987 年，第 181～182 頁。

〔註19〕《金史》卷九六《梁襄傳》，中華書局，1975 年，第 2134 頁。

〔註20〕《金史》卷五七《百官志三》，中華書局，1975 年，第 1326 頁。

〔註21〕《金史》卷六《世宗紀上》，中華書局，1975 年，第 128 頁。又見卷一三二《移剌窩斡傳》，第 2856 頁。

〔註22〕《金史》卷九三《完顏承裕傳》，中華書局，1975 年，第 2066 頁。

札八兒問計。對曰：『從此而北黑樹林中有間道，騎行可一人。臣向嘗過之。若勒兵銜枚以出，終夕可至。』太祖乃令札八兒輕騎前導。日暮入谷，黎明，諸軍已在平地，疾趨南口，金鼓之聲若自天下，金人猶睡未知也。比驚起，已莫能支吾，鋒鏑所及，流血被野。關既破，中都大震。」〔註23〕這次蒙古軍雖然攻破居庸關，但並未攻下中都，隨即撤軍。蒙古退軍後，金右副元帥府經歷官李英看到居庸關對中都的重要性，上書右副元帥尤虎高琪：「中都之有居庸，猶秦之有崤、函、蜀之劍門也。邇者撤居庸兵，我勢遂去。今土豪守之，朝廷當遣官節制，失此不圖，忠義之士將轉爲他矣。又曰：可鎮撫宣、德、德興餘民，使之從戎。所在自有宿藏，足以取給，是國家不費斗糧尺帛，坐收所失之關隘也。居庸關咫尺，都之北門，而不能衛護，英實恥之。」金廷隨即任命李英爲尚書工部外郎，「充宣差都提控，居庸等關隘悉隸焉。」〔註24〕

金至寧元年（1213年）七月，成吉思汗再次向中都發起進攻，擊敗金完顏綱、尤虎高琪。「金兵保居庸，詔可忒、薄刹守之。遂趨涿鹿。金西京留守忽沙虎遁去。帝出紫荊關，敗金師於五回嶺，拔涿、易二州。契丹訛魯不兒等獻北口，遮別遂取居庸，與可忒、薄刹會。」〔註25〕蒙古軍攻下居庸關後，圍攻中都久攻不下。第二年三月，成吉思汗「乃遣使諭金主曰：『汝山東、河北郡縣悉爲我有，汝所守惟燕京耳。天既弱汝，我復迫汝於險，天其謂我何。我今還軍，汝不能犒師以弭我諸將之怒乎？』金主遂遣使求和，奉衛紹王女岐國公主及金帛、童男女五百、馬三千以獻，仍遣其丞相完顏福興送帝出居庸。」〔註26〕這樣，居庸關就成爲任由蒙古軍出入的通道。蒙古退軍後，金宣宗驚恐不已，於貞祐二年（1213年）五月遷都汴京。成吉思汗得知後，再次發兵圍攻中都。貞祐三年（1214年）五月，中都城破，陷落於蒙古。從此，居庸關又一次更換了主人。其後，它又多次經歷了戰爭的洗禮。

（原載《北京文博》2001年第4期）

〔註23〕《元史》卷一二〇《札八兒火者傳》，中華書局，1976年，第2960～2961頁。
〔註24〕《金史》卷一〇〇《李英傳》，中華書局，1975年，第2235頁。
〔註25〕《元史》卷一《太祖紀》，中華書局，1976年，第16頁。
〔註26〕《元史》卷一《太祖紀》，中華書局，1976年，第17頁。

房山兩座遼金時期的經幢

    對北京地區的歷代碑刻著錄，目錄書有《畿輔碑目》、《北京圖書館藏北京石刻拓片目錄》等，收錄清代八旗碑文的有《雪屐尋碑錄》，收錄拓片的有《北京圖書館藏中國歷代石刻拓本彙編》等。這些書籍雖然收錄了絕大部分的北京地區的歷代碑刻，但是由於北京碑刻的數量十分巨大，而且很多碑刻散落在偏遠的農村、山區，因此，還有很多拾遺補缺的工作需要我們來做。筆者近期在對房山區的遼金遺跡進行考察時，發現了兩座未曾著錄的遼金時期的經幢，今介紹並略加考釋如下。

一、天會十二年幢

    房山區張坊鎮張坊小學內有一座遼天慶六年（1116）年的石塔——「奉爲先大師特建佛頂尊勝密簷靈塔」，俗稱張坊村塔。塔身刻有佛頂尊勝陀羅尼經及「大遼國燕京永泰寺榮祿大夫檢校太尉傳菩薩戒懺悔正慧大師遺行塔記」。陳述先生所編《全遼文》及向南先生所編《遼代石刻文編》都收有全文，是研究北京遼代佛教的重要資料。筆者在考察該塔時，意外在緊鄰該塔北邊的一處農戶院落中，發現了一座金代天會十二年（1134）經幢。該幢八面，高60 餘釐米，刻佛頂尊勝陀羅尼經及題記。因該幢緊挨房牆，故經文大多不可見，而題記正好露在外面，茲錄題記並略加考釋如下（文中□代表漫漶一字，…代表漫漶字數不清）。

      張坊村李公直奉爲亡師叔特建此陀羅尼塔一坐。□諱法選，俗姓李氏，本當村人也。父李□貴，母王氏，昆季三人，師之…也。甲寅三月十日因疾化於當院之淨室也。有門資人文殊奴…。天會二

十二年歲次甲寅四月庚辰朔五日甲申辛時建。

記中李公直爲「張坊村」人，張坊之名，不僅見載於該幢，而且前述《懺悔正慧大師遺行塔記》中也有記載。可見張坊之地名已延續近 900 年矣。記中「當院」雖無具體名稱，但是《懺悔正慧大師遺行塔記》中卻有「張坊院」之記載，而金天會十二年（見下文考證）上距遼天慶六年也不過僅僅十餘年，而且此幢又距離遼塔咫尺之遙。因此遼金時期此地寺廟應名爲「張坊院」，而塔及幢所在應該是該寺的塔院。記中「天會二十二年歲次甲寅」之記載實則有誤，「天會」爲金太宗及金熙宗的年號，一共只有十五年，甲寅年爲天會十二年，故此「二十二年」可能出於書寫者或刻工之手誤，實應爲「天會十二年」。

二、少府少監王公幢

房山區岳各莊鄉皇后臺村有一座清代伊桑阿墓，墓雖已無存，但是墓前石刻仍保存較爲完整，氣勢恢弘。計有石牌坊一、石碑三、石獅二、華表四，現爲房山區文物保護單位。就在這組石刻北面不遠處一農戶門外，筆者發現一座「少府少監王公幢」，該幢八面，高 50 釐米左右。由於仆於地面，故有幾面看不見。第一面上部正書兩行「佛頂尊勝之壇」，其下爲蓮花圖案，再下爲三行梵文，最下又刻蓮花。第二面以下爲「少府少監王公幢」文，茲錄於下。

> **少府少監王公幢**
>
> 王氏遠祖，出自壽春，粵因遊□，爲遼陽人。世積其德，日以增新，惟公之考，□□歸仁。□有其餘，生公之□，登進士科，德才□□。□□□□，居官以治，見知於□，安□以政。□□□□，□□不□，累稱其職，□名四□。□言□□，好□□□，□在少□，□□□□。天不□□，□□□□，□□□□，□□□□。公五□心，所□□□，□子以□，遺休□□。或入於□，行與□□，或舉於儒，文爲眾先。三□右選，□□而傳，一同知□，□□□□。（以下由於緊貼地面，不得錄下）

該幢實際上文字較爲清晰，如果能傳拓下來，當可識讀更多文字。據《遼史》及《金史》百官志，遼金兩朝都有少府監，《遼史》簡略，少府監的職掌不清。金代少府監「掌邦國百工營造之事。」「少監從五品」。從該幢的形制及刻有

「佛頂尊勝陀羅尼經」來看，很可能是遼金時期的。

又在皇后臺村北不遠的天開村中，筆者僅在一條街道上就發現了四座經幢。這四座經幢都爲八面，高均不超過 1 米，其中兩座文字已完全漶滅，另兩座有一座砌於一農戶門前臺階中，另一座也仆於一農戶門前。前者尚能看到部分陀羅尼經文，後者部分較大之字尚可辨認。據筆者推測，這四座經幢都應該是遼金時期的，因該地遼金時期佛教甚勝，至今村南小山上仍有遼代殘磚塔，村北有元代應公長老壽塔，村西北更有遼金名刹──上方山諸寺。筆者在此呼籲，對這些珍貴的遼金時期的歷史文化遺產不能再繼續讓其處於逐漸消亡之中，鑒於上述的經幢周圍並無其他遺物，已無原地保護之必要（實際上也未得到保護），北京市所屬文博機構，如房山區文物保管所或北京石刻藝術博物館是否予以徵集，集中妥善保管，以期無愧於先人，更無愧於後人。

（原載《北京文物報》2000 年第 9 期）

北半部中國的政治中心——金中都

一、遼、宋、金爭奪南京

　　女眞族是生活在我國東北的古老民族，肅愼、靺鞨等都與女眞族有著淵源關係。遼代，接近遼的女眞部落被稱爲熟女眞，而離遼較遠的，保留了較多本族習俗和制度的女眞部落被稱爲生女眞。遼代統治者對女眞族一貫採取歧視、壓迫政策，並從經濟上對其進行掠奪。遼在臨近女眞族的寧江州（今吉林扶餘東南）等地設置権場，乘交易之機對女眞族巧取豪奪，稱爲「打女眞」。遼代皇帝酷愛打獵，尤其是獵取天鵝，需要女眞出產的一種猛禽——海東青。因此，遼皇帝尤其是末代皇帝天祚帝經常派出佩帶銀牌的使者——所謂「銀牌天使」到女眞地方索取海東青。這些使者不但肆意勒索財物，欺壓女眞人，而且還要求各部落貢獻美女以供享樂，這樣激起了女眞人民的強烈反抗情緒。

　　遼天慶四年（1114），女眞部落首領完顏阿骨打率領女眞人民奮起反抗，首先攻下寧江州，接著又在出河店（今黑龍江肇源西南）大敗遼軍。於1115年夏曆正月元旦正式建國，國號大金。立年號爲「收國」。金建國後，對遼展開了全面進攻，並與宋簽定了史稱「海上之盟」的盟約。雙方約定：金軍攻取遼中京，宋軍攻取遼南京，彼此兵不得過關。滅遼後，宋得燕雲十六州之地，將原來給遼的歲幣改送金。

　　保大二年（1122）三月，在金軍的進攻下，遼天祚帝逃離南京，其叔父耶律淳留守南京，在李處溫、蕭幹等人的推戴及怨軍的支持下，自稱天錫皇帝，改元建福，史稱北遼。四月，宋爲履行盟約，派宦官童貫率兵十萬進攻南京，再次企圖收復燕雲十六州。但由於宋徽宗在後方的牽制及宋將的無能，

宋軍先後為北遼將領耶律大石、蕭幹所敗，在南京以南的雄州、莫州一帶宋軍橫屍遍野。六月，耶律淳病死。七月，宋派劉延慶再次率兵攻打南京。遼常勝軍首領郭藥師帶領部下投降了宋朝，宋徽宗又鼓起了收復燕雲的信心，迫不及待地改燕京名為燕山府，並促令劉延慶從速進軍。劉延慶採納郭藥師的建議，乘蕭幹主力在前線，以輕騎突襲南京。但是在關鍵時刻，宋軍非但未安撫城中百姓，反而下達了一條錯誤命令：殺盡城中的契丹、奚人。引起了強烈的反抗，而蕭幹也火速回援，宋軍苦戰三晝夜，僅郭藥師及少數士兵逃脫，大部將士戰死城內。至此，宋兩次攻燕之役均告失敗。同年十二月，金軍攻入居庸關，北遼左企弓、虞仲文等打開南京城門降金。宋宣和五年（1123，遼保大三年，金天會元年）三月，依照「海上之盟」的規定，金將南京及附近 6 州交給宋，但卻將人民、財產等席卷而去，宋只得到幾座空城。從此，遼南京成為宋的燕山府，但歷時卻不到兩年。

宋金的「海上之盟」只是基於夾攻遼的短暫同盟，一旦遼亡，宋金直接接界，戰爭也就不可避免。金天會三年（1125，宋宣和七年）十一月，金兵分東西兩路攻宋，東路軍完顏宗望在白河大敗郭藥師的常勝軍，郭藥師扣押了宋知燕山府蔡靖及轉運使呂頤浩等向宗望投降，這樣，燕山府為金所有。金軍佔領燕山府後，即長驅南下，渡黃河直逼北宋都城汴梁（今河南開封市）。靖康元年，金軍攻破汴梁，徽、欽二帝及宗室、官僚三千餘人成為階下囚。金軍又掠走宋朝廷的禮器、法物、書籍、輿服、工匠，北宋滅亡，徽、欽二帝被囚禁在燕京法源寺。宋徽宗之子趙構於 1127 年在歸德即帝位，後遷都臨安，是為南宋。在中國歷史上形成了宋金南北對峙的局面。此時北京地區的遼金墓葬和遺址中發現了一些宋代文物，標誌著北京地區在遼金時期在南北經濟文化交流中的重要地位，反映出南北互市貿易在燕地經濟發展中的重要作用。

二、金中都的建立

金於 1125 年攻佔燕山府後，又把它改名為燕京，並把原設在平州的南京中書樞密院移到這裡。設在燕京的樞密院、行尚書省長官都委任當地漢人擔任，世家大族劉彥宗、韓企先等先後擔任宰相。

金在佔領華北地區的最初 10 年，仍以東北的上京會寧府（今黑龍江省阿城市）為首都，而未遷都於燕京。歷經太祖、太宗、熙宗三代。公元 1141 年，宋金「和議」，淮水以北全部劃歸金朝版圖。此時，南宋已殺掉抗金將領岳飛，

絕不再有任何抗金的準備，金在華北的統治已轉入穩定狀態，而遷都就提到日程上了。

　　海陵王完顏亮在謀弒熙宗，登上皇帝寶座之後，一方面擔心上京的宗室、貴族威脅他的統治，另一方面考慮到上京僻處一隅，不利於對全國的統治及與中原地區的經濟交流，而燕京則四通八達，物產豐富，於是決定遷都。於天德三年（1151）四月正式下詔遷都燕京，隨即派張浩、蘇保衡等營建都城。在工程基本完畢的情況下，完顏亮於當年就正式遷都於此，定名中都。次年，將上京的宮殿、貴族府第一律毀棄。中都城在遼南京的基礎上向東、西、南三面擴展，並參照了北宋都城汴京的規劃、建築，動用了 120 萬人，歷經二年至貞元元年（1153）才告完工。

　　中都大興府在金代隸屬於中都路，所管轄的區域較遼南京析津府大爲縮小，只轄有大興、宛平、潞陰、安次、永清、寶坻、香河、昌平、武清、良鄉 10 縣。城區東、西分別由大興縣、宛平縣管轄，另外中都路還轄有其他 13 州、39 縣。

　　中都大興府的最高行政長官爲大興府尹，管理大興府的政務並兼任中都路兵馬總管府事，品級爲正三品。另設同知及少尹各一人，協助府尹。其下另設處理各種事務的推官、知事、都孔目官等低級官吏若干人。金朝廷在中都地區，另設立有與大興府平行的若干專門機構，如司法機構中都路按察司、警察機構中都警巡院、經濟管理機構中都轉運司等。

　　中都城位於今北京城區的西南部，呈長方形，由外城、皇城、宮城三部分組成。歷經 800 餘年的風風雨雨，至今只有三處夯土城牆仍巍然屹立，訴說著當年中都城的輝煌與壯觀。中都是在遼南京城的基礎上，將東、西、南三面城牆各向外擴展三里而成。北城牆仍沿襲遼南京城的北城牆未變，長 4900 米，東城牆在今陶然亭南北一線，長 4510 米，南城牆在今右安門外涼水河以北一線，長 4750 米，西城牆在今豐臺區高樓村南北一線，長 4530 米。城牆周長共 186900 米，全部爲夯土版築而成。

　　1990 年在豐臺區右安門外玉林小區涼水河以北的一處建築施工中，發現了金中都南城牆水關遺址。這處遺址的發現爲我們瞭解金中都的城市建設提供了寶貴的實證。

　　水關是古代城牆下供河水進出的水道建築，金中都水關遺址殘存基礎部分，平面呈「﹚﹙」形，南北向，南距今涼水河（金中都南護城河）50 米。遺

址全長 43.4 米，過水涵洞長 21.35 米，寬 7.7 米。南北兩端的出水口和入水口分別寬 21.35 米、11.4 米，進出水口及泊岸兩側設有擗石樁。底部過水面距現地表 5.6 米。水關建築整體爲木石結構，最下層基礎密植木樁，木樁之間用碎石及碎磚瓦砂土夯實。木樁之上放置排列整齊的襯石枋，襯石枋上又鋪設地面石。襯石枋與枋下的木樁使用榫卯結構相連，襯石枋之間用木銀錠榫相連。木樁、襯石枋、石板緊密相連，整體堅固合理。由於水關遺址的發現，不僅確定了金中都南城牆的位置，而且通過用考古鑽探的方法向北追尋古河道的方向，基本上明確了金中都城內水系東流過龍津橋後，其中一支向南的走向和經南城牆入護城河的確切地點。金中都水關遺址是已發現的中國古代都城水關遺址中規模最大的，與宋代《營造法式》中「卷輩水窗」的規定一致，是研究我國古代建築和水利設施的重要實例。爲了保護這一遺址，目前已在原址建立了遼金城垣博物館對遺址進行保護、研究。

水關遺址全景

北京遼金城垣博物館

　　根據文獻資料及考古發現可以確定，皇城大致位於中都城內偏西南處，周長 9 里，有 4 門：東為宣華門，西為玉華門，南為宣陽門，北為拱辰門。皇城的中央為宮城。在皇城南門宣陽門內，正中是御道，御道兩側是千步廊，西千步廊之西是中央吏、戶、禮、兵、刑、工六部所在，千步廊之東為太廟。太廟之南有皇帝打馬球的球場。在六部南有會同館，球場南有來寧館，都是接待外國來賓的地方。

　　宮城是完顏亮仿照北宋汴京宮城制度營建的，為此他特意派工匠將汴京宮城繪製下來交給張浩，讓他按圖修建。並且從汴京徵集了大量工匠，將汴京宮殿中的可用部件都拆下來，運至中都，用於宮城的修建。宮城的布局可分為中、東、西路三部分，主要宮殿在中路。中路的南端是應天門，為 11 間的門樓。應天門內有一小廣場，有左、右翔龍門通往東、西路。應天門正北為大安門，大安門內為大安殿。大安殿是宮城中最大的宮殿，面闊 11 間，建在 3 級月臺上，有 14 級臺階，周圍有曲水環繞。其東西各有配殿 5 間，配殿各有行廊 4 間，與東、西側行廊相銜接。大安殿內陳設豪華，中間寶座用「七寶」裝飾，後為金龍屏風，殿頂也有金龍盤旋其上。大安殿後有與之相通的香閣，作為便殿，皇帝常在這裡單獨召見臣下議事。在 1990～1991 年為配合西廂道路工程的考古發掘中，考古工作者在鴨子橋南里 3 號樓前發現了一處

南北長 36 米的金代建築基礎夯土，在濱河路 31 號樓前發現了一處南北長 70
餘米，東西殘長 60 餘米的連爲整體的建築基礎夯土。結合文獻，前者應是應
天門遺址，後者則爲大安殿所在，在兩者之間的白紙坊西大街與濱河西路交
叉路口發現的夯土區應爲大安門遺址。宮城西側爲金代皇家園林西苑（又名
同樂園），即今宣武區青年湖一帶。海陵王在營建中都時，將北宋都城汴京的
著名園林——艮嶽中的假山石搬至中都用於西苑的營造。1995 年在此進行的
考古發掘中，在原湖心島位置發現了金代夯土結構建築基礎一處，牆基一道，
這些遺址應爲西苑中的宮殿遺跡。宮城東側北爲內省，南爲東苑。

中都城內的大街基本上都是與各城門相對應的，如光泰門街（相當於今
宣武門內大街南段及宣武門外大街）、通玄門街（相當於今廣安門外濱河路向
北延伸）等。另外有兩條貫通全城的東西、南北向大街，即東起施仁門，西
到彰義門的大街（相當於今騾馬市大街，廣安門內大街），南起景風門，北到
崇智門的大街（相當於今右安門內外大街、牛街一線）。

坊是中都城內的居民區，唐代以前城市中的坊，四周都有圍牆，四方各
開一門，有專人管理，定時開關。而北宋由於城市經濟的繁榮，坊牆漸被打
破。到海陵王營建中都時，城內不再像遼南京一樣設有坊牆，但在城市布局
上仍以坊相稱。坊是一段段街道，故又稱坊巷。金中都共有 62 坊，比遼南京
多 36 個坊，這是由於隨著城市的擴展，居民區也相應擴大了，坊名如北盧龍
坊、棠陰坊等，仍沿襲遼南京的舊名。

三、經濟的繁榮

金中都雖只存在了短短的 60 餘年，但在這幾十年中，經濟得到了很快的
發展，尤其是世宗的近 30 年統治，被後世稱爲「小堯舜」。其後的章宗等帝
時期經濟進一步發展，金後期，蒙古族興起於北方，不斷南下，中都經濟遭
到破壞。

金在統一北半部中國後，爲鞏固自己的統治，從女眞腹地遷來大批女眞
猛安謀克，中都也同樣安置了很多。爲了他們的生存，必須給他們提供土地。
除了開闢荒地外，只能侵佔原來的漢族農民的農田。而猛安謀克戶原來多以
漁獵爲生，不習慣農業生產，這樣他們雖佔有大量田地卻不事耕種，造成了
農業生產的退步。但是隨著時間的推移，猛安謀克戶一方面將土地租給原來
的農民耕種，另一方面也學會了耕作，並逐漸與原來的居民通婚，漸趨融合，

農業生產也得到了發展，世宗在位時，很重視農田水利的建設。大定十年（1170）修建了從盧溝河直達通州的運河，這條運河雖不利於漕運，但卻有利於農田灌溉，前代所修建的水利設施也得到了修復利用。因此，中都城的周圍，有大片的水田種植水稻。章宗時，還在中都地區推行了分區耕種、精耕細作的區種法。

中都成為都城後，必須有充足的糧食等物資供應皇室貴族、官僚集團及駐軍的需要，而中都地區的農業生產不能滿足所需，因此必須從外地運進糧食。但是從陸路運輸，要耗費大量的人力、物力。金世宗時開始考慮修建運河來運送糧食。工程的路線是自金口（今石景山北）將盧溝河水引至中都北護城河，再東至通州北面的潞河。由於修整、利用了過去開鑿的運河，因此工程在大定十二年（1172）內僅用50天即完工。但由於此河落差太大，泥沙淤積，難以行船，因而大定二十七年（1187），這條河即被廢棄不用。

金章宗時，為解決漕運問題，改從玉泉山附近的甕山泊引水，南達中都城北高梁河，再鑿通高梁河至城北護城河，沿舊運河達通州。新運河的開鑿成功後由於水量太小，通州至中都的糧船竟需十餘日才能抵達，但是金代畢竟開啟了後代水運糧食到北京的先河。

中都的手工業以製瓷、釀酒、採礦等為主。龍泉務瓷窯作為官窯在遼代極為興盛，在金代仍繼續使用。中都在海陵王時，由於伐宋需要大量軍糧，不可能將大量糧食用於釀酒，因而頒佈了禁酒令。世宗時，中都設置都麴使司，實行榷酒制度，嚴禁私人釀酒，只能由政府酒務機構和政府特許的酒戶賣酒。到章宗時，由於農業生產的發展，糧食除滿足食用外，已大大有餘。因而酒類專賣制度由榷酒改為榷麴，即政府酒務機構向百姓出售釀酒用的酒麴，由百姓自行釀酒。這樣，政府的財政收入也大大增加。章宗承安元年（1196），中都的酒稅收入達到40餘萬貫。中都的採礦業以採煤為主，金代詩人趙秉文有一首詩談到中都煤的使用：「京師苦寒多，桂玉不易求；斗粟換束薪，掉臂不肯酬。日糴五升米，未有旦夕憂；近山富黑鸞，百金不難謀。地炕規玲瓏，火穴通深幽；長舒兩腳睡，暖律初回鄒。門前三尺雪，鼻息方齁齁；田家燒榾柮，濕煙泫淚流。渾家身上衣，炙背曉未休；誰能獻此術，助汝當衾裯。」

中都城作為都城，聚集了大批皇親國戚、官僚貴族，這些人需要各種日用品及供享樂的奢侈品，這就刺激了中都商業的發展。由於中都具有開放的

城市布局，因而市場規模較遼南京擴大了許多。在北城、南城都有規模較大的綜合市場，而且還有專業市場，如馬市、蒸餅市、柴市以及窮人出賣勞動力的窮漢市等。中都設有市令司，為管理市場的專門機構，負責調節物價，檢查度量衡的準確度以及評估貨物價格等。還設有都轉運司及其所屬的都商稅務司和流泉務等機構，專掌貿易、徵收商稅等。金世宗時中都年稅收入達160多萬貫，是政府財政的重要收入。

金代自正隆三年（1158）始自鑄錢幣，中都設「寶源」、「寶豐」兩錢監。但是由於中都商業的發達及鑄錢原料、能力的有限，「錢荒」問題始終困擾著統治者。因此，除行用歷代的舊錢及從宋取得貿易順差外，金朝不得不發行紙幣以緩解銅錢較少的壓力。貞元二年（1154）金開始發行交鈔，在中都設立印造鈔引庫進行交鈔的管理。交鈔的面值分為 10 種，從 10 貫到 100 文。交鈔在發行的初期方便了商品流通，但隨著國勢的衰落，以濫發交鈔來彌補財政空缺，結果導致惡性通貨膨脹，交鈔也就幾同廢紙了。

四、文化及風景名勝

中都作為女真族創建的王朝的首都雖然只存在了短短 60 餘年，但卻是當時北半部中國的文化中心，在保存和延續漢文化傳統上起了重要作用。而生活在中都的女真人也就被先進的漢文化所吸引，自覺或不自覺地加以汲取，最終不但達成了文化上的共識，而且自身也為漢文化所同化。因此，中都的文化主要仍是傳統的漢族文化，但也夾雜著女真族文化、習俗的因素。

金代的教育，是歷代封建王朝教育制度的有機延續，但又有著自身的特色。金朝主管教育的機構是國子監，官員為祭酒（相當於校長）及司業（相當於教務主任）等，負責管理全國的學校。設在中都的中央學校有國子學及太學，兩校招收的學生多為官僚貴族子弟。他們所學習的課程也仍為漢族傳統教育中的經書和史書，受的是忠君報國思想的教育。金朝統治者為了培養本民族的人才，又在中都設立了女真國子學及女真太學，專門招收女真貴族子弟，但所學的仍是譯為女真文字的經書及史書，所學內容與國子學及太學並無二樣。除了這四所中央學校外，中都還設有大興府學及大興府的女真府學，不但招收貴族子弟，也招收一般平民子弟，另外還有民間創辦的私學進行啟蒙教育。

金代的科舉考試，分為鄉試、府試、會試及殿試四級。各州縣舉行的考

試稱爲鄉試，鄉試合格後，次年即可參加府試（中都爲大興府試）。府試合格者可稱爲鄉貢進士，可參加尚書省舉辦的中央考試——會試。會試在中都舉行，有一定的人數限制，會試第一名爲狀元，其餘均爲進士。殿試即皇帝親自對錄取的進士進行的考試。科舉制度爲金朝統治階級提供了源源不斷的人才來源，也促使了女眞族的封建化漢化。

中都作爲金王朝的首都，聚集著大批文人學士。中都時期幾位皇帝文化素養也頗高，他們的筆下留下了一些關於中都的詩篇，如金章宗有《建春宮》一詩：「五雲金碧拱朝霞，樓閣崢嶸帝子家。三十六宮簾盡卷，東風無處不揚花。」還有《聚骨扇》詞：「幾股湘江龍骨瘦，巧樣翻騰，疊作湘波皺。金縷小鈿花草鬥，翠條更結同心扣。金殿珠簾開永晝，一握清風，暫喜懷中透。忽聽傳宣頒急奏，輕輕褪入香羅袖。」金代皇帝所留下的詩詞雖寥寥不多，但卻充分反映了女眞皇帝對漢文化的諳熟，乃至能融會貫通於詩詞之中。金代的一位大詩人趙秉文曾長期生活在中都，留下了大量關於中都的詩篇，如《同樂園二首》：「春歸空苑不成妍，柳影氄氄水底天。過卻清明遊客少，晚風吹動釣魚船。」「石作垣牆竹映門，水回山複幾桃源。毛飄水面知鵝柵，角出牆頭認鹿園。」這些詩篇在中都城遺跡幾無可尋的今天，成爲我們瞭解中都城的寶貴資料。

在山西繁峙縣巖山寺中，保留著一幅繪於金代的壁畫，作者爲中都宮廷畫師王逵，畫面雖是佛教故事，但是上面的大量宮殿、樓閣、臺榭卻使我們看到了 800 年前中都宮城的輝煌、壯觀。該壁畫的精湛技藝也反映了金代繪畫的藝術成就。

巖山寺壁畫

　　金代的書法也達到了很高的藝術成就。現藏於北京遼金城垣博物館的金代呂徵墓表，題目「呂君墓表」四個篆字由中都著名書法家蔡珪書寫，楷書正文則由另一著名書法家任詢撰文並書寫。金代的書法作品傳世不多，這件墓表是件不可多得的藝術精品。

呂徵墓表

銀山塔林

金代統治者同遼代一樣，也十分崇佛，佛教在中都十分興盛。章宗時在今西山一帶修了八處行宮作爲遊玩、宴樂之所。今天這些行宮多已無存，只有清水院（始建於遼）至今猶存，即今之大覺寺。在昌平銀山腳下有一處金元時的塔林，其中金塔 5 座。這裡在金代是大延壽寺所在，大定年間，這裡的僧人多達 500 餘人。許多高僧大德在這裡講經說法，他們死後，就在這裡修建靈塔，埋葬骨灰。民間曾有「銀山寶塔數不清」的說法，是中都著名的風景勝蹟。中都著名的佛塔還有燃燈塔與穀積山諸塔等。

中都最有名的勝蹟是盧溝橋。盧溝橋始建於金世宗大定二十九年（1189），章宗明昌三年（1192）建成。全長 212.2 米，加上兩端引橋總長 266.5 米，爲 11 孔不等跨圓弧拱橋。橋面兩側有青石欄板 279 塊，望柱 281 根，柱上共雕刻有 492 個大小、神態各異的石獅。盧溝橋的建成，方便了中都與南方的交通。它工程宏偉、結構科學、技藝高超、造型優美，代表著我國古代科學技術的成就。《馬可·波羅遊記》中稱之爲世界上最美的橋。

據元《析津志》載：「葆臺在南城之南，去城三十里，故老相傳明昌時李妃避暑之臺，無碑誌，有寺甚壯麗，乃故京藥師院之支院。」明昌爲金章宗完顏璟年號，李妃即金章宗元妃李師兒。70 年代考古工作者在發掘大葆臺漢墓時，曾發現一處金代遺址，經考證，應爲章宗避暑之臺。李師兒雖然出身卑微，但「性聰慧，善迎聖意」，頗得章宗寵愛。從發掘的金代建築遺址可知避暑臺當年之壯麗，遺址呈長方形，南北長約百米，東西寬約 70 米。遺址中出土大量建築構件，有筒瓦、板瓦、鴟吻等，還有瓷器、鐵器及宋金銅錢等。尤其是一件象棋盤，是目前國內現有體育用品中年代最早的象棋盤，十分珍貴。

五、金陵及其他金代墓葬

金太祖、太宗死後都葬於上京近郊，熙宗時，將他們二人的陵墓命名爲睿陵、恭陵。還將開國前的十位祖輩追尊爲帝，並定了陵號。

海陵王完顏亮遷都中都後，決定仿照歷代王朝的制度，在都城附近營建皇陵。經過一番考察，他決定將皇陵建在中都西南大房山中的雲峰山下。貞元三年（1155）三月開始動工興建，完顏亮幾次到陵地督促工程的進展，五月即派人到上京遷陵。十一月，皇陵初步建成，將太祖、太宗葬入陵地，陵號依舊。同時，完顏亮又將他父親宗幹的靈柩也遷來，並追尊爲德宗。之後，金 10 位祖輩的靈柩也被遷葬於此，並定了陵號。

　　據《大金集禮》記載，金陵以雲峰山爲中心，方圓約計 60 平方公里。共分爲三個部分：帝陵、妃陵及諸王兆域。帝陵共有 17 陵，除太祖、太宗、完顏亮之父外，還有 10 位祖輩的陵墓及遷都汴京前的各帝陵。金建國後皇帝各陵同時有皇后合葬。

金陵一覽表

陵號	帝號	姓名	備註
光陵	景元	完顏函普	十位祖輩之陵
昭陵	德帝	完顏烏魯	
建陵	安帝	完顏跋海	
輝陵	獻祖	完顏綏可	
安陵	昭祖	完顏石魯	
定陵	景祖	完顏烏古乃	
永陵	世祖	完顏劾里鉢	
泰陵	肅宗	完顏婆剌淑	
喬陵	康宗	完顏烏雅束	
獻陵	穆宗	完顏烏魯完	
睿陵	太祖	完顏阿骨打及其后紇石烈氏	
恭陵	太宗	完顏晟及其后唐括氏	
	德宗	完顏宗幹	死後追尊
思陵	熙宗	完顏亶及其后裴滿氏	
興陵	世宗	完顏雍及其后烏林答氏	
景陵	睿宗	完顏宗輔及其后蒲察氏	死後追尊
道陵	章宗	完顏璟及其后蒲察氏	
裕陵	顯宗	完顏允恭及其后徒單氏	死後追尊

　　妃陵又稱坤厚陵，最早世宗爲當上皇帝之前的夫人烏林答氏所建，後來又陪葬有世宗諸妃。世宗死後，烏林答氏靈柩遷出，與其合葬。這樣，坤厚陵就只埋有諸妃。

　　金陵內埋葬親王、郡王等的區域稱爲諸王兆域。完顏亮被殺後，被廢除帝號稱海陵王，葬於大房山鹿門谷諸王兆域之中。

　　金滅亡之後，金陵一值得到較好的保護。明代天啟年間，崛起於東北的
滿洲人自認為女眞後裔，所建國號即為金，史稱「後金」。後金在與明朝的戰
爭中屢次獲勝，因此，明朝統治者就認為後金之所以這樣強大，是因為他們
的祖墳──金陵是塊風水寶地，祐護了他們的緣故。於是在天啟六年（1626）
撤銷了對金陵的祭祀。第二年，對金陵進行了毀滅性的破壞。第三年，修建
了多處關帝廟，以此來壓住滿洲人的「王氣」。清入關後，對金陵進行了局部
整修，修葺了太祖、太宗二陵，並設置了 50 戶守陵戶。隨著時間的推移及歷
史上的多次戰亂、動亂，如今金陵只剩下一片廢墟。80 年代考古工作者對金
陵進行了調查，最主要的發現是睿宗陵碑。碑高約 2 米、寬 1 米。上刻「睿
宗文武簡肅皇帝之陵」10 個塡朱塗金的大字。碑額四龍吐鬚，尾托火焰珠，
龍形獨特。睿宗是世宗之父，其陵為景陵。由於睿宗景陵與太祖、世宗二陵
相距不遠，因此此碑的發現為探尋二陵的位置提供了線索。另一個重要發現
是一段保持原貌的御道。御道東西寬約 5.4 米，南北長約 3 米，兩側在石質地
袱上豎立 4 塊兩面雕刻牡丹、行龍的漢白玉欄板和望柱，欄板前有兩個蹲獸，
欄板中間是線刻蓮花七級臺階，形象地再現了當年拾級而上直通主陵的一段
神道。另外，遺址上還到處散落著各種石質建築構件及磚、瓦等，可窺見當
年金陵規模之一斑。

金陵

金陵神道

　　由於金中都地面所存遺物不多，因此墓葬中出土的文物爲我們瞭解金中都的政治、經濟、文化乃至民族關係提供了寶貴的資料。

　　目前北京已發現的金代墓葬有 30 多座，與遼代幾乎無一例契丹人墓葬不同。這 30 多座墓中有 6 座是女眞貴族墓，大多是世宗大定年間之後的墓葬，這反映了金代政治中心眞正轉移到中都的史實。金代貴族墓以在豐臺區王佐鄉發現的 4 座烏古論家族墓爲最重要，其中 2 座是烏古論窩論墓和他的兒子烏古論元忠夫婦合葬墓。這兩座墓出土有 3 合墓誌，從中我們瞭解到：烏古論家族是金代的皇親國戚，窩論娶太祖次女畢國公主，元忠娶世宗女魯國大長公主，父子二人皆爲駙馬，可見烏古論家族的顯赫。烏古論元忠《金史》有傳，這 3 合墓誌起到了補史、證史的重要作用。2 座墓中還出土有玉器、瓷器等精美文物。

　　漢人墓葬以石宗璧（漢族）及其妻紇克石烈氏（女眞族）合葬墓爲代表。葬於大定十七年（1177）。墓中出土有墓誌，記載了石宗璧由一管理酒務的小官升爲顯武將軍而管理邊政的生平，對研究金代守邊制度、軍事制度以及社會經濟狀況、漢人與女眞人通婚等情況都提供了例證。該墓還出土了 40 件精美的瓷器、金銀器等，爲瞭解當時的手工業生產及製瓷工藝提供了實證。

（原載《圖說北京史》，北京燕山出版社，1999 年）

金詩中的中都勝蹟
——紀念金中都建都 850 週年

　　金海陵王完顏亮於貞元元年（1153），將都城由僻在東北一隅的上京（今黑龍江省阿城市南）遷移到燕京，改稱中都，從此開始了北京作爲王朝首都的歷程。到明年，就是中都建都 850 週年，當年的一代名都，至今僅殘留有少數幾處遺跡。但是在金人的詩歌中，卻有很多都反映了這座雄偉都城的風貌，使後人讀此，不能不生出很多感慨。故作此文，以爲中都建都 850 週年之紀念。

　　金末元初人楊宏道有詩《中都》二首，詩云：

　　　　龍盤虎踞古幽州，甲子推移僅兩周。佛寺尚爲天下最，皇居嘗記夢中游。清明穀雨香山道，翠管繁絃平樂樓。莫對遺民談往事，恐渠流淚不能收。

　　　　繁華消歇湛恩留，忍見珠宮作土丘。海日西沉燕市晚，塞鴻南度薊門秋。恭光父子三綱絕，安史君臣百代仇。善惡相形褒貶在，世宗更比孝文優。〔註1〕

這兩首詩，都抒發了對一代名都化爲廢墟的感慨，前者注重的是對景物的感歎，舉凡雄勝的地理位置、壯觀的寺廟、清新的香山道、繁盛的平樂樓都留在金朝遺民的記憶中，成爲對故國痛苦的回憶。而後者更注重抒發對歷史的感慨，北京在唐朝是安祿山、史思明發動安史之亂的根據地。到五代劉仁恭、劉守光父子時，又爲了爭奪統治權，而父子、兄弟相殘。而到了金代，這裡

〔註1〕《全金詩》卷一〇一，南開大學出版社，1995 年。

卻出現了所謂「小堯舜」的世宗所創造的大定盛世，金世宗也遠較同是少數民族入主中原的傑出皇帝——北魏孝文帝優秀。這兩首詩充分反映了作者對故國、故都的深厚感情，也說明了金中都的燦爛、輝煌。

中都被詩人歌詠最多的是宮闕、園林，尤其是萬寧宮、西苑等，成了詩人反覆吟詠的對象。

萬寧宮位於今北海公園一帶，是世宗所建，「京城北離宮有太寧宮，大定十九年建，後更爲壽寧，又更爲壽安，明昌二年更爲萬寧宮。」〔註2〕萬寧宮周圍有著豐富的水源，不但是一處風景勝地，而且周圍還廣布著稻田，又有江南水鄉風光。世宗時，大臣張僅言「護作太寧宮，引宮左流泉溉田，歲獲稻萬斛」。〔註3〕萬寧宮的規模相當大，明昌六年（195），章宗一次就裁撤萬寧宮的陳設九十四處。萬寧宮與宮城一樣設有端門，泰和四年（1204）四月萬寧宮的端門曾發生火災。〔註4〕金代章宗對萬寧宮最爲偏愛，曾巡幸多達十餘次。他不只在太寧宮遊玩，還經常在太寧宮長期居住。承安元年（1196）三月至八月，承安二年（1197）四月至八月，泰和元年（1201）三月至八月，泰和六年（1206）三月至八月，泰和七年（1207）三月至八月，章宗都在太寧宮長期居住並處理朝政，或以太寧宮爲中心，四處活動。可見，太寧宮不但是章宗的一處避暑勝地，而且是中都的第二政治中心。趙秉文有一首《扈蹕萬寧宮》詩，描繪了扈從章宗赴萬寧宮的情景：

> 一聲清蹕九天開，白日雷霆引杖來。花萼夾城通禁籞，曲江兩岸盡樓臺。柳陰罅日迎雕輦，荷氣分香入酒杯。遙想薰風臨水殿，五弦聲裏阜民財。〔註5〕

張翰也有一首《萬寧宮朝回》，描繪雨後萬寧宮的美麗：

> 宿雨初收變曉涼，宮槐恰得幾花黃。鵲傳喜語留鞘尾，泉打空山輥鞠場。已覺雲林非俗境，更從衣袖得天香。太平朝野歡娛在，不到蓮塘有底忙。〔註6〕

萬寧宮還曾作爲御試的考場，章宗在這裡對考取進士的考生進行考試，楊奐的《試萬寧宮》一詩就是自己參加這次考試的記錄：

〔註2〕《金史》卷二四《地理志上》。
〔註3〕《金史》卷一三三《張僅言傳》。
〔註4〕《金史》卷一二《章宗紀四》。
〔註5〕《閑閑老人滏水文集》卷七。
〔註6〕《中州集》卷八。

月淡長楊曉色清，天題飛下寂無聲。南山霧豹文章在，北海雲
鵬羽翼成。玉檻玲瓏紅露重，金爐縹緲翠煙輕。誰言夜半曾前席，
白日君王問賈生。〔註7〕

萬寧宮由於坐落在中都城外的北部，因而又被稱爲北宮，金詩中有幾首以北
宮爲題的詩，也是寫的太寧宮，如曹之謙的《北宮》：

光泰門邊避暑宮，翠華南去幾年中。干戈浩蕩人情變，池島荒
蕪樹影空。魚藻有基埋宿草，廣寒無殿貯涼風。登臨欲問前朝事，
紅日西沉碧水東。〔註8〕

又如趙攄的《早赴北宮》：

蒼龍雙闕鬱層雲，湖水鱗鱗柳色新。絕似江行看清曉，不知身
是趁朝人。〔註9〕

張行簡的《六月二十九日北宮朝回》：

疏柳衰荷又一時，清波飛葉夢靈芝。年年踏盡溪邊路，不覺吳
霜點鬢絲。〔註10〕

從這幾首詩可看出，太寧宮坐落在中都北邊城牆最東邊的光泰門外，是一處
避暑勝地。其地湖光瀲灩、殿宇聳峙、垂柳扶疏、荷花盛開，不愧爲皇家的
行宮。金代對此地的開發、建設，也爲後來元代以此爲中心興建大都城以及
明清北海皇家園林奠定了基礎。

以萬寧宮爲中心的苑囿被稱爲北苑。〔註11〕北苑在金人的詩中也有描
繪，如師拓的《陪人遊北苑（甲子歲）》：

繫馬溪邊酌，啼鶯柳外聞。望長魂欲斷，愁豁酒微醺。

草色明殘照，江聲入暮雲。故園春已到，歸思日繽紛。〔註12〕

趙秉文的《北苑寓直》：

柳外宮牆粉一圍，飛塵障面卷斜暉。瀟瀟幾點蓮塘雨，曾上詩

〔註7〕《全金詩》卷一〇一。
〔註8〕《全金詩》卷一三〇。
〔註9〕《中州集》卷九。
〔註10〕《中州集》卷九。
〔註11〕于傑、于光度先生的《金中都》一書認爲「北苑位於宮城之北偏西……當在
　　　　宮城之外、皇城之內」。筆者認爲不妥，因爲該地不可能有那麼大的面積供建
　　　　園囿之用。並且該書認爲景明宮應在北苑之內，其實景明宮位於遠在塞外的
　　　　涼陘，見《金史》卷二四《地理志上》。
〔註12〕《中州集》卷四。

人下直衣。〔註13〕

可見，北苑中遍植著柳樹，有小溪注入池塘，而池塘中種植著大片的荷花，景色十分秀麗。北苑中除了萬寧宮宮牆外的處所可能允許官員與士大夫遊覽，因為師拓曾「舉進士不中，明昌中，有司薦其才，以嗜酒不果」。〔註14〕可見師拓並無任何官職，而他遊覽北苑的甲子歲更是在明昌之後的泰和四年（1204）。可見北苑在章宗時經過一定的手續還是允許遊覽的。但是有些過分之舉則會受到懲罰的，世宗大定二十六年（1186），「監察御史陶鈞以攜妓遊北苑，歌飲池島間，迫近殿廷，提控官石玠聞而發之。鈞令其友閤恕屬玠得緩。既而事覺，法司奏，當徒二年半。詔以鈞耳目之官，攜妓入禁苑，無上下之分，杖六十，玠、恕皆坐之。」〔註15〕陶鈞作為負責糾察百官的監察御史本身的行為就十分荒唐，攜帶妓女遊覽當時尚為禁苑的北苑，且歌舞飲酒喧嘩，毫無節制，難免要受到懲罰。

金中都最著名的皇家園林是西園，也就是同樂園，位於今宣武區青年湖一帶。描繪西園的詩篇眾多，有趙秉文的《上巳遊西園，分韻得蘭字，與楊禮部攜同院諸公賦》二首：

　　　　相逢草草即杯盤，誰識吾曹個裏歡。燕蹴簷花墮茵席，魚搖波日動欄杆。無窮照影溪溪柳，不住吹香畹畹蘭。已屬清明連上巳，更容飛蓋接鸂鶒。

　　　　跨鳳騎麟玉筍班，寒驢不作杜陵酸。已煩繭紙書陳跡，更許仙舟泛碧瀾。酒令致師嚴細柳，詩朋鏖戰劇皋蘭。遨頭卻返瀛州去，夢覺揚州鶴背寬。〔註16〕

他還以《同樂園》為題作詩二首：

　　　　春歸空苑不成妍，柳影毿毿水底天。過卻清明遊客少，晚風吹動釣魚船。

　　　　石作垣牆竹映門，水回山複幾桃源。毛飄水面知鵝柵，角出牆頭認鹿園。〔註17〕

此外，還有馮延登的《西園得西字》：

〔註13〕《閑閑老人滏水文集》卷八。
〔註14〕《中州集》卷四。
〔註15〕《金史》卷四五《刑志》。
〔註16〕《閑閑老人滏水文集》卷七。
〔註17〕《中州集》卷三。

芳逕層巒百鳥啼，芝塵蘭畹自成蹊。仙舟倒影涵魚藻，畫棟銷
香落燕泥。淑景晴薰紅樹暖，蕙風輕泛碧叢低。岡頭醉夢俄驚覺，
歌吹誰家在竹西。〔註18〕

李獻能的《西園春日》：

的皪冰梢出短牆，泓澄暖綠靜橫塘。娟娟高竹迎人翠，嫋嫋長
紅隔水香。病起心情疏酒盞，朝來風色妒年芳。只應歸去芸窗晚，
夢到湘妃錦瑟傍。〔註19〕

師拓的《遊同樂園》：

晴日明華構，繁陰蕩綠波。蓬丘滄海遠，春色上林多。

流水時雖逝，遷鶯暖自歌。可憐歡樂地，鉦鼓散雲和。〔註20〕

綜合上述詩歌和其他史料，我們可以知道，西園位於中都皇城的西部，圍以
石壘砌的虎皮園牆。園內有湖，湖岸垂柳婆娑，湖面蕩漾著釣魚的小船。園
內還種植著竹子與蘭花，百鳥在假山間鳴叫，還有飼養飛禽的鵝柵與飼養鹿
的鹿園。西園是向官員和士大夫們開放的。

除了上述園林外，中都近郊還有一些勝景，像中都東城牆最南邊的陽春
門外的風景，尤其是初春的風景也負有盛名，楊雲翼的《陽春門堤上》就充
分描繪了初春陽光明媚、積雪將融、垂柳將綠的美景：

薄薄晴雲漏日高，雪消土脈潤如膏。東風可是多才思，先送輕
黃到柳梢。〔註21〕

香山與玉泉山在西山諸山中風景最佳，並且開發最早，在金代已經成為中都
近郊的一處勝景，並為世宗和章宗等皇帝所喜愛而屢屢巡幸，乃至建造了行
宮。香山在世宗時已是風景勝地，大定二十六年（1186）三月「癸巳，香山寺
成，幸其寺，賜名大永安，給田二千畝，栗七千株，錢二萬貫。」〔註22〕可
見，香山大永安寺的規模相當大，而且其寺產相當多，與皇家關係密切。據
《金史·地理志》中都路宛平縣條，玉泉山建有行宮，玉泉山「在縣西北三
十里。頂有金行宮芙蓉殿故址。相傳金章宗嘗避暑於此。」〔註23〕香山也建

〔註18〕《中州集》卷五。

〔註19〕《中州集》卷六。

〔註20〕《中州集》卷四。

〔註21〕《中州集》卷四。

〔註22〕《金史》卷八《世宗紀下》。

〔註23〕（明）沈榜：《宛署雜記》卷四《山》，北京古籍出版社，1983 年。

有行宮，巨構在「大定中，詔與近臣同經營香山行宮及佛舍」。〔註24〕香山留下了與章宗有關的諸多古蹟，如祭星臺，「在縣西南四十里香山寺前。金章宗祭星之所，臺廢址存」。〔註25〕護駕松「在縣西四十里香山。金章宗遊玩至此失足，得松護之，遂封云，今廢」。〔註26〕章宗遊覽香山與玉泉山有史記載的就多達十餘次，如明昌元年（1190）八月「壬辰，幸玉泉山，即日還宮」。〔註27〕明昌四年（1193）三月「甲申，幸香山永安寺及玉泉山」。〔註28〕

　　章宗時的大臣趙秉文有兩首關於香山的詩，描繪了香山的秀美景色和著名的紅葉。一首為《香山》：

　　　　山秀薰人欲破齊，臨行別語更徘徊。筆頭滴下煙嵐氣，知是香山境裏來。〔註29〕

另一首是《香山寺飛泉亭》：

　　　　霜風吹林林葉乾，泉聲落日毛骨寒。道人清曉倚欄杆，自汲清泉掃紅葉，一庵冬住白雲間。〔註30〕

描繪香山的金詩還有周昂的《香山》：

　　　　山林朝市兩茫然，紅葉黃花自一川。野水趁人如有約，長松閱世不知年。千篇未暇償詩債，一飯聊從結淨緣。欲問安心心已了，手書誰識是生前。〔註31〕

王寂的《題香山寺》：

　　　　平生居士愛香山，百歲神遊定此間。黃卷既能探妙理，青衫安用拭餘潸。櫻桃笑日豔樊素，楊柳舞風笑小蠻。尚想夜深攜滿來，幅巾來聽水潺潺。〔註32〕

趙秉文還有一首《遊玉泉山》：

　　　　夙戒遊名山，出郊氣已豪。薄雲不解事，似嫉秋山高。西風為不平，約略出林梢。林盡湖更寬，一鏡涵秋毫。披雲冠山頂，屹如

〔註24〕　《金史》卷九七《巨構傳》。
〔註25〕　（明）沈榜：《宛署雜記》卷四《古蹟》，北京古籍出版社，1983年。
〔註26〕　（明）沈榜：《宛署雜記》卷四《古蹟》，北京古籍出版社，1983年。
〔註27〕　《金史》卷九《章宗紀一》。
〔註28〕　《金史》卷一〇《章宗紀二》。
〔註29〕　《閒閒老人滏水文集》卷八。
〔註30〕　《閒閒老人滏水文集》卷八。
〔註31〕　《中州集》卷四。
〔註32〕　《全金詩》卷三二，南開大學出版社，1995年。

戴山巘。連旬一休沐，未覺陟降勞。高談到晉魏，健筆凌風騷。玉

泉如玉人，用舍隨所遭。何以侑嘉德，酌我玉色醪。〔註33〕

在他們的筆下，香山、玉泉山包括著名的紅葉在內的景色是十分迷人的，而更迷人的是香山超凡脫俗的境界，使人樂而忘返，難免有擺脫官場、終老於此之想。

金中都的佛教十分興盛，有著大量的寺院，這在金詩中也有反映。憫忠寺（今法源寺）是唐太宗爲了超度征高麗陣亡的將士而建，寺中有一座樓閣十分高大，俗語稱「憫忠高閣，去天一握」。因而該閣成了人們登臨遠眺的絕佳去處，也是眾多詩人筆下所描繪並寄託胸襟的對象，如趙秉文寫有《陪李舜諮登憫忠寺閣》：

日月躔雙拱，風煙約寸眸。雲山浮近甸，宇宙有高樓。

鳥外餘殘照，天邊更去舟。登臨有如此，況接李膺遊。〔註34〕

還有史肅的《登憫忠寺閣》：

淨宇懷超想，層梯企俊遊。喧卑三界盡，制作六丁愁。

聚土閑童子，移山老比丘。能除分外見，寸木即岑樓。〔註35〕

仰山棲隱寺是金代的著名寺院，更爲出名的是寺院住持、金元時期的名僧萬松行秀。仰山金代又名龍山，「在縣（宛平）西七十里。峰巒拱秀，中有平頂，如蓮花心，傍有五峰，曰獨秀、翠微、紫蓋、妙高、紫微。中多禪剎，金章宗遊幸有詩刻石。」〔註36〕寺院始建於遼代，世宗又重建，「大定二十年正月，敕建仰山棲隱禪寺，命元冥凱公開山，賜田設會，度僧萬人。」〔註37〕

金章宗曾到此遊覽，作《遊龍山御製》一首：

嵯峨雲影幾千重，高出塵寰迥不同。金色界中兜率境，碧蓮花

裏梵王宮。鶴驚清露三更月，虎嘯疏林萬壑風。試拂花箋爲覓句，

詩成自適任非工。〔註38〕

萬松行秀也獻上一首《龍山迎駕詩》：

〔註33〕《閑閑老人滏水文集》卷三。

〔註34〕《閑閑老人滏水文集》卷六。

〔註35〕《中州集》卷五。

〔註36〕（明）沈榜：《宛署雜記》卷四《山》，北京古籍出版社，1983 年。

〔註37〕《日下舊聞考》卷一〇四《郊坰》引《續文獻通考》，北京古籍出版社，1983年。

〔註38〕閻鳳梧主編：《全遼金詩》，山西古籍出版社，1999 年，第 1749 頁。

蓮宮特作內宮修，聖境歡迎聖駕遊。雨過水聲琴泛耳，雲看山
色錦蒙頭。成湯狩野恢天網，呂尚漁磯浸月鉤。試問風光甚時節，
黃金世界菊花秋。〔註39〕

潭柘寺內存有刻於金章宗明昌五年（1194）的碑刻，內容是僧人重玉所作《從
顯宗皇帝幸龍泉寺應制詩》：

一林黃葉萬山秋，鑾仗參陪結勝遊。怪石斕斒蹲玉虎，老松盤
屈臥蒼虯。俯臨絕壑安禪室，汛落危厓瀉瀑流。可笑紅塵奔走者，
幾人於此暫心休。〔註40〕

昌平的銀山，又稱鐵壁銀山，因為山體都為黑色花崗岩組成，恰似鐵壁一樣，
而在冬日，山上的積雪在陽光的照射下，又使鐵壁變成了銀色，故而得名。
歷史上，銀山不僅以林深、草密、泉幽、澗美著稱，而且又以寺多僧眾而享
譽海內，與鎮江的金山寺齊名，號稱「南金北銀」。唐代有高僧鄧隱峰隱居於
此，他在這裡修身養性，廣播佛法，因而銀山的景致多因他得名，而金人更
偽託他的名字留下了《隱峰十詠》來詠誦銀山的優美與佛法的奧妙，這十首
詩載於大定六年（1166）所立的《重建大延聖寺記》碑中：〔註41〕

白銀峰

孤峰高出雲，上有音色界。識得普賢才，虛空猶窄隘。

悟明理性時，不作塵境界。劫大或侗然，此山無變壞。

佛頂峰

巍巍佛頂峰，妙筆莫能畫。傍列千萬層，比之無不下。

毗盧頂上行，卻笑忘崖怕。煙鏁碧螺紋，幽靜難酬價。

古佛巖

雲鏁幽巖路，寒松映碧虛。世人都不到，古佛義安居。

寂爾心常靜，凝然體自如。他年奉香火，相近結茅廬。

說法臺

松下石臺妙，山僧轉法輪。雖然長苔蘚，終不惹塵埃。

自有云為蓋，寧無草作茵。當年諦聽者，悟道是何人。

〔註39〕 閻鳳梧主編：《全遼金詩》，山西古籍出版社，1999年，第1682頁。

〔註40〕《日下舊聞考》卷一〇五《郊坰》，北京古籍出版社，1983年。

〔註41〕 該碑拓片載《北京圖書館藏中國歷代石刻拓本彙編》第46冊第88頁，中州
古籍出版社，1987年。

佛覺塔

> 示生臨濟村，示滅長慶寺。非滅亦非坐，誰明佛覺意。
>
> 分彼黃金骨，葬此白銀峰。寶塔聳霄漢，僧來訪靈蹤。

懿行塔

> 於其親也孝，於其師也恭。臨機答問難，諸方怖機鋒。
>
> 七十一光陰，白駒之過隙。秋風振塔鈴，說盡眞消息。

雪堂

> 冷煙藏萬壑，積雪滿千山。空谷幽深處，虛空寂寞間。
>
> 庭前明月靜，窗外白雲閒。中有白眉老，孤高不可攀。

雲堂

> 斯堂寂虛壑，衲子來如雲。雖然九聖混，不疑賓主分。
>
> 何必習大智，何必修多聞。一念萬年去，方爲報聖君。

茶亭

> 西峰寒翠中，有亭虛四面。山間奇絕處，一一皆可見。
>
> 古松八九株，秋雲三五片。共分壑源春，勝比瑤池宴。

濛泉

> 寂寂銀峰下，寒泉浸碧空。堪將耨池比，不與偃溪同。
>
> 夜印月華白，秋風霜葉紅。蛟龍此深隱，天旱濟群蒙。

長城歷來是保衛北京的重要屏障，金代也是如此，金詩中也有很多記述北京長城的詩篇。劉迎有兩首關於八達嶺的詩，其一《晚到八達嶺下達旦乃止》：

> 車馬兩山間，上下數百里。縈紆來不斷，奕奕似流水。
>
> 鯨形曲腰脊，蛇勢長首尾。我車從其間，搖兀如病齒。
>
> 推前挽復後，進寸退還咫。息心固安分，尚氣或被指。
>
> 徐趨自循轍，躁進應覆軌。行行非我令，杬亦豈吾使。
>
> 倦僕困號呼，疲牛苦鞭箠。統如五更鼓。相慶得戾止。
>
> 歸來幸無恙，喘汗正如洗。何以慰此勞，村醅正浮蟻。〔註42〕

這首詩主要描繪了八達嶺的險要與行路的艱難。另一首是《出八達嶺》：

> 山險略已出，彌望盡荒坡。風土日已殊，氣象微沙陀。
>
> 我老倦行役，驅車此經過。時節春已夏，土寒地無禾。

〔註42〕《中州集》卷三。

行路不肯留，奈此居人何。作詩無佳語，以代勞者歌。〔註43〕

從這首詩可以看出八達嶺內外的差異，一出八達嶺，就是滿目荒涼的塞外，與繁華的中都不可同日而語。

八達嶺內就是中都西北面重要的門戶居庸關，宇文虛中作爲出使金朝的宋使而被扣留，在他《過居庸關》詩中就抒發了不能報效故國的無奈：

奔峭從天拆，懸流赴壑清。路回穿石細，崖裂與藤爭。

花已從南發，人今又北行。節旄都落盡，奔走愧平生。〔註44〕

蔡珪的《出居庸》一詩也描繪了居庸關的險要難行：

亂石妨車轂，深沙困馬蹄。天分斗南北，人問日東西。

側腳柴荊短，平頭土舍低。山花兩三樹，笑殺武陵溪。〔註45〕

進入居庸關就是南口，南口是中都的內側屏障，劉迎有《南口》一詩：

危峰張屏幛，峻壁開戶牖。崩騰來陣馬，翔舞下靈鷲。

秀色分後前，晴嵐迷左右。重陰忽障翳，虛籟競呼吼。

深迂愛風日，高亢捫星斗。帝居望北闕，村落當南口。

軍都漢時縣，遺跡奄存否。中郎讀書處，遺構成摧朽。

誰云用武地，經訓乃淵藪。我家膠東湄，樸學歎白首。

居鄰通德里，況此見師友。慚無書帶草，采采爲盈手。

何以醉先生，清溪綠如酒。〔註46〕

古北口是中都的東北門戶，趙秉文的《古北口》一詩就描繪了幾經戰爭的古北口的荒涼景象：

幾家虛落兵戈外，數畝荒田谷澗中。日暮圍場來野鹿，令人長

憶筆頭公。〔註47〕

盧溝橋是金朝留給後世北京的一份寶貴遺產。金代前期，已經在盧溝河（今永定河）上建造了大型浮橋。在金太宗天會二年（1124），宋使許亢宗到達燕京附近，「離良鄉三十里，過盧溝河，水極湍激，燕人每候水淺深，置小橋以渡，歲以爲常。近年都水監輒於此河兩岸造浮梁，建龍祠宮舍，彷彿如黎陽

〔註43〕《中州集》卷三。
〔註44〕《中州集》卷一。
〔註45〕《中州集》卷一。
〔註46〕《中州集》卷三。
〔註47〕《閑閑老人滏水文集》卷八。

三山制度，以快耳目，今睹費錢無慮數百萬緡」。〔註48〕可見，這時由都水監營建的盧溝浮橋及附屬設施花費了大量的錢財，浮橋的規模不會小。大定十年（1170），南宋著名詩人范成大以資政殿大學士的身份作爲祈請使出使金朝，他寫有一首《盧溝橋》詩，對盧溝浮橋進行了描寫：

> 草艸輿梁枕水低，匆匆小駐濯漣漪。河邊服匿多生口，長記輶車放雁時。〔註49〕

浮橋畢竟抗拒不了大的水災，在汛期也不便兩岸通行。因此隨著金朝經濟的恢復與發展，到章宗時已經有實力與技術建造大型的石橋了，而且中都與各地繁忙的交通也要求有通行能力大的大型橋樑。於是盧溝石橋的建造也就提到議事日程上了。世宗大定「二十八年五月，詔盧溝河使旅往來之要津，令建石橋。未行而世宗崩。章宗大定二十九年六月，復以涉者病河流湍急，詔命造舟，既而更命建石橋。明昌三年三月成，敕命名曰廣利。有司謂車駕之所經行，使客商旅之要路，請官建東西廊，令人居之。上曰：『何必然，民間自應爲耳。』左丞守貞曰：『但恐爲豪右所佔，況罔利之人多止東岸，若官築則東西兩岸俱稱，亦便於觀望也。』遂從之」。〔註50〕而《金史·章宗紀》中對盧溝橋的建造也有記載，章宗大定二十九年（1189）六月丁酉「作盧溝石橋」，到明昌三年（1192）三月「癸未，盧溝石橋成」。盧溝橋的建造共用去了兩年多的時間，其具體的負責人與工匠今天已經都不可得知。但是，盧溝橋作爲金代科學技術的一座宏偉豐碑至今仍屹立在永定河上。由於盧溝橋所處的重要地理位置，因而自其建成之日始，它就成了送別的最佳處所，如趙秉文的《盧溝》一詩，就說明當時的人辭別中都，友人都要在盧溝橋畔依依相送：

> 河分橋柱如瓜蔓，路入都門似犬牙。落日盧溝溝上柳，送人幾度出京華。〔註51〕

（原載《北京文博》2003 年第 3 期）

〔註48〕《三朝北盟會編》卷二〇引《奉使行程錄》。
〔註49〕范成大：《石湖集》，轉引自《人海詩區》，北京古籍出版社，1994 年，第 141 頁。
〔註50〕《金史》卷二七《河渠志》。
〔註51〕《中州集》卷三。

關於金中都北城牆光泰門的問題

　　《光明日報》2013 年 8 月 26 日國學版刊登了任國徵先生的《金中都有多少個城門？》一文，其大意是「金中都最初有十二個城門，後來爲了去東北郊太寧宮新開光泰門，到了金末爲了抵禦蒙古又將此門關閉，使金中都再次成了十二個城門。」金中都光泰門的問題，對於金史以及北京史研究者來說，都不是一個新鮮的話題。如于傑、于光度所著《金中都》〔註1〕以及于德源先生所著《北京歷代城坊・宮殿・苑囿》〔註2〕對此都有過詳細論述，任文的結論與兩書相同，所用史料也未超出兩書的範圍。

　　首都博物館與黑龍江省博物館爲了紀念金中都建都 860 週年，而於 2013 年 9 月 17 日至 2014 年 3 月 16 日在首都博物館聯合主辦名爲《白山・黑水・海東青》的紀念特展。爲配合展覽，還舉辦了系列專題講座，筆者應邀於 2013 年 12 月 26 日做了題爲《完顏亮與金中都》的講座。在準備講座期間，筆者又對光泰門的問題進行了研究，得出了與任文及上述兩種著作都不同的結論，那就是光泰門在完顏亮營建中都時已建，而不是後來增建。

　　關於金中都城門的數目分別有十三門與十二門兩種記載，前者出自《金史・地理志》，後者出自張棣《金虜圖經》及《大金國志》。《大金國志》雖然已被金史學界普遍認爲是一部僞書，但其關於金中都城門的記載是來源於《金虜圖經》。張棣是金世宗或金章宗時期由金入宋的「歸明人」，其記載應該有其眞實性。但是，另外一條史料證明，張棣關於金中都城門的記載不知出於

〔註1〕 于傑、于光度：《金中都》，北京出版社，1989 年，第 20～22 頁。
〔註2〕 于德源：《北京歷代城坊・宮殿・苑囿》，首都師範大學出版社，1997 年，第83～85 頁。

何種原因，確實有誤。金代最著名的文人元好問的《遺山先生文集》卷三十四《東平賈氏千秋錄後記》記載了賈洵曾在完顏亮營建中都時，負責十三個城門的建築。「既而改內監，督燕都十三門之役。郡眾聚居，病疫所起，君出已俸市醫藥；有物故者，又爲買棺以葬之。」由此可見，中都營建時，就有十三個城門。由於當時工期緊促，在小範圍內聚集了超過 120 萬人的民夫、軍匠，生活、衛生條件極差，因此引發了瘟疫。賈洵自己出資購買醫藥以及棺木來治療病人及安葬死者。這場瘟疫在《金史》中也有記載。「既而暑月，工役多疾疫。詔發燕京五百里內醫者，使治療，官給醫藥，全活多者與官，其次給賞，下者轉運司舉察以聞。」〔註3〕

任文又稱：「完顏亮的兒子取名光英，應避諱「光」字，金初不可能有光泰門。」這也是出於不懂金史的臆測。據《金史》卷八十二《海陵諸子傳·光英》記載，當時金朝對「光英」二字避諱的只是「英」字及其同音字，因而將「鷹坊」改爲「馴鷙坊」，將封國號中的「英國」改爲「壽國」，「應國」改爲「杞國」。與金朝不同的是，南宋對「光英」二字避諱的只是「光」字及其同音字，將「光州」改爲「蔣州」，「光山縣」改爲「期思縣」，「光化軍」改爲「通化軍」。

綜上所述，光泰門在完顏亮營建金中都時已有，不是後來增建的。

附帶一提的是，《遺山先生文集》的這條史料筆者在所著《完顏亮評傳》〔註4〕中就已引用，但是側重點是在說明瘟疫的情況。因此，對於光泰門仍沿用舊說，認爲是金朝後期新開的。〔註5〕這是筆者當年的一大失誤。

〔註3〕《金史》卷八三《張浩傳》。
〔註4〕周峰：《完顏亮評傳》，民族出版社，2002 年，第 89 頁。
〔註5〕周峰：《完顏亮評傳》，民族出版社，2002 年，第 97 頁。

論金章宗的文治

一、倡導儒家思想

　　金朝初建，對儒家思想並不瞭解，再加之殘酷的戰爭，使各地的孔廟多被焚毀，即使是曲阜孔廟也未能幸免。「靖康之後，金虜侵凌中國，露居異俗，凡所經過，盡皆焚爇。如曲阜先聖舊宅，自魯共王之後，但有增葺。莽、卓、巢、溫之徒，猶假崇儒，未嘗敢犯。至金寇遂爲煙塵，指其像而詬之日：『爾是言夷狄之有君者！』中原之禍，自書契以來，未之有也。」〔註1〕但是孔子的墳墓得以保全，「時漢兒將啓孔子墓，粘罕問日：『孔子何人？』通事高慶裔日：『古之大聖人。』日：『大聖人墓焉可伐？』盡殺之。故闕里得全。」〔註2〕隨著金朝統治的確立，用傳統的儒家思想來進行統治成爲必要。作爲金初漢化較深的皇帝，熙宗首先於天會十五年（1137）在上京興建了孔廟，又於天眷三年（1140）以孔子的四十九代孫孔璠襲封衍聖公。皇統元年（1141），熙宗又親自祭拜孔廟，並對侍臣說：「朕幼年遊佚，不知志學，歲月逾邁，深以爲悔。孔子雖無位，其道可尊，使萬世景仰。大凡爲善，不可不勉。」〔註3〕熙宗對孔子的崇敬，溢於言表。其後的海陵王和世宗也對孔子尊禮有加，並在各地興建孔廟。

　　章宗即位後，明昌元年（1190）三月，「辛巳，詔修曲阜孔子廟學」。〔註4〕

〔註1〕　（宋）莊綽：《雞肋編》卷中，中華書局，1997年。
〔註2〕　《大金國志》卷五。
〔註3〕　《金史》卷四《熙宗紀》。
〔註4〕　《金史》卷九《章宗紀一》。

明昌二年（1191）四月壬寅，「詔襲封衍聖公孔元措視四品秩」。〔註5〕這些都是他積極倡導儒家思想的具體體現。翰林學士黨懷英所撰的《曲阜重修至聖文宣王廟碑》詳細記載了這些事：「（章宗）即位以來，留神機政，革其所當革，興其所當興。飭官厲俗，建學養士，詳刑法，議禮樂，舉遺修舊，新美百爲，期與萬方同歸於文明之治。以爲興化致禮，必本於尊師重道。於是奠謁先聖，以身先之。嘗謂侍臣曰：『昔者夫子立教洙泗之上，有天下者所當取法。乃今遺祠久不加葺，且甚隘陋，不足以稱聖師之居，其有以大作新之。』有司承詔，度材庀工，計所當費，爲錢七萬六千四百餘千。詔並賜之。仍命選擇幹臣，典領其役。役取於軍，匠傭於民。不責以急成，而責以可久；不期示侈，而期於有制。凡爲殿堂廊廡門亭齋廚爨舍，合三百六十餘楹。位序有次，像設有儀。表以傑閣，周以崇垣。至於梐座欄楯簾橫罘罳之屬，隨所宜設，莫不嚴具。三分其役，因舊以完。加葺者十居其一，而增創者倍之。蓋經始於明昌二年之春，逾年而土木基構成，越明年而髹漆彩繪成。先是群弟子及先儒像畫於兩廡，既又以捏塑易之。又明年而眾功皆畢，罔有遺制焉。上既加恩闕里，則又澤及嗣人，以其雖襲公爵，而官職未稱，與夫祭祀之儀不備。特命自五十一代孫元措，階中議大夫，職視四品，兼世宰曲阜縣。」〔註6〕可見，曲阜孔廟的修建從明昌二年（1191）春正式動工，到明昌五年（1194）才完全竣工，耗時三年多，一共興建殿堂、房舍 360 多間，重塑了孔子及其弟子像。共計用去七萬六千多貫錢。明昌六年（1195）「夏四月癸亥，敕有司，以增修曲阜宣聖廟工畢，賜衍聖公以下三獻法服及登歌樂一部，仍遣太常舊工往教孔氏子弟，以備祭禮」。〔註7〕「八月己未，命兗州長官以曲阜新修廟告成於宣聖」。〔註8〕

除了曲阜孔廟的重建外，章宗還於明昌二年（1191）五月，「詔諸郡邑文宣王廟……隳廢者，復之」。〔註9〕泰和四年（1204）二月，「詔刺史州郡無宣聖廟學者並增修之。」〔註10〕明昌五年（1194）章宗還曾親自過問孔廟的建設情況，「上問輔臣：『孔子廟諸處何如？』平章政事守貞曰：『諸縣見

〔註5〕　《金史》卷九《章宗紀一》。
〔註6〕　（金）孔元措：《孔氏祖庭廣記》卷一一，叢書集成初編本。
〔註7〕　《金史》卷一〇《章宗紀二》。
〔註8〕　《金史》卷一〇《章宗紀二》。
〔註9〕　《金史》卷九《章宗紀一》。
〔註10〕　《金史》卷一二《章宗紀四》。

議建立。』」〔註11〕這樣，在章宗時，全國各地已經普遍建立起了孔廟。〔註12〕章宗在承安二年（1197）還曾親自祭祀孔子。章宗倡導的對孔子的尊奉以及孔廟的修建，無疑對儒家思想的推行起了巨大的推動作用。

忠君是歷來為儒家所提倡的行為，章宗對為本朝死節的忠臣也褒獎有加。崇義軍節度使伯德梅和尚在夾谷清臣北伐時隨軍出征，因寡不敵眾而戰死沙場，是章宗時期北伐陣亡的最高級官員。章宗「聞之震悼，詔贈龍虎衛上將軍，躐遷十階，特賜錢二十萬，命以禮葬之，物皆官給，以其子都奴為軍前猛安，中奴護喪，就差權同知臨潢府事李達可為敕祭使，同知德昌軍節度使石抹和尚為敕葬使」。〔註13〕後又將其子都奴任命為典署丞，可謂倍極殊榮。魏全在對宋戰爭中被俘，宋將讓他罵章宗，可免一死。但是魏全大罵宋朝皇帝而被殺，至死罵不絕口。章宗「贈全宣武將軍、蒙城縣令，封其妻為鄉君，賜所在州官舍三間、錢百萬，俟其子年至十五歲收充八貫石正班局分承應，有所贈官蔭」。〔註14〕章宗又讓史館雕版印刷魏全的死節事蹟，頒告天下，以鼓勵忠君之舉。

重視孝道，也是儒家思想的重要體現。章宗本人就十分孝順，即位時，因為世宗之喪，而不接受朝賀。之後數年，又因為世宗和母親之喪，而不接受元旦群臣的朝賀。章宗對於母親非常孝順，即位後，「尊為皇太后，更所居仁壽宮名曰隆慶宮。詔有司歲奉金千兩、銀五千兩、重幣五百端、絹二千匹、綿二萬兩、布五百匹、錢五萬貫。他所應用，毋拘其數」。〔註15〕不但在物質上極大滿足母親的需要，章宗每月還都要到隆慶宮拜見母親五、六次，以盡為子之道。母親病危後，章宗日日探視，直至深夜才返回。

章宗經常對孝子進行表彰，明昌三年（1192）三月「辛卯，詔賜棣州孝子劉瑜、錦州孝子劉慶祐絹、粟，旌其門閭，復其身。」〔註16〕劉瑜的事蹟是「家貧甚，母喪不能具葬，乃質其子以給喪事」。〔註17〕同年章宗還表彰了幼年喪父，對母極孝的孟興。〔註18〕在表彰了劉瑜等人之後，「上因問宰臣曰：

〔註11〕《金史》卷一〇《章宗紀二》。
〔註12〕參見《金文最》中所載各地興修孔廟所立碑文。
〔註13〕《金史》卷一二一《忠義傳一‧伯德梅和尚》。
〔註14〕《金史》卷一二一《忠義傳一‧魏全》。
〔註15〕《金史》卷六四《后妃傳下》。
〔註16〕《金史》卷九《章宗紀一》。
〔註17〕《金史》卷一二七《孝友傳‧劉瑜》。
〔註18〕《金史》卷一二七《孝友傳‧孟興》。

『從來孝義之人曾官者幾何？』左丞守貞曰：『世宗時有劉政者嘗官之，然若輩多淳質不及事。』上曰：『豈必盡然。孝義之人素行已備，稍可用既當用之，後雖有希覬作僞者，然僞爲孝義，猶不失爲善。可檢勘前後所申孝義之人，如有可用者，可具已聞。』」〔註19〕由這件事可以看出，章宗非常重視孝子的社會教化作用。同月，尙書省又上奏，說有人上書稱和尙、道士不拜父母親屬，敗壞風俗，沒有比這更嚴重的了。尙書省請求遵照唐朝法制，即所謂「禮官言唐開元二年敕云：『聞道士、女冠、僧、尼不拜二親，是爲子而忘其生，傲親而徇於末。自今以後並聽拜父母，其有喪紀輕重及尊屬禮數，一準常儀。』」〔註20〕章宗同意了尙書省的請求，專門就出家人的孝順問題作出法律規定，可見章宗對孝道的重視程度。十一月，益都府舉薦王樞博學善書，事親至孝，章宗賜其同進士出身，予以表彰。

章宗時還編纂了金代禮制典籍《大金集禮》。《大金集禮》本不著撰人姓名，但是《四庫全書總目提要》考證，明昌六年（1195）禮部尙書張暐等進《大金儀禮》，且《大金集禮》記事都止於世宗時，可見《大金集禮》即《大金儀禮》。《大金集禮》全書四十卷，收錄了金代帝王后妃尊號、冊諡、各種祠祀、詔命、儀仗、輿服、燕饗、朝會等禮儀，是金代禮制的總匯，也是金代儒家思想在典章制度上的具體反映。《金史》的禮志、儀衛志、輿服志等志就是以此書爲史料來源所修的。此書已經成爲我們研究金朝典章制度的第一手寶貴資料。

二、重視教育與科舉

金章宗在金代的皇帝中是漢化程度最高的一位，他對儒家文化十分崇尙，對教育和科舉也就十分重視。「章宗性好儒術，即位數年後，興建太學，儒風盛行。學士院選五六人充院官，談經論道，吟哦自適。群臣中有詩文稍工者，必籍姓名，擢居要地，庶幾文物彬彬矣。」〔註21〕章宗在登基之初，就採納大臣的建議，大力興修官學，大定二十九年（1189）七月，「辛巳，詔京、府、節鎭、防禦州設學養士」。〔註22〕「遂計州府戶口，增養士之數，於大定舊制京府十七處千人之外，置節鎭、防禦州學六十處，增養千人，各設

〔註19〕 《金史》卷九《章宗紀一》。
〔註20〕 《金史》卷九《章宗紀一》。
〔註21〕 《歸潛志》卷一。
〔註22〕 《金史》卷九《章宗紀一》。

教授一員，選五舉終場或進士年五十以上者爲之。」〔註 23〕隨後，章宗又命令刺史州也興建官學，而縣以下則允許自行興建。「及明昌改元，嘗詔天下興學。刺郡以上，官爲修建，諸縣聽從士庶自願建立，著爲定令」。〔註 24〕明昌二年（1191）四月「戊戌，增太學博士助教員」。〔註 25〕到泰和四年（1204）二月，又再次「詔刺史州郡無宣聖廟學者並增修之。」〔註 26〕章宗重視儒家教育，鼓勵文宣王廟（孔廟）與學校的興建，廟與學往往是建立在一起的。「本朝興太學於京師，設祭酒、司業、博士之員，以作新人才。又興天下府學，州縣許以公府泉修治文宣王廟。舊有贍學田產經兵火沒縣官者，亦復給於學。此國家崇儒重道之意也。」〔註 27〕章宗時期官學的辦學經費來源是學田，泰和元年（1201）「更定贍學養士法：生員，給民佃官田，人六十畝，歲支粟三十石；國子生，人百八畝，歲給以所入，官爲掌其數」。〔註 28〕這樣，使官學的學生解除了後顧之憂，能夠專心向學。

章宗非常重視典籍的搜集與整理，明昌二年（1191）四月「己亥，學士院新進唐杜甫、韓愈、劉禹錫、杜牧、賈島、王建，宋王禹偁、歐陽修、王安石、蘇軾、張耒、秦觀等集二十六部」。〔註 29〕明昌二年十月，命令有關機構，搜求遺書應該高給其價，以便使人踊躍獻出。藏書之家有不願意獻給官府的，官府謄寫其書，再把原書歸還，仍給其相當於一半書價的錢。明昌五年（1194）二月「詔購求《崇文總目》內所闕書籍」。〔註 30〕

金代科舉考試共有七科，計詞賦、經義、策論、律科、經童、制舉、宏詞科，其中制舉、宏詞科爲章宗設立，「以待非常之士」。〔註 31〕前三者考中爲進士，律科、經童考中則爲舉人。章宗十分重視科舉考試，他在位期間，共開科取士六次，不完全統計共錄取進士 2500 多人，其中湧現了大量優秀的人才，也爲金代各級官府輸送了大量合格的官吏。

章宗對科舉考試進行了種種改進。

〔註 23〕《金史》卷五一《選舉志一》。
〔註 24〕《金文最》卷一四《郊州文廟創建講堂記》。
〔註 25〕《金史》卷九《章宗紀一》。
〔註 26〕《金史》卷一二《章宗紀四》。
〔註 27〕《金文最》卷六九《博州重修廟學碑》。
〔註 28〕《金史》卷一一《章宗紀三》。
〔註 29〕《金史》卷九《章宗紀一》。
〔註 30〕《金史》卷一〇《章宗紀二》。
〔註 31〕《金史》卷五一《選舉志一》。

明昌元年（1190），有人建議：「舉人四試而鄉試似爲虛設，固當罷去。其府會試乞十人取一人，可以群經出題，而注示本傳。」〔註32〕章宗採納了他的前條建議，免除了鄉試，但規定府試五人取一。又在原來六處府試地點基礎上增加了遼陽府、平陽府、益都府三處。

章宗初期科舉考試未規定錄取人數，只要合格的就錄取，這樣承安二年（1197）一次就錄取了 925 人，再加之還有錄取參加四次考試未考中者的恩榜，使錄取人數難免過多過濫。於是承安五年（1200）正月「乙未，以尚書省言，會試取策論、詞賦、經義不得過六百人，合格者不及其數則闕之」。〔註33〕泰和二年（1202），章宗又命令制定諸科取士的數目。司空完顏襄認爲：「詞賦與經義考生人數多，可以五人錄取一人，策論考生人數很少，可以四人取一人。恩榜則錄取五次考試未錄取者。」平章政事徒單鎰說：「大定二十五年至明昌初，都是三、四人錄取一人。」平章政事張汝霖也說：「如果五人錄取一人，那麼參加府試的人則一百個人中才能考取五人。」於是章宗定制：策論三人取一，詞賦、經義五人取一，恩榜則錄取五次考試未中且年齡在四十五歲以上的，或者四次考試未中且年齡在五十歲以上的。

策論進士，原來是專爲女眞人設置的考試科目，章宗改爲允許其他民族的人參加。又命令參加科舉考試的女眞人要先考試弓箭，使女眞人不忘習武的傳統。

律科又稱爲諸科，是在律令內出題考試。章宗大定二十九年（1189），「有司言：『律科止知讀律，不知教化之源，可使通治《論語》、《孟子》，以涵養其氣度。』」〔註34〕於是章宗命令此後律科考試律令之後，還要加試從《論語》、《孟子》中出的一道題。

經童科是考試十三歲以下的童子，「能誦二大經、三小經，又誦《論語》、諸子及五千字以上，府試十五題通十三以上，會試每場十五題，三場共通四十一以上，爲中選。所貴在幼而誦多者，若年同，則以誦大經多者爲最」。〔註35〕海陵王完顏亮時，廢除了這項科目，章宗即位之初，認爲經童中也不乏人才，又加以恢復。章宗對所謂的神童很感興趣，明昌元年（1190），章宗將益都府報送的十一歲童子劉住兒召至內殿，親自考試他《鳳凰來儀賦》、《魚在

〔註32〕《金史》卷五一《選舉志一》。
〔註33〕《金史》卷一一《章宗紀三》。
〔註34〕《金史》卷五一《選舉志一》。
〔註35〕《金史》卷五一《選舉志一》。

藻詩》，又讓他賦《旱》詩，對他深爲滿意，賜予他經童出身，在太學學習。
麻九疇是金代不多的成人後有所作爲的神童，「麻九疇字知幾，易州人。三歲
識字，七歲能草書，作大字有及數尺者，一時目爲神童。章宗召見，問：『汝
入宮殿中亦懼怯否？』對曰：『君臣，父子也。子寧懼父耶？』上大奇之」。〔註
36〕明昌三年（1192），平章政事完顏守貞建議將錄取的經童數由百餘人減少一
些，以減輕日後授予官職數量上的壓力。章宗問他：「如果都合格，該怎麼辦
呢？」守貞說：「只從最年幼而又誦讀不出錯者之中精選，那麼人數就不會太
多。」章宗又徵求參知政事胥持國的意見，而胥持國本人就是經童出身，他
和李妃表裏勾結，在當時聲譽很不好，被時人稱爲「經童作相」。完顏守貞和
胥持國矛盾又很深，守貞的建議很大程度是針對胥持國的，胥持國自然不會
同意完顏守貞的建議。他「對曰：『所誦通否易見，豈容有濫。』上曰：『限
以三十或四十人，若百人皆通，亦可覆其精者。』持國曰：『是科蓋資教之術
耳。夫幼習其文，長玩其義，使之涖政，人材出焉。如中選者，加之修習進
士舉業，則所記皆得爲用。臣謂可勿令遽登仕途，必習舉業，而後官使之可
也。若能擢進士第，自同進士任用。如中府薦或會試，視其次數，優其等級。
幾舉不得薦者，從本出身，又可以激勸而後得人矣。』」〔註37〕章宗採納了他
的主張。

　　章宗認爲，「德行才能非進士科目所能盡，可通行保舉之制」。〔註38〕於是
設置了制舉科，包括賢良方正、能直言極諫、博學宏材、達於從政等小科，命
令各級官府及猛安謀克和提刑司推薦「草澤隱逸才行兼備者」。這項舉措也得到
了具體落實，明昌三年（1192）四月，「尚書省奏：『提刑司察舉涿州進士劉器
博、博州進士張安行、河中府胡光謙，光謙年雖八十三，尚可任用。』」〔註39〕
於是章宗賜劉器博、張安行同進士出身，召胡光謙進京。後來「特賜胡光謙明
昌二年進士第三甲及第，授將仕郎、太常寺奉禮郎。官制舊設是職，未嘗除人，
以光謙德行才能，故特授之」。〔註40〕當年十月，「賜河南路提刑司所舉逸民游
總同進士出身，以年老不樂仕進，授登仕郎，給正八品半俸終身」。〔註41〕十一

〔註36〕　《金史》卷一二六《麻九疇傳》。
〔註37〕　《金史》卷五一《選舉志一》。
〔註38〕　《金史》卷五一《選舉志一》。
〔註39〕　《金史》卷九《章宗紀一》。
〔註40〕　《金史》卷九《章宗紀一》。
〔註41〕　《金史》卷九《章宗紀一》。

月，「尙書省奏：『翰林侍講學士黨懷英舉孔子四十八代孫端甫，年德俱高，該通古學。濟南府舉魏汝翼有文章德誼，苦學三十餘年，已四舉終場。蔚州舉劉震亨學行俱優，嘗充舉首。益都府王樞博學善書，事親至孝。』」〔註42〕於是章宗賜魏汝翼進士及第，劉震亨等同進士出身。明昌五年（1194）正月「辛巳，前中都路轉運使王寂薦三舉終場人蔡州文商經明行修，足備顧問。前河北西路轉運使李揚言慶陽府進士李獎純德博學，鄉曲譽之。絳州李天祺、應州康晉侯屢赴廷試，皆有才德。上曰：『文商可令召之。李獎給主簿半俸終身，餘賜同進士出身。』」〔註43〕

如果說「保舉之制」多少還具有象徵勸學、爲善之意，其象徵意義大於實際意義。那麼章宗設置的宏詞科則選拔了一些游移於考場之外的人才。「明昌初，章廟設宏詞科，命公卿舉所知。子達（盧元）與郭戩、周詢、張復亨就試，凡七日，並中選，遂入翰苑。」〔註44〕

章宗重視教育與科舉的政策，取得了較好的效果，當時的士風普遍積極向上，「士氣不可不素養，如明昌、泰和間崇文養士，故一時士大夫爭以敢言、敢爲相尙」。〔註45〕

明昌二年（1191）榜進士表

姓名	科目	史料來源	備注
王澤	詞賦	《歸潛志》卷七	狀元
陳載	經義	《陝西通志·選舉志》	狀元
完顏闍山		《金史》卷一〇〇本傳	
完顏伯嘉		《金史》卷一〇〇本傳	
侯摯		《金史》卷一〇八本傳	
紇石烈德		《金史》卷一二八本傳	
烏古論榮祖		《金史》卷一二一本傳	
烏古論德升		《金史》卷一二二本傳	
劉濤		《中州集》卷四	
李遹		《中州集》卷五	

〔註42〕《金史》卷九《章宗紀一》。
〔註43〕《金史》卷一〇《章宗紀二》。
〔註44〕《中州集》卷八《盧待制元》。
〔註45〕《歸潛志》卷七。

劉昂霄		《中州集》卷七	
李好復		《中州集》卷八	
趙文昌		《中州集》卷八	
宋元吉		《中州集》卷八	
張迪祿		《中州集》卷八	
任天寵		《金史》卷一〇五本傳	
王晦		《金史》卷一二一本傳	
鄭當時		《山西通志・選舉志》	
馮丙		《山西通志・選舉志》	

明昌五年（1194）榜進士表

姓名	科目	史料來源	備注
楊雲翼	詞賦、經義	《金史》卷一一〇本傳，《金文最》卷九四元好問《內相文獻楊公神道碑》	經義科狀元
張楫	詞賦	《中州集》卷九	詞賦科狀元
李復亨		《金史》卷一〇〇本傳	
李英		《金史》卷一〇一本傳	
韓玉	詞賦、經義	《金史》卷一一〇本傳，《中州集》卷八	兩科皆進士及第
陳規	詞賦	《金史》卷一〇九本傳	
許古	詞賦	《金史》卷一〇九本傳	
劉中	詞賦、經義	《中州集》卷四	
龐鑄		《中州集》卷五	
王良臣		《中州集》卷五	
王擴		《金史》卷一〇四本傳，《中州集》卷八，《金文最》卷九四元好問《嘉議大夫陝西東路轉運使剛敏王公神道碑銘》	
趙伯成	詞賦、經義	《中州集》卷八	
梁仲新		《中州集》卷八	
趙思文		《中州集》卷八，《金文最》卷九五元好問《通奉大夫禮部尚書趙公神道碑》	

趙庭珪		《中州集》卷八，《金文最》卷九五元好問《通奉大夫禮部尚書趙公神道碑》	與趙思文為兄弟
張邦彥		《中州集》卷八	
馬成誼		《中州集》卷八，《金史》卷一二三《愛申傳附馬肩龍傳》	
溫迪罕達		《金史》卷一〇四本傳	
夾谷里石哥		《金史》卷一〇三本傳	
完顏阿里不孫		《金史》卷一〇三本傳	
紇石烈胡失門		《金史》卷一〇四本傳	
尼龐古蒲魯虎		《金史》卷一二二本傳	
田琢		《金史》卷一〇二本傳	
劉摯		《山西通志・選舉志》	
康晉侯		《山西通志・選舉志》	

承安二年（1197）榜進士表

姓名	科目	史料來源	備注
呂造	詞賦	《中州集》卷七	狀元
李著	經義	《中州集》卷九	狀元
納蘭胡魯剌	策論	《金史》卷一〇三本傳	狀元
納合蒲剌都		《金史》卷一二二本傳	
馮璧	經義	《金史》卷一一〇本傳，《中州集》卷六，《金文最》卷九六元好問《內翰馮公神道碑銘》	制策也優等
李純甫	經義	《金史》卷一二六本傳	
王若虛	經義	《金史》卷一二六本傳，《中州集》卷六	
馮延登	詞賦	《金史》卷一二四本傳，《中州集》卷五，《金文最》卷九六元好問《國子祭酒權刑部尚書內翰馮公神道碑銘》	
烏古孫仲端	策論	《金史》卷一二四本傳	
裴滿思忠		《金史》卷一二四《烏古孫仲端傳》	
孫鎮		《中州集》卷七	與孫錡、孫鉉為兄弟
孫錡		《中州集》卷七	
孫鉉		《中州集》卷七	
楊啓厚		《陝西通志・選舉志》	

王賓		《陝西通志·選舉志》	
賀天祐		《陝西通志·選舉志》	
王時寬		《陝西通志·選舉志》	
路秉鈞		《陝西通志·選舉志》	
苑中		《中州集》卷八	只稱「承安中進士」，姑繫於此年
李芳		《中州集》卷八	
王仲元		《中州集》卷八	只稱「承安中進士」，姑繫於此年
盧洵		《中州集》卷八	
刁白		《中州集》卷八	
王彧		《中州集》卷九	只稱「承安中進士」，姑繫於此年
董文甫		《中州集》卷九	只稱「承安中進士」，姑繫於此年
郝文振		《山西通志·選舉志》	
劉儼		《山西通志·選舉志》	
趙君實		《山西通志·選舉志》	
趙述		《山西通志·選舉志》	
趙雄飛	詞賦	《金文最》卷九六元好問《順安縣令趙公墓碑》	

承安五年（1200）榜進士表

姓名	科目	史料來源	備注
閻長言	詞賦	《中州集》卷九	狀元
李俊民	經義	《元史》卷一五八本傳，《莊靖集》（山右叢書初編本，山西人民出版社，1986年）	
蒙古綱		《金史》卷一〇二本傳	
師安石	詞賦	《金史》卷一〇八本傳	
張厚之		《中州集》卷二	
劉祖謙		《中州集》卷五	
王良臣		《中州集》卷五	

劉鐸		《中州集》卷七	
劉昂		《中州集》卷八	
張翛		《中州集》卷八	
楊愭		《中州集》卷九	
石抹世勣	詞賦、經義	《金史》卷一五四本傳，《中州集》卷八	
趙楠		《山西通志‧選舉志》	
郭旭		《山西通志‧選舉志》	
張修		《山西通志‧選舉志》	
彭悅		《金文最》卷九一《進士彭子升墓誌》	
郭伯英	經義	李俊民：《莊靖集》卷八《題登科記後》（山右叢書初編本，山西人民出版社，1986年）	30歲
劉從謙	同上	同上	25歲
張儒卿	同上	同上	27歲
王知進	同上	同上	31歲
孫璵	同上	同上	27歲
李适	同上	同上	29歲
晁李仲	同上	同上	41歲
朱煥	同上	同上	44歲
伯德維	同上	同上	41歲
趙楠	同上	同上	24歲
王元	同上	同上	33歲
糜元振	同上	同上	28歲
祁午	同上	同上	41歲
潘希孟	同上	同上	28歲
孔天昭	同上	同上	30歲
王毅	同上	同上	28歲
侯尚	同上	同上	30歲
高應	同上	同上	32歲
趙銖	同上	同上	25歲
晉蕃	同上	同上	25歲
岩葛希奭	同上	同上	35歲
郝鈞	同上	同上	35歲

鮑元	同上	同上	44 歲
康鼎	同上	同上	25 歲
閻詠	同上	同上	37 歲
鄧浩	同上	同上	26 歲
宋克傑	同上	同上	27 歲
趙宇	同上	同上	28 歲
劉磻	同上	同上	74 歲
杜實才	同上	同上	44 歲

泰和三年（1203）榜進士表

姓名	科目	史料來源	備註
許天明	詞賦	《陝西通志・選舉志》	狀元
楊達夫		《金史》卷一二四本傳	
劉彬		《陝西通志・選舉志》	
惠吉		《陝西通志・選舉志》	
張特立		《金史》卷一二八本傳	
王特起		《中州集》卷五	
劉光謙		《中州集》卷八	
毛端卿		《中州集》卷八	
宋元圭		《中州集》卷八	
蒲察婁室		《金史》卷一二二本傳	
高憲		《全金元詞》，中華書局，1992 年，第 54 頁	
張汝翼	經義	《金文最》卷九六元好問《通奉大夫鈞州刺史行尚書省參議張君神道碑銘》	
張公理	詞賦	《金文最》卷九六元好問《資善大夫吏部尚書張公神道碑銘》	原文為「登泰和二年詞賦進士第」，應為「三年」之誤
蒲察元衡	策論	《金文最》卷九七元好問《資善大夫集慶軍節度使蒲察公神道碑銘》	
夾谷土剌	策論	《金文最》卷九七元好問《資善大夫武寧軍節度使夾谷公神道碑銘》	

泰和六年（1206）榜進士表

姓名	科目	史料來源	備注
李演		《金史》卷一二一本傳，《金文最》卷九〇崔禧《應奉翰林文字贈濟州刺史李公碑銘》	狀元
梁持勝		《金史》卷一二二本傳	
張溫		《中州集》卷九	
王登庸		《續夷堅志》卷三	

（原載《北京文物與考古》第 6 輯，民族出版社，2004 年）

論金章宗時期的農業生產

　　金章宗是金代的第六位皇帝，他繼承了號稱「小堯舜」的祖父金世宗所開創的大定盛世，並將金朝的繁盛局面又延續了一段時間，即所謂的明昌之治。但是在他統治後期，內有外戚專擅，外有對南宋和蒙古諸部的戰爭，金朝也逐漸走向衰敗。章宗可以說是金朝歷史上一個承前啓後的皇帝。

　　金章宗對關係到國計民生的農業生產非常重視，在即位之初就派勸農使者到各地督促農業生產，對於受到自然災害的農戶也及時予以賑濟。但金章宗時期的農業生產，有兩個不同於金代其他時期的特點，這就是區田法的推行與水田的推廣，其中前者由於種種原因失敗了，而後者卻對金代農業生產有較大的推動作用。金章宗對黃河的治理也很重視，但具體實施的過程中卻給我們留下了正反兩方面的教訓。

一、區田法的推行

　　區田法也叫區種法，是把農作物種植在帶狀低畦或方形淺穴的小區內的一種農做法。是中國一項歷史悠久但推行不廣的耕作制度，主要是應用於乾旱地區。其特點是精耕細作，產量高，需要消耗大量人力，而卻不需要什麼畜力。區田法自西漢開始在關中推行，以後只有東漢、金、元三個王朝推行過。

　　由於區田法費工費時，歷史上沒有很好地推行過，因而在章宗推行此法前，也曾有過疑慮。「章宗明昌三年三月，宰執嘗論其法於上前，上曰：『卿等所言甚嘉，但恐農民不達此法，如其可行，當遍諭之。』」〔註1〕明昌四年

〔註1〕《金史》卷五〇《食貨志五》。

（1193）四月，章宗又與宰執討論此事。章宗對此仍有疑慮，而宰執之間的意見也不一致。「參知政事胥持國曰：『今日方之大定間，戶口既多，費用亦厚。若區種之法行，良多利益。』上曰：『此法自古有之，若其可行，則何爲不行也。』持國曰：『所以不行者，蓋民未見其利。今已令試種於城南之地，乃委官往監督之，若使民見收成之利，當不率而自效矣。』參知政事夾谷衡以爲『若有其利，古已行矣。且用功多而所種少，復恐廢壠畝之田功也。』」〔註2〕章宗權衡再三，決定試行區田法。六月，章宗又向胥持國詢問區田法情況如何，胥持國回答須要等到六七月之交才可看出。但是，章宗有些迫不及待了，即日就命令近侍二人巡查京郊區田試行情況。後來又有武陟人高翌上陳請求推行區田法，並請按照人口、土地多少，規定每戶區田的數量。於是，明昌五年（1194）正月，「敕諭農民使區種」。〔註3〕並且規定「農田百畝以上，如瀕河易得水之地，須區種三十餘畝，多種者聽。無水之地則從民便」。〔註4〕並且派縣官與謀克等分別督促農戶與猛安謀克戶種植。承安元年（1196）四月，又規定了每人區田的數量，「男年十五以上、六十以下有土田者丁種一畝，丁多者五畝止」。〔註5〕章宗又於五月親自到中都近郊視察區田情況。

　　山西省侯馬金代董海墓有一條關於金代區田的題記，爲我們瞭解金代的區田法提供了寶貴的第一手資料，「上判交百姓忙種區田，每一畝要一千五百區，每區打約一升，本家刷到物四百石。時明昌柒年捌月日入功（這句話是說該墓的建造時間，另一處題記也有相同的記載，因而與這段文字無關——筆者注）。自年前十月內有至到六月十九日得雨，米麥計價二百五十，到二十二日種下秋田，每畝收穀一石，綠豆每畝一石，棗約五分。又差官遍行刷物。」〔註6〕從這條題記中我們可看出，金代的區田是規定將每畝田劃分成 1500 區，

<hr>

〔註2〕《金史》卷五〇《食貨志五》。
〔註3〕《金史》卷五〇《食貨志五》，但是《金史》卷一〇〇《孟鑄傳》認爲區田（區種）始於泰和四年，姑列此存疑，「是歲（泰和四年——筆者注），自春至夏，諸郡少雨。鑄奏：『今歲愆陽，已近五月，比至得雨，恐失播種之期，可依種麻菜法，擇地形稍下處撥畦種穀，穿土作井，隨宜灌溉。』上從其言，區種法自此始」。
〔註4〕《金史》卷五〇《食貨志五》。
〔註5〕《金史》卷五〇《食貨志五》，又見《金史》卷一〇《章宗紀二》。
〔註6〕楊富斗：《金朝推行區田法管見》，《遼金西夏史研究》，天津古籍出版社，1997年。又見山西省考古研究所侯馬工作站：《侯馬 102 號金墓》，《文物季刊》1997年第 4 期。楊富斗、楊及耕：《金墓磚雕叢探》，《文物季刊》1997 年第 4 期。

每區的產量為一升，區田一畝地的產量為 15 石。但是由於前一年十月至當年六月沒有下雨，因而造成每畝只收穫穀子 1 石的減產局面，但是，秋稅卻要照樣交納。這件事正發生在章宗規定區田數量的承安元年（1196），也就是明昌七年（當年十一月改元承安）。可見，政府制定的區田的產量過高，而據此徵收的稅收也就難免過高。

承安二年（1197）二月，九路提刑馬百祿上奏：「聖訓農民有地一頃者區種一畝，五畝即止。臣以為地肥瘠不同，乞不限畝數。」〔註7〕章宗採納了他的建議。可見，此後的區田不限數量，這實際上是說明區田政策已經失敗，已經聽任農民所為，不再強行限制區田數量。泰和四年（1204）九月尚書省再次奉章宗命討論區田事宜，並上奏：「近奉旨講議區田，臣等謂此法本欲利民，或以天旱乃始用之，倉卒施功未必有益也。且五方地肥瘠不同，使皆可以區種，農民見有利自當勉以傚之。不然，督責雖嚴，亦徒勞耳。」〔註8〕可見，尚書省的官員對區田的效果並不滿意，對推行區田也失去了信心，主張放任自流，不再對農民區田做出具體要求。但是章宗仍不死心，命令各地長官及按察司督促實行，結果也是無果而終。基於造福農民為目的的區田法最終失敗了。

二、水田的推廣與農田水利設施的興建

金朝統治著北半個中國，由於地理位置以及黃河氾濫等原因，水田的面積並不大，但是由於水田能夠大幅度地提高農作物的產量，因而章宗十分注重水田的推廣。

明昌五年（1194）閏十月，有人上書說有河流的州縣可以開鑿溝渠，引水灌溉農田。章宗命令各郡縣執行。但是八路提刑司都說雖然有河流但是不能灌溉，只有中都路提刑司說安肅、定興兩縣可以引河灌溉農田四千餘畝。章宗命令動工興建。

明昌六年（1195）十月，規定：縣官任期內有能增加百頃以上水田的，優先陞官；謀克所管屯田內有增加三十頃以上水田的，賞銀絹二十兩匹。所增加的水田都按照旱地收稅。

由於章宗的大力提倡與獎勵，一些地方官對改造水田和興修水利十分積

〔註7〕《金史》卷五〇《食貨志五》。
〔註8〕《金史》卷五〇《食貨志五》。

極。如陝西郿縣，原來有從斜谷引的渠水流過縣城，但是年久失修，歷任縣令都未曾重視。明昌七年（1196）也就是承安元年，縣令孔某任職，向父老詢問：「郿縣山明水秀，土地肥沃，不是不毛之地可以相比的，可是為何收成如此不好，甚至於一些蔬菜也要從鄰縣購買呢？」父老都說：「您說的對，縣裏過去確實有渠水通流，但是從皇統三年（1143）到現在近六十年，渠道一直湮塞不通。您如果能夠修復，不但我們受利，而且子孫萬代也享利無窮啊！」於是孔縣令四處詢問，但是沒有人知道如何修復。後來，孔拜會了道士楊洞清，談及興修水利之事。楊慨然許諾說：「不勞您費力，只要您有如此想法，此事指日可待。」於是孔、楊二人一同到谷口，搜尋到渠道故址，開始大興工役，渠道全長達 50 餘里。但是工程快要完工時，孔卻被召至尚書省，工程被奸人阻止，幾乎失敗。這時，按察司張子明巡行經過，問明情況，又找來楊洞清商議，楊洞清說三日可以完工。在張子明的支持下，工程果然如期完工。於是「公室賴之，芻粟無憂；私門仰之，遊覽有勝。至於汲引灌溉，塗墍洗濯，無復曩時之艱虞。未期，綠槐夾路，細柳交岸。龍鬚蘸碧，給萬宇之焚膏；鸚粒翻紅，被千門之籑簋。郁蔥益渭南之珍味，桑麻增陝右之上腴。碾磑區計，僅有數千；園田畦計，不啻幾萬。有粟者，易為之粒。有麥者，易為之屑。有食者，易為之蔬。其利益不足縷白，此特舉其岸略」。〔註9〕可見，孔公渠的修復，使大量農田得到灌溉。而且在渠道上建了數千個水磨，方便了糧食的加工。對環境的改善，也有很大作用。孔縣令也因此陞官。

承安二年（1198），章宗「敕放白蓮潭東閘水與百姓溉田。三年，又命勿毀高梁河閘，從民灌溉」。〔註10〕高梁河在中都無疑，白蓮潭也可能位於中都。

泰和八年（1208）年七月，距章宗病逝只有四個月，他又命令各路按察司負責水田事宜，有的官員說：「水田之利甚大，沿河通作渠，如平陽掘井種田俱可灌溉。比年邳、沂近河布種豆麥，無水則鑿井溉之，計六百餘頃，比之陸田所收數倍。以此較之，它境無不可行者。」〔註11〕於是章宗命令轉運司與按察司規劃各地開河與鑿井是否可行。

〔註9〕 《金文最》卷二五《孔公渠水利記》。
〔註10〕 《金史》卷五〇《食貨志五》。
〔註11〕 《金史》卷五〇《食貨志五》。

三、黃河的治理

黃河儘管是中華民族的母親河，但也始終是中華民族的心腹大患，歷朝歷代，對黃河的治理都是關係到國計民生的大事。金朝也不例外，尤其是章宗時發生了最大的一次黃河決口，使人民生命財產受到極大損失，也是金朝由盛轉衰的一個誘因。

金太宗天會六年（1128）十一月，宋東京留守杜充爲了遲滯金軍的進攻，掘開了濮州（今山東省濮縣）西南的黃河堤壩，從而使黃河下游由東北流向改爲東南流向，造成了此後金代的黃河氾濫。世宗大定八年（1168）、十一年（1171）、十七年（1177）、二十年（1180）、二十六年（1186）黃河都決口過。而在章宗剛剛即位後，大定二十九年（1189）五月二十八日，黃河再次決口，「河溢曹州」。〔註12〕事情彙報到章宗時，已經是六月了，爲此，章宗非常不滿，「比聞五月二十八日河溢，而所報文字如此稽滯。水事甚急，功不可緩，稍緩時頃，則難固護矣。」〔註13〕可見，章宗對河患非常重視。當年冬天枯水期開始修築河堤，十二月，工部報告工程計劃說：「營築河堤，用工六百八萬餘，就用埽兵軍夫外，有四百三十餘萬工當用民夫。」〔註14〕章宗命令在施工地五百里範圍內的州、縣負責雇差民工，在不出民工的地方按照家庭財產徵收一定的雇錢。每個民工每日除了給工錢150文外，另外給50文錢、一升半米。章宗還命令彰化軍節度使完顏裔、都水少監大齡壽率五百人負責治安。由於工程浩大，沿河居民負擔沉重，因此多有逃亡。河南路提刑司認爲這是工程計劃不周造成的，向章宗彙報說：「沿河居民多困乏逃移，蓋以河防差役煩重故也。竊惟禦水患者，不過堤埽，若土功從實計料，薪槁椿杙以時征斂，亦復何難。今春築堤，都水監初料取土甚近，及其興工乃遠數倍，人夫懼不及程，貴價買土，一隊之間多至千貫。又許州初科薪槁十八萬餘束，既而又配四萬四千，是皆常歲必用之物，農隙均科則易輸納。自今堤埽興工，乞令本監以實計度，量一歲所用物料，驗數折稅，或令和買，於冬月分爲三限輸納爲便。」〔註15〕實際上，提刑司認爲是水利主管部門都水監責任心不夠。章宗又命令尚書省討論此事，尚書省彙報說：「臣等認爲，今後凡是有大

〔註12〕《金史》卷九《章宗紀一》。
〔註13〕《金史》卷二七《河渠志》。
〔註14〕《金史》卷二七《河渠志》。
〔註15〕《金史》卷二七《河渠志》。

的工程，一定要先核算好取土的距離遠近，堤壩加高的尺寸，出布告使大家都預先知道，不要臨時增加百姓負擔。河防所用物資，命令都水監於每年八月之前，核算原有物資之外所缺數目以及第二年工程量的多少，移報轉運司，轉運司安排百姓於冬天的三個月內分期交納。如果汛情很大，夏秋河水暴漲，情況危急，則用臨近堤防的儲備物資，不足，則於附近州縣和買。並且命令提刑司派官一人監督實施。」章宗同意，這樣河防之事就有規章可循了。

明昌四年（1193）五月，由于連續降雨，章宗「命有司祈晴」。〔註 16〕六月，黃河在衛州（今河南省汲縣）再次決口，「魏、清、滄皆被害」。〔註 17〕這次河患過後，金章宗決定徹底根治黃河，但對於採取何種方法，當時大臣之間有著不同的意見。河平軍節度使王汝嘉上言：「大河南岸舊有分流河口，如可疏導，足泄其勢，及長堤以北恐亦有可以歸納排瀹之處，乞委官視之。濟北埽以北宜創起月堤。」〔註 18〕可見，王汝嘉的指導思想是疏導黃河南岸原來的河道以分洪，並在北岸修堤。對此，尚書省基本同意。然而都水監田櫟又提出了另外一套治理方案，「前代每遇古堤南決，多經南、北清河分流，南清河北下有枯河數道，河水流其中者長至七八分，北清河乃濟水故道，可容三分而已。今河水趨北，齧長堤而流者十餘處，而堤外率多積水，恐難依元料增修長堤與創築月堤也。可於北岸牆村決河入梁山濼故道，依舊作南、北兩清河分流。然北清河舊堤歲久不完，當立年限增築大堤，而梁山故道多有屯田軍戶，亦宜遷徙。今擬先於南岸王村、宜村兩處決堤導水，使長堤可以固護，姑宜仍舊，如不能疏導，即依上開決，分爲四道，俟見水勢隨宜料理。」〔註 19〕田櫟的指導思想是借助於黃河北岸的梁山濼與南、北清河疏導黃河，並加固北清河的大堤。但是章宗和尚書省都不同意田櫟的意見，章宗認爲田櫟的計劃過於浩大，工期太長、使用人力太大，而且章宗對搬遷梁山濼故道的四千猛安謀克戶也不滿意。尚書省認爲梁山濼已經有所淤積，北清河河道狹窄，黃河分流入之，將使山東受害。田櫟的計劃未被採納。

由於未下決心對黃河進行徹底的根治，而只是滿足於小修小補，因而明昌五年（1194）八月黃河又一次在陽武決口，淹沒封丘以東的大片土地。事實

〔註 16〕　《金史》卷二三《五行志》。
〔註 17〕　《金史》卷二三《五行志》。
〔註 18〕　《金史》卷二七《河渠志》。
〔註 19〕　《金史》卷二七《河渠志》。

證明如果採納了田櫟的計劃是正確的，而王汝嘉的治河策略歸於失敗，章宗將其杖責 70 下，並予以免職。章宗派參知政事胥持國和馬琪負責修築河堤，馬琪等採取維修舊堤以維護汴京的辦法，對沿汴京東岸的孟華四埽與孟陽堤壩進行了修繕，並對都水監等治河機構進行了整頓。後來章宗又派翰林待制奧屯忠孝充戶部侍郎、太府少監溫昉充工部侍郎，行戶、工部事，修治黃河，取代胥持國和馬琪二人。

　　章宗初年在 6 年內發生的三次河患，給國計民生造成了極大的破壞。僅以第一次為例，動用民夫 430 萬工，每人每天發 200 文錢，共計耗資 86 萬貫，而修復工程所用的物資，對受災百姓的賑濟也都需要耗費大量資金，使金朝的國力受到嚴重削弱，這也是金朝由盛轉衰的一個重要原因。

　　綜觀金章宗時期的農業生產，成效與經驗教訓都是明晰的。水田的推廣與農田水利設施的興修，都促進了農業的發展。區田法儘管其出發點是好的，但是由於並不實際可行，因而遭致失敗也就不足為惜了。對黃河的治理，在當時的生產力條件下，也不可能取得成功，但也為後人留下了寶貴的經驗教訓。

（原載《古今農業》2003 年第 4 期）

論金章宗對北京西山風景名勝帶
形成的貢獻

　　金章宗是金代漢化程度較深的一位皇帝，也是一個非常喜愛山水的皇帝。這兩者結合，使他不僅僅滿足於金代帝王傳統的春水秋山的遊獵活動，而是在中都近郊大興土木，興建了許多行宮、寺院與園林，以滿足自己隨時親近山水的需求。而上述的建築又有很多興建在西山，這樣，可以說金章宗是北京西山風景名勝帶的重要奠定者。前代和金代前期雖然西山也曾建有園林、寺院，如遼代的清水院（今大覺寺），遼代始建經金世宗重建的香山寺等等，但只是有限的點狀分佈。而到金章宗時期，不但原有的名勝得以利用，而且新建了大批景點，如著名的章宗八院。這樣，使西山的風景名勝形成了由北起暘臺山清水院，南至今頤和園萬壽山一線的帶狀分佈。金章宗對這一帶異常喜愛，僅在《金史》中就記載他曾在香山、玉泉山遊玩、打獵十餘次。由於金章宗的倡導，金代的很多文人也喜愛西山的風景名勝，留下了很多關於西山的詩篇。這樣，又為西山風景名勝帶增添了濃厚的文化內涵。

一

　　香山、玉泉山可說是西山風景名勝帶中景色最為優美的地方，金章宗對這兩個地方也尤其喜愛。香山在世宗時已是風景勝地，大定二十六年（1186）三月「癸巳，香山寺成，幸其寺，賜名大永安，給田二千畝，栗七千株，錢二萬貫。」﹝註1﹞可見，香山大永安寺的規模相當大，而且其寺產相當多，與

﹝註1﹞《金史》卷八《世宗紀下》。

皇家關係密切。據《金史·地理志》中都路宛平縣條，玉泉山建有行宮。香山也建有行宮，巨構在「大定中，詔與近臣同經營香山行宮及佛舍」。〔註2〕章宗時的大臣趙秉文有兩首關於香山的詩，描繪了香山的秀美景色和著名的紅葉。一首爲《香山》：「山秀薰人欲破齊，臨行別語更徘徊。筆頭滴下煙嵐氣，知是香山境裏來」。〔註3〕另一首是《香山寺飛泉亭》：「霜風吹林林葉乾，泉聲落日毛骨寒。道人清曉倚欄杆，自汲清泉掃紅葉，一庵多住白雲間」。〔註4〕香山留下了與章宗有關的諸多古蹟，如祭星臺，「在縣西南四十里香山寺前。金章宗祭星之所，臺廢址存」。〔註5〕護駕松「在縣西四十里香山。金章宗遊玩至此失足，得松護之，遂封云，今廢」。〔註6〕世宗、章宗時期描寫香山的詩還有王寂的《題香山寺》：「平生居士愛香山，百歲神遊定此間。黃卷既能探妙理，青衫安用拭餘潸。櫻桃笑日豔樊素，楊柳舞風嬌小蠻。尙想夜深攜滿老，幅巾來聽水潺潺。」〔註7〕周昂的《香山》：「山林朝市兩茫然，紅葉黃花自一川。野水趁人如有約，長松閱世不知年。千篇未暇償詩債，一飯聊從結淨緣。欲問安心心已了，手書誰識是生前。」〔註8〕可見，當時的香山不僅僅爲章宗所獨享，而且也是官員士大夫所喜愛的勝地。

玉泉山「在縣西北三十里。頂有金行宮芙蓉殿故址。相傳金章宗嘗避暑於此。」〔註9〕趙秉文筆下還有一首《遊玉泉山》：「夙戒遊名山，出郊氣已豪。薄雲不解事，似嫉秋山高。西風爲不平，約略出林梢。林盡湖更寬，一鏡涵秋毫。披雲冠山頂，屹如戴山鼇。連句一休沐，未覺陟降勞。高談到晉魏，健筆凌風騷。玉泉如玉人，用舍隨所遭。何以侑嘉德，酌我玉色醪」。〔註10〕章宗遊覽香山與玉泉山有史記載的就多達十餘次，如明昌元年（1190）八月「壬辰，幸玉泉山，即日還宮」。〔註11〕明昌四年（1193）三月「甲申，幸香山永安寺及玉泉山」。〔註12〕明昌六年（1195）四月「丙子，幸玉泉山」。

〔註2〕　《金史》卷九七《巨構傳》。
〔註3〕　《閑閑老人滏水文集》卷八。
〔註4〕　《閑閑老人滏水文集》卷三。
〔註5〕　（明）沈榜：《宛署雜記》卷四《古蹟》，北京古籍出版社，1983年。
〔註6〕　（明）沈榜：《宛署雜記》卷四《古蹟》，北京古籍出版社，1983年。
〔註7〕　《全金詩》卷三二。
〔註8〕　《中州集》卷四。
〔註9〕　（明）沈榜：《宛署雜記》卷四《山》，北京古籍出版社，1983年。
〔註10〕　《閑閑老人滏水文集》卷三。
〔註11〕　《金史》卷九《章宗紀一》。
〔註12〕　《金史》卷一〇《章宗紀二》。

〔註 13〕承安元年（1196）「八月己酉，獵於近郊。癸丑，幸玉泉山。……戊辰，至自萬寧宮」。〔註 14〕承安三年（1198）「秋七月丙午，幸香山。己酉，如萬寧宮。甲寅，還宮」。〔註 15〕「八月辛未，獵於近郊。癸酉，獵於香山。戊寅，如萬寧宮。……癸未，還宮」。〔註 16〕承安四年（1199）「八月己巳，獵於近郊。壬申，獵於香山。……丁丑，獵於近郊。庚辰，還宮」。〔註 17〕承安五年（1200）「八月壬辰，幸香山。乙未，至自香山」。〔註 18〕泰和元年（1201）五月「壬戌，幸玉泉山」。〔註 19〕「六月己卯，幸香山」。〔註 20〕泰和三年（1203）三月「甲午，如玉泉山」。〔註 21〕泰和六年（1206）九月「丙戌，幸香山」。〔註 22〕泰和七年（1207）「五月己卯，幸東園射柳。己丑，如玉泉山」。〔註 23〕可見，章宗有時只赴香山或玉泉山遊玩，而有時則在香山狩獵，還有的時候赴香山或玉泉山只是長途遊玩中的一站。

二

　　章宗的足跡遍佈北京西山一帶的山水林泉，其中有他最喜愛的八座寺院行宮，史稱章宗西山八院（又有六院一說）。其中確切可考的現在只有大覺寺也就是清水院和七王墳（醇親王墓）也就是香水院兩處。對其他各院的推測很多，但都沒有確切的史料依據。〔註 24〕

　　大覺寺位於暘臺山麓，「金章宗西山八院，寺，其清水院也」。〔註 25〕大覺寺內仍存有一通遼碑《暘臺山清水院創建藏經記》，碑文記載：「暘臺山者，

〔註 13〕《金史》卷一〇《章宗紀二》。
〔註 14〕《金史》卷一〇《章宗紀二》。
〔註 15〕《金史》卷一一《章宗紀三》。
〔註 16〕《金史》卷一一《章宗紀三》。
〔註 17〕《金史》卷一一《章宗紀三》。
〔註 18〕《金史》卷一一《章宗紀三》。
〔註 19〕《金史》卷一一《章宗紀三》。
〔註 20〕《金史》卷一一《章宗紀三》。
〔註 21〕《金史》卷一一《章宗紀三》。
〔註 22〕《金史》卷一二《章宗紀四》。
〔註 23〕《金史》卷一二《章宗紀四》。
〔註 24〕類似的文章有張寶貴：《金章宗與「西山八大水院」考》，《春明敘舊》，北京燕山出版社，1999 年。轟崇文：《金章宗八大水院》，見 www.chinaculture.com.cn/wwly/19.htm。等等。
〔註 25〕（明）劉侗、于奕正：《帝京景物略》卷五《西城外》，北京古籍出版社，1983年。

薊壤之名峰；清水院者，幽都之勝概」。可見，章宗清水院之名是源於遼代。至今大覺寺仍保留著典型遼金寺院坐西朝東的格局，並且寺院內仍泉水潺潺。

香水院位於海淀區北安河鄉妙高峰東麓，現爲清代醇親王墓（七王墳）所在。此寺爲章宗八院之一香水院所在，明代爲法雲寺。「過金山口二十里，一石山，……小峰屏簇，一尊峰刺入空際者，妙高峰。峰下法雲寺。寺有雙泉，鳴於左右，寺門內甃爲方塘。殿倚石，石根兩泉源出。西泉出經茶灶繞中霤，東泉出經飯灶繞外垣，匯於方塘，所謂香水已。金章宗設六院遊覽，此其一院。草際斷碑香水院三字存焉。塘之外紅蓮花，相傳已久，而偃松陰數畝，久過之。二銀杏，大數十圍，久又過之。計寺爲院時，松已森森，銀杏已蟠蟠矣。章宗云，春水秋山，無日不往也。」〔註26〕「法雲寺在西山後，遠視惟一山，近則山山相倚，如筍包籜，其根爲千年雨溜洗出石骨。每山窮處，即有小峰如筆格。寺枕最高處，近寺有雙泉鳴於左右，過石樑屢級而圍。至三層殿後，乃得泉源。西泉出石罅間，經茶堂兩廡繞霤而下，東泉出後山，經蔬圃入香積廚而下，會於前之方塘，是名香水也。有樓登之可臥看諸山，右有偃蓋松，可蔭數畝。故老云金章宗遊覽之所，凡有八院，此則香水院也。」〔註27〕

另外幾處可能是章宗八院的寺院有黑龍潭龍王廟、雙泉寺、潭柘寺、仰山棲隱寺等。黑龍潭龍王廟在海淀區西山北部的壽安山（又名聚寶山）北麓、冷泉村北，修建於明代的龍王廟也坐西朝東，很可能來源於遼金的寺廟遺制，廟中的黑龍泉四季不涸。明代這裡還有碧雲庵，「金章宗建習景樓於此，年久廢墜。……寺後有卓錫泉」。〔註28〕可見，此地也符合章宗八院應有泉水以及坐西朝東兩條標準。

雙泉寺在今石景山區黑石頭鄉雙泉寺村，雙泉寺以寺內有兩眼泉水得名，明代名爲香盤寺。「都城西四十餘里有寺名雙泉，有山名翠微。泉山幽勝，甲於他山。金章宗明昌五年，詣其寺潛暑。寺有雙泉，因而得名。即建祈福寶塔於寺北」。〔註29〕章宗曾經來此避暑，再加之這裡有泉水，這裡很可能是章宗八院之一。至今這裡仍有清代修建的大殿三間，配殿數間，距離寺院南

〔註26〕 （明）劉侗、于奕正：《帝京景物略》卷五《西城外》，北京古籍出版社，1983年。

〔註27〕 《日下舊聞考》卷一〇六《郊坰》引《珂雪齋集》，北京古籍出版社，1983年。

〔註28〕 （明）沈榜：《宛署雜記》卷一九《寺觀》，北京古籍出版社，1983年。

〔註29〕 《日下舊聞考》卷一〇四《郊坰》引明人香盤寺碑，北京古籍出版社，1983年。

數百米，有清代重建萬善拱橋一座。在寺院周圍的瓦礫中，仍可看到遼金時期特有的溝紋磚。

潭柘寺金代稱龍泉寺，在其塔院中至今仍保留著金代高僧墓塔數座，寺內存有刻於章宗明昌五年（1194）的碑刻。內容是僧人重玉所作《從顯宗皇帝幸龍泉寺應制詩》：「一林黃葉萬山秋，鑾仗參陪結勝遊。怪石斕斒蹲玉虎，老松盤屈臥蒼虯。俯臨絕壑安禪室，汎落危厓瀉瀑流。可笑紅塵奔走者，幾人於此暫心休。」〔註30〕可見章宗的父親曾經遊覽過潭柘寺，雖然沒有關於章宗遊覽過潭柘寺的記載，但是章宗卻遊覽過寺所在的潭柘山，「雀兒庵在潭柘後山五里，在千峰萬峰中，在四時樹色、四時蟲鳴聲中。……金章宗幸此，彈雀，彈往雀下，發百不虛。蓋山無人，雀無機，樹有響，弦無聲也。章宗喜，即行幄庵之，曰雀兒。後方僧來往，未悉本所名義，以臆造佛母孔雀明王佛像。又後僧曰：明王佛修行處。或又曰：顯化處也。今者，僧確然對客曰：孔雀庵也。雀兒名為當更，而人呼雀兒庵如初。」〔註31〕潭柘寺也以其龍潭著名，由此可見，潭柘寺也可能是章宗八院之一。

仰山棲隱寺是金代的著名寺院，更為出名的是寺院住持、金元時期的名僧萬松行秀。仰山金代又名龍山，「在縣（宛平）西七十里。峰巒拱秀，中有平頂，如蓮花心，傍有五峰，曰獨秀、翠微、紫蓋、妙高、紫微。中多禪剎，金章宗遊幸有詩刻石。」〔註32〕寺院始建於遼代，世宗又重建，「大定二十年正月，敕建仰山棲隱禪寺，命元冥凱公開山，賜田設會，度僧萬人。」〔註33〕「仰山峰巒拱秀，中頂如蓮花心，旁有五峰，曰獨秀、翠微、紫蓋、妙高、紫微。中多禪剎。以在西山外更西四十餘里，故人跡罕到。金章宗嘗遊焉，有詩曰：金色界中兜率景，碧蓮花裏梵王宮。鶴驚清露三更月，虎嘯疏林萬壑風。今石刻尚存。」〔註34〕「仰嶠叢林為燕京之最，泰和中主事僧請萬松老人住持，上許之。萬松忻然奉詔，其後章廟秋獮於山。主事輩白師：故事車駕巡幸，本寺必進珍玩，不爾則有司必有詰問。師曰：富有四海，貴為一

〔註30〕 《日下舊聞考》卷一〇五《郊坰》，北京古籍出版社，1983年。

〔註31〕 （明）劉侗、于奕正：《帝京景物略》卷七《西山下》，北京古籍出版社，1983年。

〔註32〕 （明）沈榜：《宛署雜記》卷四《山》，北京古籍出版社，1983年。

〔註33〕 《日下舊聞考》卷一〇四《郊坰》引《續文獻通考》，北京古籍出版社，1983年。

〔註34〕 《日下舊聞考》卷一〇四《郊坰》引《長安客話》，北京古籍出版社，1983年。

人，豈需吾曹珍貨哉？手錄偈一章，有成湯狩野恢天網，呂尚漁磯浸月鈎之句，詣行宮進之，大蒙稱賀。翼日章廟入山行香，屢垂顧問，仍御書詩一章遺之。車駕還宮，遣使賜錢二百萬，使者傳敕，命師跪聽。師曰：出家兒安有此例？竟焚香立聽詔書旨意。」〔註35〕明人劉朝定也記載道：「京師之西，連山蒼翠，蟠亙霄漢，所謂西山是也。仰山乃其支壟，而蜿蜒起伏，特爲雄勝。所止之處，外固中寬。棲隱寺據之，創始於金時。金之諸主，屢嘗臨幸。有章宗所題詩在焉，固以宗奉其教之故，亦愛其景而然也。今其遺跡猶可指數者，五峰八亭，北曰級級峰，言高峻也。有佛舍利塔在其絕頂。西曰錦繡峰，言豔麗也。錦繡峰之外有水自西折而南，又折而東，水外正南爲筆架峰，自寺望之，屹然三尖，與寺門對出乎層青疊碧之表。寺東曰獨秀峰，西曰蓮花峰，是謂五峰。金主之幸寺也，群臣從之。於寺東山口有接官亭，又至於寺東有回香亭，又至於寺門，雙亭對峙，東爲洗面亭，西爲具服亭，蓋將由此以入謁於佛也。寺之正北有列宿亭，列宿之東北有龍王亭，亭下水一泓，清而甘，南流入於方井。龍王之東北有梨園亭，寺之西北有招涼亭。招涼、梨園皆最上，在級級峰左右，是謂八亭，皆金主所嘗至也。環寺之地若干里，章宗以定四至：東至羊頭口，南至豆平石，西至鐵嶺道，北至塔地庵。刻之於碣，以爲寺永業，民不得與焉。浴有堂，葬有塔，列近於寺。山林有收，田園有熟，悉入於常住。歷年既久，寺宇因而廢燹，惟址尚存。」〔註36〕章宗遊幸仰山，留下了《遊龍山御製》一首：「嵯峨雲影幾千重，高出塵寰回不同。金色界中兜率境，碧蓮花裏梵王宮。鶴驚清露三更月，虎嘯疏林萬壑風。試拂花箋爲覓句，詩成自適任非工。」〔註37〕萬松行秀也獻上一首《龍山迎駕詩》：「蓮宮特作內宮修，聖境歡迎聖駕遊。雨過水聲琴泛耳，雲看山色錦蒙頭。成湯狩野恢天網，呂尚漁磯浸月鈎。試問風光甚時節，黃金世界菊花秋。」〔註38〕仰山棲隱寺有山有水，有林有亭，也應是章宗八院之一。

除了西山外，章宗在京郊還留下了眾多勝蹟，有駐蹕山，「在州西二十五里，其山長而北袤凡二十里，石皆壁立，高可十餘丈，其頂皆白。山之南有棲雲嘯臺，高二丈許，正北有石梯可上，金章宗建亭於此。舊傳山下有石床、

〔註35〕《日下舊聞考》卷一○四《郊坰》，北京古籍出版社，1983年。
〔註36〕《日下舊聞考》卷一○四《郊坰》（明）劉定之《重修仰山棲隱寺碑記》，北京古籍出版社，1983年。
〔註37〕《全遼金詩》，山西古籍出版社，1999年，第1749頁。
〔註38〕《全遼金詩》，山西古籍出版社，1999年，第1682頁。

石釜，今亡」。〔註39〕棋盤山「在縣（宛平）西三十餘里。上有棋盤石，俗傳金章宗嘗奕於此」。〔註40〕百花石床「在縣（宛平）西一百二十里王平口。四圍皆山，中有平川，約數十畝，地暖而肥，產杉橑藥草，春夏之間，紅紫爛漫，香氣襲人。金章宗嘗遊幸焉。所憩石床尚存」。〔註41〕畫眉石，「西堂村多有之，離城二百五十里。石黑色似石，而性不堅，磨之如墨，拾之染指。金章宗時，妃后嘗取之畫眉，故名」。〔註42〕

（原載《薊門集——北京建都 850 週年論文集》，北京燕山出版社 2005 年）

〔註39〕 （清）顧炎武：《昌平山水記》卷上，北京古籍出版社，1980 年。

〔註40〕 （明）沈榜：《宛署雜記》卷四《山》，北京古籍出版社，1983 年。

〔註41〕 （明）沈榜：《宛署雜記》卷四《古蹟》，北京古籍出版社，1983 年。

〔註42〕 （明）沈榜：《宛署雜記》卷四《古蹟》，北京古籍出版社，1983 年。

北京金代碑刻敘錄

　　金代的北京，作爲中都，是當時北方文化的重鎮，與之相應的是留下了記載著政治、經濟、文化、宗教等包羅萬象的碑、記、塔銘、經幢、墓誌等碑刻，這些珍貴的第一手史料是研究當時社會所不可缺少的。但隨著時間的流逝，這些碑刻存世越來越少，因此，對其進行搜集、整理、研究已經時不可待。本文就筆者所知的北京金代碑刻資料作此敘錄，除已注明出處的外，其他都採自中州古籍出版社出版的《北京圖書館藏中國歷代石刻拓本彙編》第46、47冊金代部分，鑒於解放後北京出土的金代墓誌《北京文博》已經介紹過一部分，即悟玄大師誌、吳前鑒墓誌、石宗璧墓誌、韓□墓誌、趙珪墓誌、張汝猷墓誌，因此本文不再錄入。本文所錄方式、內容是否準確，敬祈方家指正。

　　慈悲庵佛像陀羅尼經幢：石在陶然亭慈悲庵，立於天會九年（1131）四月十□日。八面刻，四面浮雕佛像，三面刻漢梵文經文，一面題記已漫漶，尾刻清康熙六年八月重修佛像題記。

　　王阿懷爲先師造塔幢：據《白帶山志》，石在雲居寺小西天下莊塔院，立於天會十年（1132）九月十五日。正書，前經後記。

　　入道沙門見嵩續造石經之記：碑在雲居寺，已殘，由四塊殘石綴合而成。記行書，額及碑陰題名正書，正面13行，陰9行，天會十四年（1136）七月七日刻。記載了當時「燕京圓福寺故大卿大師孫入道沙門見嵩」有感於隋靜琬大師開創的刻經事業後繼乏人，而發動眾人續造石經一帙並埋於石室內的經過。

　　張三娘爲寺主造塔幢：據《白帶山志》，石在雲居寺小西天南十里田中，

立於天會十五年（1137）九月二十四日，正書。

石經山葬藏經題字號目錄碑：據《白帶山志》，石在雲居寺，立於天眷三年（1140）四月十五日，正書。鐫葬藏經施主山西奉聖州保寧寺沙門元英、俗弟子史君慶等。

惠潛塔幢：據《白帶山志》，石在雲居寺中峪寺塔院，立於天眷三年（1140），正書。

僧思照等造佛殿記殘石：正書，皇統元年（1141）四月刻，殘存八行。記載了一坐三間佛殿的創建過程。

三間法堂碑：碑在房山黃院大金山，立於皇統元年（1141）十月五日。正書，尾題名已磨泐不清，正文現存 15 行，滿行 46 字。額爲「奉爲大金國大聖大明皇帝皇后萬歲特建三間法堂一坐永記碑」，分九行。正文記載了大房山優美的自然環境及此處的蘆子水道院興建一座三間法堂的經過。

孫公神道殘碑：新街口豁口外出土，天德二年（1150）九月十四日刻石，正書，先記後銘，殘存 30 行。記載了「故通□大夫」孫某的生平事蹟，文不可通讀。

孫氏先塋殘幢：新街口豁口外出土，石僅存上半截，34 行，年月缺失。記載了孫氏的宗譜，其中的孫即康《金史》卷 99 有傳，可與之互相參證。

孝公塔幢：據《白帶山志》，石在雲居寺，立於天德三年（1151）九月。正書，前經後記，八面刻。

傳戒大師遺行碑：碑在門頭溝區戒臺寺，立於天德四年（1152）四月十三日。「開府儀同三司致仕上柱國鄆國公食邑三千戶食實封三伯戶韓昉」撰文，「朝列大夫行尚書吏部員外郎司計知詮騎都尉廣陵縣開國男食邑三百戶賜紫金魚袋高衎」正書，「朝散大夫充翰林待制同知制誥上騎都尉清源縣開國子食邑五百戶賜紫金魚袋王競」篆額，此三人都是金初赫赫有名的文人。碑文30 行，滿行 71 字。記載了遼末金初燕京馬鞍山慧聚寺（即今戒臺寺）第三代住持傳戒大師的生平，大師俗姓孫氏，臨潢府臨潢縣人，十四歲從普賢大師出家。聰穎過人，八帙的大部經卷別人數旬不能熟讀，而大師一日即可全通，因此大爲時人歡賞。遼天慶九年（1119）賜紫服，賜號傳戒。金皇統元年（1141）七月十八日圓寂。

石經山前別貯圓師壽塔記：據《白帶山志》，石在雲居寺中峪寺塔院，立於貞元初。正書，前經後記，傳密教苾蒭義藏撰，八面刻。

龐忠言幢記：貞元元年（1153）十月五日立，八面刻，正書。第一至第五面爲記，其中第二面全泐，第六至第八面爲眞言。記載了龐忠言一家的世系，龐是「中都涿州范陽永福鄉北□□里」人。

秀公□誌：據《白帶山志》，石在雲居寺中峪寺，立於貞元二年（1154）二月十四日。正書，前眞言，後誌。

比丘尼了性靈塔記：貞元三年（1155）四月九日立，六面刻，正書，文多漫漶不清。了性爲「大興府良鄉縣金山院比丘尼」，范陽人。

尼杜氏造墳塔記：石在房山上方山，立於正隆三年（1158）四月八日。八面刻，正書。第一面至第三面首行爲眞言，其他爲記，記載了尼杜氏的生平。杜氏爲固安縣趙家務人，出家於「中都涿州范陽縣洪家莊院」，終年 74 歲。

雲居寺重修舍利塔碑：據《白帶山志》，碑在雲居寺，立於正隆五年（1160）七月。正書，「朝列大夫前行代州五臺縣令騎都尉賜紫金魚袋李構」撰文。

思度禪師幢：石在房山上方山，正書，八面刻，文多漫漶不清。立於正隆六年（1161）二月一日。第一至第三面爲眞言，第四至第八面記載了思度禪師的生平。思度爲良鄉縣人，遼壽昌三年得剃度，之後在天開寺修行 30 餘年。

睿宗文武簡肅皇帝之陵碑：據北京燕山出版社 1997 年出版，北京石刻藝術博物館編《北京石刻藝術博物館建館十週年紀念文集》中薛寶華先生《近年房山區出土的石刻與石雕》（下文簡稱《房山石刻》）一文介紹，該碑 1989 年出土於周口店鎮車場村龍門口金陵內。漢白玉質，高 211、寬 86、厚 25 釐米。碑陽鐫刻雙勾「睿宗文武簡肅皇帝之陵」十個大字，字口塡朱塗金粉。睿宗完顏宗輔爲金世宗之父，帝號爲死後追尊。

內都綱志賛遺行記：據《白帶山志》，石在雲居寺，立於大定二年（1162）七月二十五日。額篆書，前梵文眞言，後記正書。

重建大延聖寺記：碑在昌平上莊鄉銀山塔林。額篆書，文正書，21 行，滿行 38 字，立於大定六年（1166）三月三日。碑文中主要記載了《隱峰十詠》，這十首金詩《全金詩》失載，可補其缺。

呂徵墓表：1991 年出土於豐臺區石榴莊涼水河南岸，現藏北京遼金城垣博物館。《書法叢刊》1992 年第四期有介紹。表文楷書，四面刻，每面 8 行，滿行 27 字，立於大定七年（1167）六月二十一日。正面起首「呂君墓表」四字篆書，下刻「朝散大夫行太常丞兼戶部員外郎蔡珪篆」、「承務郎行大興府

宛平縣主簿任詢撰並書」。墓主呂徵不見載於《金史》，其家世居燕地，號稱豪族。徵曾從軍戍守鎮陽，原王留守中都時爲門客，大定七年四月六日卒，享年 58 歲。

懷鑒禪師碑銘：碑在天津薊縣，立於大定九年（1169）三月二十三日。「中議大夫中都路都轉運副使上騎都尉武威縣開國子食邑五百戶賜紫金魚袋賈少沖」撰文，正書。26 行，滿行 39 字，首行「中都竹林禪寺堂頭懷鑒禪師碑銘」。懷鑒禪師沈州章義人，俗姓馬氏，法號善照，字懷鑒。自幼「志慕釋氏」，但是父母不允，強爲之娶妻，19 歲，懷鑒遁出家門，先後拜團山宗主大師、東京圓證大師爲師，後拜金代最有名的法師廣慧通理大師爲師，並繼之任竹林禪寺住持。大定八年圓寂，享年 48 歲。

楊善建密言頂幢石匣：石原在房山辛莊福勝寺，今不詳。石八面刻，前四面爲梵文眞言，題記正書，建於大定十一年（1171）十月二十日。是「中都涿州范陽縣永福鄉新莊里」人楊善爲亡父母所建，主要記載楊家世系。

楊善建眞言殘幢：石原在房山辛莊福勝寺，今不詳。石八面刻，前四面及第八面刻眞言，題記記載楊家世系，刻於大定時。

德備塔記：石在房山良鄉大紫草塢開古莊。大定十二年（1172）四月立，八面刻，正書。第一面刻梵文經文，第二至第八面爲「中都崇孝寺備公塔記」。德備俗姓謝氏，世居「良鄉縣房仙鄉李村」。九歲拜崇孝寺澄法師爲師，皇統二年（1142）得到剃度，後辭師雲遊各方學法，天德三年（1151）七月二十九日圓寂於家中，享年 29 歲，葬於「祖宅之側」。

比丘惠明亡考妣事實記：據《白帶山志》，石在雲居寺中峪寺北塔院，立於大定十二年（1172）清明節。正書，八面刻。

爲本師造塔幢：據《白帶山志》，石在雲居寺小西天下莊塔院，立於大定十三年（1173）二月十四日。前梵文眞言，後記正書。

義尙爲潛寺主造靈塔幢：據《白帶山志》，石在雲居寺中峪寺北塔院，立於大定十三年（1173）十月十三日。額一面正書，前梵文眞言，後記正書。

劉天甫等捐資題名碑：碑原在雲居寺，今不詳，刻於大定十四年（1174）四月十五日，刻在唐天寶元年四月《陳令望心經碑》碑陰。文正書，九行，行字數不等。記載了「中都大興府永清縣合河村都維那」劉天甫一家及其他人向寺院捐資、捐物的數目，劉家一家即捐金佛 1053 尊，蓋 1 條。其他人捐資從 10 貫到 190 文不等。

無止齋記：石原在房山上方山兜率寺，今不詳。大定十五年（1175）六月刻，額及記隸書，題名正書。分三欄，上、中欄 22 行，下欄 23 行。文多漫漶不清，由天開寺「山主圓暉立石」。題名中記載了當時的很多地名，如范陽縣蓮泉村、范陽縣上樂村等。

德瑩塔銘：石在房山良鄉西南後十三里村。八面刻，正書，第一至第二面爲梵文經文，第三至第八面刻「大金中都良鄉縣弘業寺瑩公塔銘」，「鄉貢進士田履信」撰文，大定十六年（1176）二月十七日立。德瑩是良鄉縣「房仙鄉紫草務」人，俗姓邢氏。7 歲出家，拜弘業寺淨因大師爲師，遼乾統元年（1101）得剃度。27 歲雲遊四方，53 歲爲弘業寺住持。大定十六年 82 歲時，其徒預先爲其建造石塔，「恐其弗安」。

禮部令史題名記：石在法源寺，正書，27 行。由金代著名文人黨懷英撰文，刻於大定十八年（1178）八月三日。記載了大定中禮部令史的籍貫、到部時間及此前的任職，多可補《金史》之缺。

奇公塔銘：石在潭柘寺，大定十九年（1179）四月中休日立。三面刻，第一面「故奇公長老塔」，第二面「中都竹林禪寺第七代奇和尚塔」。「大聖安寺西堂傳法沙門廣善」撰文，「朝列大夫前寶坻鹽使姚亨會」正書。了奇禪師俗姓潘氏，白霫富庶縣人。13 歲拜醫閭（即今遼寧醫巫閭山）興教寺圓曉大師爲師，後又拜北京圓宗寺慧柔大師爲師，16 歲得到剃度。後與懷鑒同從廣慧通理大師，大定七年（1167）繼懷鑒任竹林寺住持，大定十年二月圓寂，享年 51 歲。

妙行大師碑：碑在河北涿州，大定二十年（1180）八月十五日立。額篆書「故妙行大師和尚碑銘」。正面 26 行，滿行 58 字，首行「中都大昊天寺妙行大師碑銘並序」。同《奇公塔銘》一樣爲大聖安寺廣善撰文，「涿州學密教義藏」隸書。碑陰額篆書「傳戒妙行大師和尚碑」，底部磨泐不清，33 行。首行「□□□□建寺□□□主傳菩薩戒妙行大師行狀碑」，「門人清攝大德講經律論沙門即滿」撰文，「涿州石經比丘義藏」刻石。妙行大師法號志智，字普濟，契丹人，蕭氏，遼「國舅大丞相楚國王之族」。生於遼太平三年（1023），幼年從海島守司空輔國大師出家，24 歲，秦越國大長公主（遼聖宗之女、興宗之妹）向興宗請求，御批得到剃度。其後，深得皇室崇奉。道宗賜錢 5 萬貫助妙行大師修建大昊天寺，後失火燒毀，道宗又「降制旨依舊修完」。壽昌六年（1100）八月九日圓寂。碑文還記載了妙行大師的許多神異之處。

道明禪師塔銘：石在房山上方山，大定二十年（1180）十一月二十八日立。六面刻，「善陽沙門行欽」行書，第一面刻「燃身明禪師塔」。記載了道明禪師積薪焚身之事。

詮公靈塔記：石在房山石樓支樓村，大定二十一年（1181）三月十三日立。八面刻，正書，第一面刻「故尙座靈塔」，第二至第五面刻梵文經文，第五面末行刻「大金國中都良鄉縣弘業寺詮公靈塔記」。省詮是良鄉縣「金山鄉支盧里人」，俗姓張氏。5 歲於弘業寺出家，大定二十年圓寂，享年 64 歲。

別貯仁公靈塔記：據《白帶山志》，石在雲居寺塔院，立於大定二十一年孟秋三十日。正書，前經後記。

尼德淨靈塔記：石在房山上方山接待庵，大定二十三年（1183）立。六面刻，首面上刻像，下刻梵文經文，第二面首行刻「大金中都報先寺尼德靜靈塔記」。尼德靜爲「涿州固安縣固城村人」，俗姓蘇氏。年近 40 才出家於中都報先寺，拜善普大師爲師，皇統中受剃度。而後辭師雲遊四方，大定十七年四月十四日圓寂，享年 81 歲。

總公監寺靈塔記：據《白帶山志》，石在雲居寺塔院，立於大定二十六年（1186）閏七月十一日。前梵文眞言，後記正書，有畫像。

妙敬靈塔記：石原在右安門外達圓寺，今不詳。「良鄉進士」許圭撰文，大昊天寺僧覺恕正書，門生尼廣惠大定二十七年（1187）五月十八日立石。八面刻，第一至第五面爲經文，其中第五面爲漢、梵文合壁。第六至第八面爲記，記載了尼妙敬的生平事蹟。妙敬俗姓蕭，上京濟州人。七歲拜本州祥周院張座主爲師，皇統元年又拜上京楞嚴院弘遠戒師爲師，當年得到剃度，又到濟州西尼院向住持向義學經。正隆元年海陵遷都中都，她隨太后來都，任長清坊顯慶院住持。大定二十七年圓寂，時年六十七歲。

言禪師塔銘：石在潭柘寺，大定二十八年（1188）六月一日立。六面刻，「皇子曹王次子皇孫祖敬」撰文，正書，第一面上半部刻「故言公長老塔」，下半部刻佛龕。第二面首行刻「中都潭柘山龍泉禪寺言禪師塔銘」。政言禪師是「許州長社人」，俗姓王氏。9 歲出家，拜本鄉資福禪院淨良爲師，後又拜南京浩公爲師，又雲遊四方，曹王迎請禪師住持龍泉禪寺。

王福墓誌銘：此墓誌銘爲碑形，額篆書「大金故王公墓誌銘」，誌文正書，23 行，滿行 40 字。首行同額書。誌文由「徵事郎、試大興府大興縣令、飛騎尉、借緋劉從善撰」，「鄉貢進士韓員外篆額，鄉貢進士孫永貞書丹」。此三人

《金史》都無載，可補其缺。王福本人生平並無顯赫事蹟，故誌文記載的多爲王氏世系。福貞元二年（1154）卒，死後三年其妻程氏卒。諸子欲合葬，開啓王福之棺，衣被雖然已經腐爛，但屍體卻「骨肉不分毫腐朽」。到明昌元年（1190）7月15日其子王訓又建立祠堂，刻此誌以爲紀念。誌尾刻「構堂者魏溢，刻石者馮沂、趙元」。

尊勝滅罪生諸陀羅尼幢：據《白帶山志》，石在雲居寺東峪寺，立於明昌二年（1191）十一月初五日。前梵文經文，後記正書。

爲先亡老娘造陀羅尼幢：據《白帶山志》，石在雲居寺，立於明昌二年（1191）十一月。梵文，記正書，爲「涿州奉先縣懷玉村樹西□□□爲先亡老娘建。」

大金國鎮國上將軍前廣寧府判致仕班公（演）墓碑：據《房山石刻》介紹，該碑1995年3月出土於房山區坨裏鎮沙嵩村。青石質，長49釐米、寬40釐米、厚6釐米。明昌五年（1194）七月葬，碑文首題「大金國鎮國上將軍前廣寧府判致仕班公墓碑」，碑文中載有「大金國中都大興府良鄉縣明昌年撥屬涿州奉先縣所轄北辛安里」、「葬主忠顯校尉長男、同葬主次男諱詳」。

張阿良香爐題字：據《白帶山志》，在雲居寺，明昌五年（1194）十一月十五日造。正書，八面刻。

從顯宗皇帝幸龍泉寺詩碑：碑在潭柘寺。僧重玉撰文，正書。明昌五年（1194）12月立，碑文磨泐嚴重，文字已多不可辯。

獨樹里蘇傅氏經幢：據《白帶山志》，石在雲居寺東峪寺，立於明昌六年（1193）二月二十八日。前經後記，八面刻。

陀羅尼幢記：據《白帶山志》，石在雲居寺東峪寺，立於明昌七年（1196）。

謙公法師靈塔銘：石在雲居寺，泰和元年（1201）二月二十三日立。六面刻，第一面篆書「謙公法師靈塔」及眞言，文正書。記載了雲居寺提點義謙法師的生平事蹟。法師俗姓嚴，其家世居范陽，父親嚴師韻、母親邊氏。謙公自幼出家，拜雲居寺禮禪師爲師，熙宗皇統年間得剃度，其後讀《華嚴經》不倦，任提舉雲居寺事，深孚眾望。承安五年（1200）三月二十七日圓寂。清代金石學家葉昌熾對此塔銘有題跋，移錄於後：「謙公塔銘在房山雲居寺，趙仲先撰篆額，下有準提佛母眞言、生天眞言，以梵文團欒刊之，形如古鏡，爲經幢中希有之品，余藏幢幾五百通僅一而已。文中之字從小篆，而童稚作雉，師作𥁕，又與六書不合。文云長鄉城義井院李河靈巖寺借請爲主，

李河即劉李河爾，名琉璃河，在今良鄉界。良鄉遼屬析津府，曾改名長鄉，金屬中都路大興府。此文作於金泰和初而稱長鄉猶沿遼舊名也。戊子重陽鞠常書於治厝室。」此銘《文物》1979 年第一期《房山雲居寺〈謙公法師靈塔銘〉》曾予以介紹。

豐公和尚靈塔記：據《白帶山志》，石在雲居寺，立於泰和元年（1201）。趙仲先正書。

廣公禪師塔記：石在雲居寺，泰和二年（1202）十月二十日立。八面刻，正書，泐文較多，第四面幾乎全泐。記載了雲居寺僧善廣的生平。廣俗姓蘇，大興府武清縣人，自幼出家，卒年七十二歲。由弟子惠談等建塔題記。

巨□墓誌：據《北京文物與考古》第四輯楊學林先生《平谷東高村巨家墳金代墓葬發掘簡報》一文介紹，該墓誌 1984 年秋季出土於平谷縣城東南東高村西北 1 公里許俗稱巨家墳之地。70 年代時，此處仍存有石象生、神道等，應是金代巨氏家族墓地。墓誌長 47、寬 34、厚 9 釐米，缺蓋。正書，26 行，滿行 20 字，共 419 字。磨泐較重，難以通讀。巨某曾任監嬀州酒，卒於皇統間，泰和三年（1203）十月十三日入葬。

了公長老塔銘：石在潭柘寺，泰和四年（1204）四月二十日立。六面刻，第二、六面刻了公之像，第一面篆書「故了公長老塔」，由「文林郎前龍山縣令」呂景安書寫。正文由「大慶壽寺住持傳法沙門」德順撰文，柔弱叟書寫，楊文昌鐫刻，門人善瓊等建塔。記載了龍泉寺（即今潭柘寺）第九代住持相了的生平事蹟。了公為義州弘政人，俗姓宋，幼年出家於本州大嘉福寺，拜神公為師，九歲得剃度，十五歲即代師講法。後先後遊學、講法於「咸平禪林」、錦州大明寺、懿州崇福寺等著名寺院。後應東京留守曹王之邀，住持大惠安寺，但因「性樂閒寂」，不久即遁於闊山寧國寺。適逢潭柘寺住持空缺，功德主岐國大長公主請了公前來住持，了公素愛潭柘寺山水之美，遂居四年告老，隱跡於天王寺。但是冀國公主又要他住持竹林寺，未及一年又告退。龍泉寺得知又迎請了公頤養天年，遂於泰和三年圓寂。

張百瓊建陀羅尼經幢：石原在房山上樂村觀音堂，今不詳。泰和八年（1208）三月十三日建。八面刻，經文梵文，題記正書。為「奉先縣上樂里」張百瓊為亡父所建，題記內容主要為張家世系。

奉先縣禁山榜示碑：碑原在房山上方山兜率寺，今存北京石刻藝術博物館。碑額殘，正文 21 行，滿行 25 字，行書，碑陰及兩側均正書題名，立於

崇慶元年（1212）四月二十二日。碑文記載了六聘山天開寺十方禪院僧人狀告周圍村民砍伐山林，奉先縣特此公告不得隨意砍伐寺院轄界內的林木，爲此立碑爲憑。此碑爲我國古代的環境保護提供了一則例證。

清公塔銘：石在房山上方山，立於至寧元年（1213）七月十五日。八面刻，第三面全泐，正書，記載了中都竹林寺第十六代住持慶清禪師的生平。禪師爲汾州西河縣人，俗姓席。十歲在本州崇仁寺出家，拜善會爲師。後又至棲隱禪寺拜秀公爲師、竹林寺海公爲師，後任竹林寺住持。崇慶元年（1212）十一月二十五日金皇帝衛紹王完顏永濟賜「錢鈔二萬貫、麥四百石、粟三百石、鹽一百袋入寺贍眾」。

僧惠保塔幢：據《白帶山志》，石在雲居寺，丁卯年二月二十七日立。正書，八面刻，前經後記。

大悲心陀羅尼經幢：石原在房山鞍子口石佛寺，今不詳。八面刻，第一面首行刻「大悲心陀羅尼曰」，其他各行至第六面爲梵文經文，第七、八面爲漢字破地獄眞言。

四方佛眞言幢：石原在房山琉璃河善惠寺，今不詳。八面刻，四面刻佛像，四面正書眞言。

爲先亡本師造經贊幢：據《白帶山志》，石在雲居寺。正書，八面刻，前經後記。

（原載《北京文博》2000 年第 1 期）

金代趙好古墓誌銘考釋

　　國家圖書館所藏金代趙好古墓誌銘拓片係近代藏書家、校勘學家章鈺舊藏。1954 年，章鈺後人將其所藏大量金石、碑帖、字畫、名墨、玉石、圖章等捐贈國家，其中的金石拓本由文化部轉交給北京圖書館（後更名為國家圖書館），經國家圖書館不斷地整理和收集，至今，該館的章鈺舊藏金石拓本共計 2104 種，2495 件。〔註1〕趙好古墓誌銘拓片就是其中的一件，其上有章鈺題簽，並鈐「霜根老人」印。拓片後收入《北京圖書館藏中國歷代石刻拓本彙編》第 46 冊，該書認為墓誌主人趙好古「卒於河南修武」。〔註2〕國家圖書館館藏目錄也記載墓誌為「河南省修武縣出土」。可是遍檢墓誌，也未見到趙好古與修武縣的任何關係，他應該卒於中都（今北京市），也葬於中都，並曾在中都任職。國圖錯誤的原因很可能是趙好古的武散官為修武校尉，編者未細查墓誌，誤將修武理解成河南省修武縣。

　　趙好古墓誌拓片長 79 釐米，寬 82 釐米，42 行，滿行 42 字，共計 1500 餘字。其原石可能已經無存。趙好古的父親趙諴《金史》有傳。趙氏家族為東京遼陽府（今遼寧省遼陽市）人，其家族在遼金之際可以說風雲際會，由遼代的中等官僚世家轉身投靠新興的金王朝，並成為新朝的中等官僚家族，在改朝換代之際的遼東漢人中具有代表性。趙好古墓誌尚未得到金史研究者的重視，目前還無研究成果。以下先對墓誌予以錄文，再進行考釋。

〔註1〕　《天津近代藏書家、校勘學家章鈺誕辰 150 週年紀念》，見「天津文學藝術網」，
　　　　http：//www.tjculture.com/whnews/2015/252841_0.html。
〔註2〕　北京圖書館金石組編：《北京圖書館藏中國歷代石刻拓本彙編》（第 46 冊），
　　　　中州古籍出版社，1989 年，第 75 頁。

一、墓誌錄文

大金故修武校尉中都鐵院都監趙公墓誌銘／

修武校尉劉若虛撰並書／

前德既逝而昭，名氏曷其益高；夙望凜綏而著，門第奚其愈華。故家爰易而得，葺緒於何復完；後人雖有而見，／克紹孰能將振。藹藹乎！茂膺其任者，唯趙公之備歟！公諱好古，字敏求，本因父任河朔，邢州生也。其肇跡東京／遼陽，源流衍邈，世譜載焉。曾祖元佐，中進士，推重鄉曲。蘊術業於禮義之域，彰風教於英秀之□。聳中甲科，聲／鏗寰宇。優陟仕途，遄出選調。資至諫議大夫、寧江州防禦使。祖鶴年，好學尊德，聰明淳厚，欲修舉業，遂承世廕，／資至商州刺史，知嵩州軍州事。父臧，夙稟英特雄略，果毅沈機，圖國濟威，廓疆闢境，攻取先登，奮建高績。／朝廷優胙，錫以厚賞，資至光祿大夫，沁南軍節度使兼懷州管內觀察使，封柱國，天水郡開國公，食邑二千戶，／食實封二百戶。母耶律氏，封天水郡夫人，淑賢睦族，惠明臨下。儼母氏之規教，著命婦之範儀。撫育三子，公膺／主器。公之始生也，神采秀奕，骨相凝重；慶事日臻，世風時敘。欲及垂髫之初，嘗造親庭，已有至性。幾懷宛順之／度，未接弱冠之際。俾趨師席，絕無情色，唯謹率從之恭。展拔弦詠，不待儆束。自然勤篤，眾皆顧羨。日見其進，月／無所忘。聚學富滋，疑問敏辨。誦數而深造之以道，思索而左右逢其原。於是窮理通義，朝徹見獨。承題得趣，肆／筆成文，奮勵出奇，超卓拔類。課取八吟之格，兼妍六韻之章。□辭麗而有則，立意新而不陳。長上殊貌而接以／禮，同人誠論而嘉其能。然愈孜孜罔已，勉勉勿休。常燃膏繼晷，存心大業。睎棄惜陰，切意脩程。贍抱成材，顒待／延問。時於國家設科命官，賓興取士。公肇觀場廡，遂即獲薦，時一十七歲，是年再為應省失意。迨於次／舉，又獲薦舉。後於皇統九年科舉就試，遂以歷省，豈自覬前期而必中，仍眾許再造而可成，秋赴殿簾墜第。／如此，凡應三薦，罔登一第。志失星闈，名虛仙榜。惜乎！觀之初志也，注目青雲，動心素養，非貴衒乎身也，非誇耀／於鄉也。寔冀將懌其親庭，榮報慈誨。酬一經之教，復萬石之家。亟願立於王朝，敷陳治道。致三代之上，追千古／之前者也。奈天與人違，命將志抑。然公視富貴於浮雲，等軒冕為棄物。其於名器，少無介懷，怡然自若。噫！公之／不耦也，非學術之無所取，寔命分之不能達。公早遂成藝，俊邁莫群。與幼童之守藝白首而能言者異矣。視世／祿之鮮禮□俗積文者高

矣。以嚴君之督，俾即承廕。綴內供奉班當儌，時正隆改元春。□差充／皇太子府掌賓，周歲無愆。屆三十歲，數差授保州商稅兼鐵冶樓店，充院使勾當。委質幹□，以圖國用。周歲並無戲失，獲五酬，得兩資，超授保義校尉。又伏遇／今主上即登寶位，改元大定，放大赦，覃恩一重，資加敦武校尉。大定次年，巡遷修武校尉。冬，數授差充中／都鐵院都監勾當。未幾歲，於大定三年春卒中風，偏治不愈，淹延伏枕。季夏之半，奄乎捐第，享年三十有五。公／自幼至壯，讀書脩蘊，樂善不倦。見耆老而尊敬，視窮乏而惻隱。外遊於朋知，交之以信；居家於童僕，臨之以寬。／雖頗好弓馬，而嘗謂曰：「盈銳用以保身，非智也。所與他子弟戲，乃武人為而矣。」間樂寫盃觴而或言曰：「富貴不／寵，快意非賢也。」每陪時賢友會，寔文字飲而矣。其通明蘊藉，雅致清尚，率皆如此。尤好音樂，曉達宮商。禿先之／輩豈可同日而比也。公年壽惜乎不永，資終於修武校尉。公先娶吳大監之息女，年二十九卒，所生一子，小字／和尚。年一十四歲，風姿溫厚，舉止詳緩，已學讀書，俾修先業，將有大後之望。女子二人，長名師姑，年一十二歲；／次名善陽，年九歲。偕婉麗惠柔，有賢媛之意態。公再娶奉政大夫、鄜州節度使張公之女為繼室，其淑德賢善，／有勝於前。余之昆仲，析數歲矣。嗚呼！今則蓋棺事畢，卜兆期臨。視勝岡之勢，遵慶水之源。鑿粹壤之吉窀，建福／原之幽第。式寢靈體，奠處英貞。故以銘之曰：／

偉矣趙公，挺質粹融。瑞層肇孺，德見成童。事親惟孝，從師以崇。辭揮吐鳳，智妙雕蟲。／三薦星闈，一虛仙地。鑒微異守，誼艱達至。舉之常將，周何顯遂。青雲咫尺，素願迢邃。／家有嚴父，俾即廕聞。急仕於武，徒修以文。幹雖承老，欲本致君。壯氣驚寂，衝斗吁雲。／絳侯相漢，朝謂戎野。郃谷將晉，世云儒者。公時不耦，屈於局冶。事監前人，亦何愧也。／兩娶卿弟，一蕃嗣昌。冰玉清潤，蘭金茂□。有繼慶在，無後憂忘。東遼遠係，北邢餘芳。／沉縈末疾，良醫奚救。宿收烈輝，嶽還神秀。既富公才，何慳公壽。為詢霄極，竟將埶授。／星水卜氣，雲山眠形。休旺定法，消歇避經。草煙□慘，松露秋馨。旌旐導赴，幽扉將扄。／季秋吉月，華儀備設。先塋旁封，鑿啓廣穴。眾戚陪送，舉族悽切。佳城爰處，祭祀不輟。／體範謝舊，姓名□□。考妣得祔，子孫宜詵。式奠冥漠，奉遊其神。書銘翠琰，千載是陳。

趙好古墓誌拓本

二、趙好古的先輩

　　墓誌載趙好古家族「肇跡東京遼陽，源流衍邈，世譜載焉」。因趙家世譜已不可見，故而其家族早期在遼陽的經歷已不可知。東京遼陽原來是渤海國的疆域，遼太祖滅渤海國後，建立東丹國，以其子耶律倍為人皇王。「神冊四年，葺遼陽故城，以渤海、漢戶建東平郡，為防禦州。天顯三年，遷東丹國民居之，升為南京。」〔註3〕天顯十三年（938），南京被改為東京，府名為遼陽。可見，遼陽一直是一個漢人與渤海人雜居的城市，而趙家作為遼東漢人很早就定居於此，堪稱遼陽的土著。

　　趙好古的父親趙諴卒年六十六歲，〔註4〕大致去世於金海陵王貞元年間（1153～1156），如以貞元四年（1156）計，不以虛歲，則趙諴生於遼道宗大安七年（1091）。墓誌上溯趙好古的先輩至其曾祖父趙元佐。如果按兩代相隔25 年計，則趙元佐生於遼興宗重熙十年（1041）前後。墓誌載趙元佐「中進

〔註3〕《遼史》卷三八《地理志二》，中華書局，2016 年，第 518 頁。
〔註4〕《金史》卷八一《趙諴傳》，中華書局，1975 年，第 1830 頁。

士」，以往的史籍及碑刻中沒有關於趙元佐的記載，因而今人關於遼代科舉的著述中（尤其是其中的遼代進士表中）並未涉及其人，〔註5〕墓誌可補史載之闕。如果趙元佐是在30歲前中進士第，則時間在遼道宗咸雍年間。他「資至諫議大夫、寧江州防禦使」。諫議大夫爲諫院的長官，遼代的門下省和中書省分別設左諫院和右諫院，設置左、右諫議大夫，但有名無實，往往作爲加官。如遼道宗時期的大臣劉申「爲三司副使，加諫議大夫，提點大理寺。」〔註6〕，劉申的諫議大夫爲加官，提點大理寺才是其實際執掌。趙元佐也是如此，其實際官職是寧江州（今吉林扶餘北伯都古城）防禦使。「寧江州，混同軍，觀察。清寧中置。初防禦，後升。兵事屬東北統軍司。統縣一：混同縣。」〔註7〕大榮曾於咸雍七年（1071）在寧江州防禦使任上，〔註8〕趙元佐任職肯定在其後。

儘管墓誌稱趙好古的祖父趙鶴年「欲修舉業」，但是實際上他沒有走上科舉之路，而是以廕補得官，「資至商州刺史，知岩州軍州事。」商州刺史也爲加官，商州（今陝西省商州市）爲北宋所屬，爲遙授。岩州爲東京道所轄，位於今遼寧省燈塔市。「岩州，白岩軍，下，刺史。本渤海白岩城，太宗撥屬瀋州。初隸長寧宮，後屬敦睦宮。統縣一：白岩縣。渤海置。」〔註9〕知岩州軍州事也就是岩州刺史並兼管岩州軍事。如統和十四年（996），王鄴「授銀青崇祿大夫、檢校國子祭酒、使持節岩州諸軍事、岩州刺史、兼監察御史、武騎尉」。〔註10〕由於岩州是瀋州（節度州，軍號昭德軍）的屬州，還有以昭德軍節度使兼任岩州刺史的情況，如重熙十三年（1044），耶律庶幾任「昭德軍節度使、沈岩等州管內觀察處置等使、崇祿大夫、檢校太師、使持節沈州諸軍事、行岩州事、兼御史大夫、上柱國、漆水郡開國侯、食邑一千五百戶、實封一百五十戶。」〔註11〕

〔註5〕 參見李桂芝：《遼金科舉研究》，中央民族大學出版社，2012年；高福順：《科舉與遼代社會》，中國社會科學出版社，2015年。

〔註6〕《遼史》卷九八《劉伸傳》，中華書局，2016年，第1559頁。

〔註7〕《遼史》卷三八《地理志二》，中華書局，2016年，第539頁。

〔註8〕《遼史》卷二二《道宗紀二》，中華書局，2016年，第306頁。

〔註9〕《遼史》卷三八《地理志二》，中華書局，2016年，第528頁。

〔註10〕《王鄴墓誌》，載向南編：《遼代石刻文編》，河北教育出版社，1995年，第121頁。

〔註11〕《瀋陽無垢淨光舍利塔石函記》，載向南編：《遼代石刻文編》，河北教育出版社，1995年，第237頁。

　　趙好古的父親趙隇字德固，「其婦翁以優伶得幸於遼主，隇補閤門祗候，累遷太子左衛率。」〔註12〕也就是說趙隇是因爲其岳父是優伶並被皇帝寵幸，因而才得官。這可能是時人對趙隇的惡評，不一定是眞實情況。以趙隇父祖的官職，他完全可以廕補得官，不一定要沾岳父的光。而且據趙好古墓誌，趙好古的母親是耶律氏，也就是說趙隇的岳父也是契丹人，而契丹人不可能擔任優伶。當然，還有另一種可能，就是趙隇不止一位夫人，其前任夫人的父親是優伶，而後娶的夫人是契丹人。遼代優伶中與皇帝關係較近，見於史載的有羅衣輕。〔註13〕但是羅衣輕是興宗、道宗之際的人，且卒於清寧年間（1055～1064）。而且羅常以詼諧之語的方式進諫，不見惡行，不可能是趙隇的岳父。遼代後期另外一個被皇帝寵幸且留有惡名的優伶是王稅輕，他深爲興宗寵幸，興宗「常與教坊使王稅輕十數人結爲兄弟，出入其家，或拜其父母。常夜宴，與劉四端兄弟及王剛等數十人入樂隊，命后妃易衣爲女冠。後父蕭磨只言：『漢官皆在此，后妃入戲，非所宜也。』宗眞擊碎後父首曰：『我尙爲之，若女何人也。』」〔註14〕《契丹國志》也記載其事：「嘗與教坊使王稅輕等數十人約爲兄弟，出入其家，至拜其父母。變服微行，數入酒肆，褻言狎語，盡歡而返。」〔註15〕王稅輕的生存時代也遠早於趙隇，不可能是其岳父。根據趙隇的生卒時間，趙隇的優伶岳父很可能得幸於遼代的最後一位皇帝天祚帝。

　　趙好古的父親趙隇在《金史》中有傳，記載其生平較爲詳實，但墓誌還是記載了一些本傳沒有記載的內容。本傳稱趙隇「鎭沁南，以疾卒」，也就是最後一個官職是沁南軍（懷州軍號，今河南沁陽市）節度使，而墓誌則詳述爲「資至光祿大夫，沁南軍節度使兼懷州管內觀察使，封柱國，天水郡開國公，食邑二千戶，食實封二百戶」。分別是其散官、職事官、勳級、封爵、食邑，作爲虛銜的散官、勳級、封爵都是從二品待遇，要高於其從三品的節度使實職。趙隇在遼末降金後參與對宋朝的戰爭，立有戰功，在遼東降金漢人

〔註12〕《金史》卷八一《趙隇傳》，中華書局，1975年，第1829頁。

〔註13〕《遼史》卷一〇九《伶官傳·羅衣輕》，中華書局，2016年，第1629～1630頁。

〔註14〕（宋）曾鞏撰，王瑞來校證：《隆平集校證》卷二〇《夷狄·契丹》，中華書局，2012年，第592頁。

〔註15〕（宋）葉隆禮撰，賈敬顏、林榮貴點校：《契丹國志》卷八《興宗文成皇帝》，中華書局，2014年，第92頁。

中具有一定的代表性。但是其仕途並不順利，他長於軍事，不善民政，在熙宗時罷免。趙隇與海陵王完顏亮有故交，寓居燕京期間，曾向路過的完顏亮訴說自己的冤屈。完顏亮即位後，趙隇最高官至正三品的中都路都轉運使，但不知因何故，後來不再爲完顏亮所欣賞，而終於從三品的節度使任上。

值得一提的是趙隇的夫人耶律氏是契丹人，育有包括趙好古在內的三子。

三、趙好古生平

趙好古卒於大定三年（1163），享年 35 歲，不按虛歲計，則生於金太宗天會七年（1129）。他幼年就學，勤奮刻苦，文采卓然。墓誌對此不無溢美之詞，不再贅述。趙好古 17 歲時於熙宗皇統六年（1146）開始參加科舉考試，他應該就近參加了燕京的府試，獲得通過，但是在赴上京（今哈爾濱市阿城區）參加省試時落榜。皇統九年（1149），再次應試，再次落榜。之後的海陵王時他又參加了一次科舉考試，仍告失敗。這樣，趙好古以科舉入仕之路走不通。改而以廕補得官。正隆元年（1156），在內供奉班供職，很可能和其父親的出身一樣，也是補爲閤門祗候。後任皇太子府掌賓，也就是負責賓客的引見。趙好古任此職的時間可能與其父親任從三品的負責管理東宮事務的太子詹事同時，也說明了此時的趙氏父子深受海陵王的信任。

可能與失去寵信有關，在趙隇出任外職後，趙好古也離開東宮。在 30 歲時，任保州商稅兼鐵冶樓店，也就是負責保州（今河北保定市）商稅、鐵冶稅及旅舍店鋪稅的徵收，充任院使。金代稅收超過二萬貫以上的稅收機構才稱使司，長官爲院使，不足二萬貫的稅收機構稱爲院務，長官最高只爲都監。不管是院使還是都監，在金代一般都以廕補官出任，社會地位不是太高。趙好古在一年考核期內，增收了 50%的稅額，按照規定，可以升兩官，其武散官升遷爲正九品上階的保義校尉。隨後，完顏亮被殺，金世宗登基，大赦，嘉獎百官，趙好古升爲從八品下階的敦武校尉。大定二年（1162），趙好古又升爲從八品上階的修武校尉。當年冬，趙好古被任命爲中都鐵院都監。中都鐵院應該就是鍍鐵院，轄於管理皇室財物的永豐庫。「鍍鐵院都監二員，管勾生熟鐵釘線。攢典一人。京、府、鎮、通州並依此置，判官、都監皆省。或兼軍器並作院，或設使若副一員。防刺郡設都監一員，仍兼軍器庫。」〔註16〕趙好古所任的鐵院都監有可能是正八品，也有可能是從八品。他任職時間不

〔註16〕《金史》卷五七《百官志三》，中華書局，1975 年，第 1320 頁。

長，次年春中風，醫治無效，夏即去世，享年 35 歲。

　　趙好古前後兩娶，前妻育有一子兩女，後妻育有兩子。趙好古死後的數年，也就是其父趙隇死後的十多年，「隇子孫、司徒張通古子孫皆不肖淫蕩，破貲產，賣田宅。世宗聞之，詔曰：『自今官民祖先亡沒，子孫不得分割居第，止以嫡幼主之，毋致鬻賣。仍著於令。』」〔註17〕敗家的趙隇子孫中，可能有趙好古的子嗣，以及其兩個兄弟及其子嗣，這與墓誌撰寫者對趙氏後代的溢美之詞形成了鮮明的對照。

　　墓誌的撰寫及書丹者劉若盧生平不顯，只知道他還曾於大定十一年（1171）作有《聞喜裴氏家譜序》。〔註18〕

（原載《北京文博文叢》2018 年第 4 輯）

〔註17〕《金史》卷八一《趙隇傳》，中華書局，1975 年，第 1830 頁。
〔註18〕閻鳳梧主編：《全遼金文》，山西古籍出版社，2002 年，第 1625 頁。

金代嚴行大德閑公塔銘考釋

　　嚴行大德靈塔坐落在北京房山區長溝鎮西甘池村西北的一座小山之上，塔南面有兩通明碑，一爲立於成化十年（1474）的《慧聚禪寺重修記》，一爲立於正德十一年（1516）的《重修慧聚寺記》。據兩碑文記載，該寺是萬壽戒壇（即今門頭溝區戒臺寺）的下院，而戒臺寺金代名爲慧聚寺。可見，其寺名乃繼承了金代其上院之名。靈塔全部爲漢白玉建造，爲六角七級密簷塔，高5米餘。塔基爲六角形須彌座，六面雕刻梵文眞言。塔身爲六棱柱，高1.4米，每面寬0.4米。南面兩行楷書「嚴行大德靈塔」，其他五面爲銘文。塔身上面爲七級密簷，高2.8米，塔刹爲仰蓮托寶珠。嚴行大德靈塔整體造型秀麗挺拔，堪稱金代塔的上乘之作。當地對此塔有一個美麗的俗稱——荷花塔。在塔的四周還殘留有一個經幢（或塔幢）的幢身及幾個幢座，經幢的文字已經殘泐殆盡，不可辨讀。由此可以看出，嚴行大德靈塔在金代是位於此處寺院的塔院之中。

　　塔身的銘文記載了金代高僧悟閑大師的曲折一生，由於塔身的西、北幾面風蝕嚴重，很多銘文都已殘泐不堪，但是根據現有銘文我們仍可勾勒出悟閑大師的一生事蹟。悟閑大師俗姓張，名偉（？），白霫（屬今內蒙古赤峰市）人氏。幼年喪父，十歲開始讀書，非常聰明，十七歲中進士。曾任市令，又在樞密院任職，後出任香河縣令，有能幹之名。在任期間，也曾爲民辦了一些好事，如藉故落水生病，使民田暫緩被搜刮。又強徵豪門富戶的科調，使其賦役與平民百姓均等。這些措施雖然深得民心，但是觸犯了權貴，被召到大興府加以責問，他卻執意不改。後來官至尚書郎（正五品）。可能是有感於宦海難測，一天在讀《楞嚴經》時，猛然頓悟，決心出家。但是家中尚有老

母，養育之恩尚未報答，心中割捨不下，後來母親同意其出家，於是到鞍山慧聚寺請求剃度，親友和尚書省官員都竭力勸止，寺中住持也對其有所疑慮，但是經他一再堅持、表白，最終出家爲僧。他出家後的事蹟由於銘文殘泐過甚而難以知曉，但悟閑最終成了一代高僧卻是無疑的。

爲悟閑撰寫塔銘的翰林學士承旨劉長言，《金史》中無傳，但有多處記載。他曾在海陵王天德三年（1151）以翰林學士的身份出使南宋，〔註1〕於正隆五年（1160）以退休後的橫海軍節度使身份又復出爲尚書右丞。〔註2〕他是金朝著名文人黃久約的舅父。〔註3〕另外《中州集》卷9有劉長言的小傳，他字宣叔，是宋朝宰相劉莘老的孫子。其父劉蹟在宋朝官至儀眞縣令，著有《南榮集》，而劉長言也能以詩文傳其家。他之所以能爲悟閑撰寫塔銘，據筆者推測，因爲劉長言曾任翰林學士，而翰林學士絕大多數都爲進士出身，而劉長言很可能與悟閑同一年中進士，在中國封建社會中，同年之誼可以說是很親密的關係。

爲悟閑建塔的是金朝的名相張通古。通古字樂之，易州易縣人，在遼曾中進士第，後辭官不作。宋朝收復燕京後，曾召他作官，但是他予以辭謝，隱居易州太寧山中。金軍攻下燕京後，通古受劉彥宗推薦，出山任官。後來高慶裔設磨勘法，很多官吏都被免職，通古也在其中。海陵王完顏亮的父親完顏宗幹很惋惜通古人才難得，於是爲其理論之。後來通古出使南宋回來向宗幹建議伐宋，深得宗幹歡心，被任命爲參知行臺尚書省事。完顏亮即位後，張通古由於和宗幹的關係，馬上升任行臺左丞，天德二年（1150）十一月又升任左丞，身列宰執。貞元元年（1153）三月「進拜平章政事，封譚王，改封鄆王。以疾求解機務，不許。拜司徒，封沈王。海陵御下嚴厲，收威柄，親王大臣未嘗少假以顏色，惟見通古，必以禮貌。」〔註4〕由於張通古身爲尚書省的長官之一，而悟閑曾爲尚書郎，爲張通古的下屬，二人可能過從甚密。因而，悟閑故後，張通古才可能爲其建塔。通古諳熟儒釋道三教，貞元三年（1155）磁州名僧法寶居於中都，當時的左丞相張浩、另一位平章政事張暉對他都非常崇奉，相聚在一起時，一定要讓法寶上座。當法寶要回磁州時，二張百般挽留不可得，又有其他朝官想繼續挽留。完顏亮聽說此事，非常生氣。「詔三

〔註1〕 《金史》卷六〇《交聘表上》及卷五《海陵紀》。
〔註2〕 《金史》卷五《海陵紀》。
〔註3〕 《金史》卷九六《黃久約傳》。
〔註4〕 《金史》卷八三《張通古傳》。

品以上官上殿，責之曰：『聞卿等每到寺，僧法寶正座，卿等皆坐其側，朕甚不取。佛者本一小國王子，能輕捨富貴，自苦修行，由是成佛，今人崇敬。以希福利，皆妄也。況僧者，往往不第秀才，市井遊食，生計不足，乃去爲僧，較其貴賤，未可與簿尉抗禮。閭閻老婦，迫於死期，多歸信之。卿等位爲宰輔，乃復效此，失大臣體。張司徒（即張通古——筆者注）老成舊人，三教該通，足爲儀表，何不師之。』召法寶謂之曰：『汝既爲僧，去往在己，何乃使人知之？』法寶戰懼，不知所爲。海陵曰：『汝爲長老，當有定力，今乃畏死耶？』遂於朝堂杖之二百，張浩、張暉杖二十。〔註5〕這件事，反映了張通古在宰執中德高望重的地位以及他對儒釋道三教的達觀態度。史稱張通古「天資樂易，不爲表襮，雖居宰相，自奉如寒素焉。」〔註6〕張通古這種淡泊的性格，和悟閑的性格很相似，這也是爲他立塔的原因之一。

附錄 1：

大金故慧聚寺嚴行大德閑公塔銘並序

銀青光祿大夫翰林學士承旨劉長言撰，玉山張□書

嚴行大德悟閑，白霫人也。姓張氏，初名偉，字保之。幼失所怙而宿植□固，蚤慕眞諦。十歲從天慶即伸大師受經業，日數百千言。十七返親舍，更讀儒書，工辭賦，才譽籍籍，一舉中進士第。歷官州縣，繇北京都市令以選入樞密院，通敏任職。六年出補香河令，更兩考有能聲。先是，民間有冒耕官閑田，公被檄與府官檢括。時夏麥且熟，恐民不得穫。既行，涉□水，陽失轡墜而溺，從者驚援之。及出，既移病歸臥，請展期。比愈，得報再行，則皆穫矣。邑戶佃圭田，凡留守要人者率籍形勢免科調。問之，以例對。公曰：「皆王民也，例誰爲者？」一以法令從事，役以故均，而大杵權貴，至檄召詣府，屢加催□，公執不改，卒依行之，其守如此。累階至尙書郎。一日，讀《首楞嚴經》，十習六交因報之說，感悟發心，取香三瓣，炷於頂門及兩肩爇之，默禱自誓之。以詩寄平塵友人，其卒章曰：萬緣躁□從如發，試看臨時下一刀。從此不近妻妾，猶棄（下泐）資剛毅，有志略，切於行道（下泐）立功名。屬世多故，復不能委曲軒輊以徇權勢。（下泐）言者侵不得□於是，慨然欲求出世間，□自拔流俗，獨念老母恩不可報。（下泐）有力皆幻，惟一

〔註5〕《金史》卷八三《張通古傳》。
〔註6〕《金史》卷八三《張通古傳》。

大事，可以捐塵垢，悅生死□□□於親弘道，聖道以荅□□□□□□如官，入鞍山之慧聚寺。親友聞者爭勸止，朝省已遣人趣召，竟不至。於僧□□日言：「□誤罹世網，崎嶇半生，今吾親許出家矣。願從□□遵□典□師□受爲我落髮。」□與其徒愕曰：「府君□□□□且通朝籍，斯言謂何，豈紿我乎？」公曰：「緣之於心久矣，語一出，□天地諸聖□臨之，必□□□□。」□察其誠，與之剃度。公乃取鞍山先師畫像置堂中，焚香作禮，自稱門人，而易（下泐）即母氏亦從剃（下泐）謁青州希辯禪師（下泐）律韜光匿（下泐）已至忘（下泐）必太□而（下泐）禮制（下泐）寺堂廡數十楹（下泐）辦師爲一出施者（下泐）懷古人緇素（下泐）日趺坐順化（下泐）照服勤訓誨（下泐）錄眾苦天命（下泐）而誦所爲（下泐）京復以今年（下泐）出訪師之居（下泐）聽二人皆□□己若是□之及□坐（下泐）不得歸。乃中□□孟子言（下泐）以不果（下泐）徑山禪師弟子欲（下泐）丈夫矣。

銘曰：道無異致，教或因時。會其有□，孰將□之。語大丈夫，惟嚴行師。剛克厥愛，勇出於□。宦學四方，閱世泡□。誰無□□，日□以□。萬緣紛紛，益以愈亂。智□爲防，□□立斷。心境雙融，親疏等施。三何於□，爲前□□。示人方便，躬履寶地。□周導迷，如□月□。問師安歸，應現十方。□斯歸然，即大道場。浮雲去來，孰在孰亡。有不遷者，巍巍堂堂。

貞元元年五月二十四日開府儀同三司平章政事上柱國□□□□□□□張通古建。

附錄 2：

慧聚寺重修記

敕賜普壽禪寺住山沙門任源思恩撰。

寓獨樹石廠都司軍掾華亭李守義書。

內官監太監劉斌、信官劉寬、劉芳。

吾教自流佈中原，其道之□□至廣大而□精微，極高明而容鉅細。其濟物則無間，其利生則弗違矣。洪惟我國家混一以來，□□弘崇，以輔治以也。已固□□之舊，梵刹皆得增新焉。而慧聚禪寺所隸順天府涿州房山縣獨樹里，而相傳□□□□之遺跡。□至甘池廟，南至高崗，右至□山，北至雪山。又諸峰之雄偉□□□□山岡相連幾矣。下衲子歲集爲休息之□□馬鞍山敕賜萬壽戒壇下院也。然雖其□幽奇兀，且無緣□□，其僧文懽□□□□之壇主，

知幻□□□皎天童□之石。□其□年久，民產所侵，惟寺之前有果園二十畝，東至□□張俊之界□，南界□崗，西至於溝，北至於寺。住持文懽□□□□造佛殿、伽藍、祖師堂、聖像具完，其餘方丈、廊廡、禪堂、廚□、用□□□□井，載樹以成□林也。其文懽號無極，戒行篤實，道德堅貞，領眾焚修祝延聖壽，祐彼方咸樂矣。其是歲專來，歷言重修之意，檀越所助之緣，若不立碑以垂不朽，則不傳大明萬代之勝事。而碑粗□其概廣劫歟，爰夫佛如來之弘誓普遍十方，均□至宥翊賢，皇圖悠久以及社稷安寧而眾匡扶，皆有光於吾教，亦有功於吾教也。遂記焉，其餘平昔施財宰官長者、善男信女貴姓芳名具列碑後，共傳千載。

僧錄司左講經天童弘慈普印禪師。

僧錄司左講經兼造萬壽禪寺壇主道浮。

成化十季歲次甲午季春吉旦住持比丘文懽置。

石局把總王材刊。

（碑陰題名不錄）

附錄3：

重修慧聚寺記

賜進士及第文林郎翰林院國史編修建安滕霄撰文。

徵侍郎中書舍人直文淵閣三山邵文恩書丹。

奉議大夫通政使司右僉議直南薰殿東吳顧經篆額。

京師距地百六十里許，地屬順天府房山縣，里曰獨樹，山曰雪山，山之中有寺，曰慧聚。峰巒競秀，樹木蓊鬱，土沃泉幽，風景殊麗，信京畿間名勝地也。慧聚之刹，適當殊麗之概，歲月孔深，風雨侵凌，佛相爲之塵蒙，殿宇爲之傾圮，牆垣爲之坍塌，階砌爲之欹誹。住持其寺者喟然曰：「斯刹廢矣，盍可葺之。」而力未果，乃募逗遍德善之士，有施資幣者，有捐粟帛者，集有其日而贏於囊。鳩諸良工，採置料用，撤其故蔽，一一從而修之。住持法諱成明，別號寶珠，乃無極之徒也。自入本山，精嚴戒律，格宇清規，道念純堅，人皆仰慕。工興正德元年正月吉日，工畢正德十一年十月二十五日。殿閣崢嶸，金碧朗耀，缺者增，廢者舉，其寺大爲鼎新矣。於時尙衣監太監張公玹當文明之盛世，爲國之近臣，貂瑙列朝，衣蟒束玉。與同錦衣指揮張公銘、官舍黃鑌因事適於茲去，遂感於中，立石徵之以記之。予惟釋氏之教

善教也，流傳於中國也久矣。張公之心盛心也，以善教而孚盛心，作福功德，有攸在矣。後之繼住持者，懇念廢興之艱易，碑重修之功程，嚴以守之，恒以葺之，斯寺可保千百餘年，存於悠久，垂休於無疆云。故爲之記。

正德十一年十一月吉日立。

范陽郡許增鐫。

（碑陰題名不錄）

冬訪銀山塔林記

　　暮冬一日，來到了久已嚮往的銀山塔林。銀山塔林在北京昌平縣下莊鄉西湖門村北的銀山腳下，距縣城 30 公里。這裡至今交通仍不方便，儘管有平坦的柏油馬路直通山下，但作為無車族來說，只能搭乘公交車輛，而此時因季節所限，並無專線旅遊車，只能在海淀區的牡丹園小區乘坐 949 路公共汽車。但即使在站牌上終點站為銀山塔林的一個小時只有一班車的 949 路也並不是所有車都到終點，而是只有 11 點發的一班車才到，而其餘的只到距銀山塔林尚有 18 公里的興壽鎮，剩下的路程就只能打一輛「黑車」了。因此，早上 7 時即從豐臺家中出發的筆者到目的地時已近 11 時，也就不足為怪了。

　　儘管路途中有種種不便，但是到了銀山腳下，這一切都化為烏有，在空無一人的寒冬的山下，你感到的只是千載悠悠的澄空。銀山，又稱鐵壁銀山，因為山體都為黑色花崗岩組成，恰似鐵壁一樣，而在冬日，山上的積雪在陽光的照射下，又使鐵壁變成了銀色，故而得名。歷史上，銀山不僅以林深、草密、泉幽、澗美著稱，而且又以寺多僧眾而享譽海內，與鎮江的金山寺齊名，號稱「南金北銀」。唐代有高僧鄧隱峰隱居於此，他在這裡修身養性，廣播佛法，因而銀山的景致多因他得名，而金人更偽託他的名字留下了《隱峰十詠》來詠誦銀山的優美與佛法的奧妙。

　　沿新修的山路拾階而上，一路不時能看到路邊的古塔、岩石上不知何年開鑿的佛龕以及當年高僧大德們隱居修行的洞窟，路邊覆蓋著積雪的衰草中，偶有幾隻松鼠竄出尋食。在寂靜中，不知不覺穿過兩塊巨岩對峙形成的石門，就來到了詩中提到的古佛巖。古佛巖是在一塊巨大的巖石上，線刻著一幅彌勒坐像，但見他寬衣博袖，手持一串念珠，大耳垂輪，笑口大開，一

副可親可敬之像。在佛像的附近，就有一處洞窟，正如詩中所說：「他年奉香火，相近結茅廬。」過了古佛岩，再往前行，便是鄧隱峰說法臺，據《景德傳燈錄》記載：「隱峰，閩邵武軍鄧氏子，侍馬祖得悟，冬居衡嶽，夏止清涼。元和中登五臺，路出淮西，屬官軍與賊交鋒，師乃擲錫空中，飛身而過，兩軍爲之息鬥。遂入五臺金剛窟而化。」可見隱峰修行之高。至今說法臺上仍有一巨大的「佛」字，臺下有佛洞遺址。過說法臺，再前行數百米，便到達山頂，銀山雖不算高，但是也可俯視周圍的群山，在冬日殘雪的點綴下，「山舞銀蛇，原馳蠟像」的景致一覽無餘。從另一條路下山，途中有朝陽洞、落落洞等洞窟，朝陽洞洞口用條石壘砌，附近還可以見到遼金時期的溝紋磚及殘瓦，可見遼金時期即有僧侶在這裡隱修。落落洞的規模較大，由上下兩層洞窟及附近的大小不一的數個洞窟組成了一個洞窟群，但是洞內已經沒有什麼遺物了，洞外還有幾個柱礎，其中一個上刻有「成化」字樣，可見是明代遺物。落落洞下方是尼姑庵院遺址，只有一些低矮的殘垣斷壁和柱礎等。

再往下走，眼前豁然開朗，只見三面群山環抱的一片不大的山窩中坐落著七座巍峨壯觀、高低錯落的佛塔。最北面東西並排而列的是兩座元代的喇嘛塔，南面的五座是金代密簷式塔，分別是金代大延聖寺五位高僧佛覺、晦堂、懿行、虛靜、圓通的靈塔。其中六角七層兩座，八角十三層三座。這五座佛塔都造型優美，秀麗挺拔，直聳雲霄。最精美的當數「懿行禪師塔」，塔爲磚砌仿木結構，下有高大的須彌座，塔身四正面爲券形假門，門券上各雕飛天，其餘四面爲方形假窗。十三層密簷，密簷上覆以筒瓦、滴水，翼角飾以脊獸。塔刹爲寶珠承月，與一般佛塔的寶月承珠形制不盡一致。在這些佛塔的周圍還有一些碑刻，其中的《重建大延聖寺記》立於金代大定六年（1166），《隱峰十詠》就見載於該碑，另外的幾通明碑則記載了明代這裡成爲法華寺，由皇帝敕建，屢經修整並賜以莊田。據 1995 年的考古發掘，全寺應有五進，而佛塔就坐落於各進之間，是一座寺廟與佛塔融合在一起的建築群體，而且塔在寺院中佔有相當重要的地位。這種形式的布局，是早期寺廟的特點，而銀山寺廟爲何如此布局尚待探討。在不大的區域內，當時的寺廟中分佈著七座佛塔和上百間的廟舍，而卻又排列有序，沒有擁擠的感覺，整體布局也沒有混亂的現象，主次建築之間都有較大的空間，充分體現了當時規劃設計者的匠心獨具。

遊完了銀山塔林，雖然爲這寂寂的銀山、莊嚴的寶塔所深深感染，卻總

覺得意猶未盡。回來和一個文物部門的朋友談起，得到了一個令人振奮的消息，那就是銀山寺廟殿宇的復建即將開始。我想，等到了完工的那一天，再去一遊佛、法、僧俱全的銀山古刹時，當另有一番感覺了。

（原載《佛教文化》2001 年第 1 期）

阿尼哥與元大都雕塑藝術

　　元世祖忽必烈至元四年（1267），元大都（之後爲行文方便，將大都城建成前後的地名，都稱呼爲大都）開始動工興建，至元八年（1271），正式定國號爲大元。隨著元朝大一統帝國的建立以及宏大的大都城的建設這一過程，大量異族、異域人士包括蒙古、畏兀兒、哈剌魯、唐兀、吐蕃、回回、欽察、高麗等入居內地與大都。空前的民族交流與融合也帶來了文化的交流與融合，其中尼泊爾人阿尼哥對元大都的文化尤其是建築、繪畫、雕塑等藝術形式都帶來了深刻的影響。

一、阿尼哥及其「西天梵相」對元大都雕塑藝術的影響

　　阿尼哥（1244～1306）是尼泊爾（古稱尼波羅國）人，「幼敏悟異凡兒，稍長，誦習佛書，期年能曉其義。同學有爲繪畫粧塑業者，讀《尺寸經》，阿尼哥一聞，即能記。長善畫塑，及鑄金爲像。」〔註1〕所謂《尺寸經》，應該就是《佛說造像量度經》，該經規定了佛教造像的量度標準，是繪製、塑造、鑄造佛像的必備工具書、參考書。可見，阿尼哥幼年即開始學習佛經以及造像的相關工藝，這爲他成年後成爲一名出色的建築師、畫師、雕塑師奠定了紮實的基礎。

　　中統元年（1260），元世祖忽必烈命令帝師八思巴在吐蕃建造黃金佛塔，徵召尼泊爾工匠，尼泊爾準備派出 80 名工匠前往幫助修建，但是沒有合適的帶隊人選。時年 17 歲的阿尼哥毛遂自薦，對於眾人疑慮其年青，他說：「年幼心不幼也。」八思巴一見阿尼哥，對其非常欣賞，命其負責建塔工程。佛

〔註1〕《元史》卷二〇三《阿尼哥傳》。

塔完工後，八思巴沒有同意阿尼哥返鄉的請求，而是極力邀請他入朝，並爲其剃度，收其爲弟子。忽必烈接見阿尼哥之後，對他也很賞識，但是對於他的工藝技能還不是特別放心，於是命令其修復明堂針灸銅像。這一針灸銅像是從南宋所得，經年歲久而遭到損壞。由於銅像工藝的複雜，一直沒有人能夠將其修復。至元二年（1265），歷經四年的工作，阿尼哥鑄成了新的針灸銅像，「關鬲脈絡皆備，金工歎其天巧，莫不愧服。」〔註2〕至此，阿尼哥初步奠定了他的工藝大師地位。

至元十年（1273），阿尼哥被任命爲諸色人匠總管府的總管。至元十三年（1276），忽必烈派人將阿尼哥的家眷接到大都，全家得以團聚。至元十五年（1278），忽必烈命令阿尼哥還俗，授光祿大夫、大司徒，領將作院事。實際上成爲了元朝的總工程師。到元成宗大德十年（1306）阿尼哥去世之前，他始終活躍在元朝重大工程建設的第一線。終其一生，他負責的大型建築工程共有「塔三、大寺九、祠祀二、道宮一」。〔註3〕

阿尼哥主持興建建築一覽表

建築名稱	時間	地點	備註
大聖壽萬安寺浮圖（白塔）	至元八年（1271）至至元十六年（1279）	大都（今北京市）	
乾元寺	至元十一年（1274）	上都（今內蒙古正藍旗）	
護國寺	至元十三年（1274）	涿州（今河北涿州市）	如乾元寺制，同時鑄造摩訶葛剌（大黑天神）主從之像
大聖壽萬安寺	至元十六年（1279）至至元二十五年（1288）	大都（今北京市）	
城南寺	至元十七年（1280）	大都（今北京市）	
興教寺	至元二十年（1283）	大都（今北京市）	
三皇廟	元貞元年（1295）	大都（今北京市）	
萬聖祐國寺	元貞元年（1295）	五臺山	
浮圖	大德五年（1301）	五臺山	今五臺山塔院寺白塔

〔註2〕　《元史》卷二〇三《阿尼哥傳》。
〔註3〕　（元）程鉅夫：《雪樓集》卷三《涼國敏慧公神道碑》。

東花園寺	大德八年（1301）	大都（今北京市）	同時鑄造丈六尺寸的佛像
聖壽萬寧寺	大德九年（1302）	大都（今北京市）	同時造千手千眼菩薩，鑄造五方如來佛像

　　相對於建築、繪畫、織造等工藝，阿尼哥更以其精湛的雕塑技藝而聞名。他對雕塑的各個門類如泥塑、鑄造、雕刻等都很精通。大德三年（1299），大都守護城隍廟的人報告：「過去世宗皇帝曾令在城隍廟東建三清殿一座，但是沒有塑造聖像，其他神像也多有損壞的。」阿尼哥受命塑三清聖像，修補其他神像。這是一項浩大的工程，「補塑修粧一百八十一尊，內正殿一十三尊，側殿西廊九十三尊，側殿東廊七十三尊，山門神二尊，創造三清聖像及侍神九尊。」〔註4〕三清殿是道教觀宇，三清聖像也就是玉清原始天尊、上清靈寶天尊、太清道德天尊的塑像，這些塑像都是泥塑。

　　元大都城有中心臺，是城市的中心，中心臺佔地一畝，其東有中心閣，正位於大都城的中軸線上。中心閣建成後，一直沒有佛像。大德九年（1305），阿尼哥受命為中心閣鑄造、塑造佛像。「鑄造阿彌陀等五佛，各帶光焰蓮花座。塑造千手眼大慈悲菩薩及左右菩薩。」〔註5〕其中阿彌陀佛等五佛是銅鑄，千手眼大慈悲菩薩及左右菩薩是泥塑。

　　元大都的佛教寺院大都為藏傳佛教寺院，為了塑造這些寺院供奉的佛像，至元十二年（1275）元廷專門在諸色人匠總管府下設了梵像局、出蠟局負責這項工作。延祐三年（1316），兩個機構升格為梵像提舉司、出蠟局提舉司。兩者各有分工，前者「董繪畫佛像及土木刻削之工」，後者「掌出蠟鑄造之工」。〔註6〕也就是說，凡是繪製、泥塑、木雕的佛像，由前者負責；凡是鑄造的佛像，則由後者負責。阿尼哥作為諸色人匠總管府總管，當然負有領導之責。另外，將作院下設有織佛像提舉司，負責織造佛像，阿尼哥作為領作院事，同樣有領導之責。

　　由於阿尼哥來自尼泊爾，他塑造或領導塑造的佛像融合了尼泊爾、藏地因素，形成了所謂的「西天梵相」藝術風格及流派。藏傳佛教藝術研究者熊文彬認為：「元代宮廷的『西天梵相』藝術是指在『西番佛像』即藏傳佛教藝

〔註4〕《元代畫塑記》，人民美術出版社，1964年，第11～12頁。
〔註5〕《元代畫塑記》，第29頁。
〔註6〕《元史》卷八五《百官志一》。

術的基礎上融合內地和尼泊爾藝術因素而形成的一種宮廷藏傳佛教藝術流派。」〔註7〕從題材上看，多爲藏傳佛教密宗四部造像，其中尤以三世佛、五方佛、瑪哈噶拉（大黑天）及其脅侍、五護陀羅尼佛母、救度佛母、文殊菩薩、觀音菩薩、釋迦牟尼、尊勝佛母、無量壽佛、摩利支天和普賢菩薩以及四大天王的造像最多。從材料上看，以金屬和絲綢造像爲主，泥塑和木雕爲輔。在金屬造像中，以黃銅胎質的造像最爲普遍。黃春和更將這類造像的特徵具體歸納爲：高乳、大臀、細腰、兩眼向上鉤，胯部呈尖狀。〔註8〕「西天梵相」的藝術風格對後世明、清的佛教造像藝術都產生了深遠的影響。

　　儘管阿尼哥創作了大量作品，但是保留至今的屈指可數，建築有北京的妙應寺白塔、五臺山的白塔。而其繪畫、雕塑等作品，據以往的研究已經無存。其實不然，阿尼哥還有一件著名的玉雕作品存世，那就是瀆山大玉海。瀆山大玉海高70釐米、口徑135～182釐米，最大腹圍493釐米，膛深55釐米，重約3500公斤，是我國現存最早、重量最大的巨型玉雕，現藏於北海公園團城承光殿前玉甕亭中。瀆山大玉海的歷史清晰，流傳有緒。元世祖至元二年（1265）十二月「己丑，瀆山大玉海成，敕置廣寒殿」。〔註9〕元朝陶宗儀在《南村輟耕錄》卷二十一中對瀆山大玉海也有記載：「廣寒殿在山頂，七間……中有小玉殿，內設金嵌玉龍御榻，左右列從臣坐床。前架黑玉酒甕一，玉有白章，隨其形刻爲魚獸出沒於波濤之狀，其可貯酒三十餘石。」鄂多立克是羅馬天主教聖方濟各會修士，他是繼馬可波羅之後來到中國的著名旅行者。大約1325年至1328年，他在大都居住了三年多。在此期間，他得到了元泰定帝也孫鐵木兒的接見。他記載了宮廷中的玉酒甕，「宮中央有一大甕，兩步多高，純用一種稱作密爾答哈的寶石製成，而且是那樣精美，以至我聽說它的價值超過四座大城。甕的四周悉繞金，每角有一龍，作兇猛搏擊狀。此甕尚有上垂的以大珠綴成的網縋，而這縋寬爲一槳。甕裏的酒是從宮廷用管子輸送進去，甕旁有很多金酒杯，隨意飲用。」〔註10〕儘管對玉酒甕的形制描寫多少有些差異，但此酒翁應該就是瀆山大玉海。

　　以往的研究者將瀆山大玉海的製作者歸之於皇家玉工，這是毋庸置疑

〔註7〕 熊文彬：《元朝宮廷的「西天梵相」及其藝術作品》上，《中國藏學》2000年第2期。

〔註8〕 黃春和：《阿尼哥與元代佛教藝術》，《五臺山研究》1993年第3期。

〔註9〕 《元史》卷六《世祖紀三》。

〔註10〕 《鄂多立克東遊錄》，中華書局，1981年，第73～74頁。

的。還有的研究者進一步具體化，認爲「玉海的製作者當還是以金代留下的玉匠爲主。」〔註11〕其實，我們更可以將瀆山大玉海的制作者明確爲阿尼哥，當然如此巨大的玉雕阿尼哥難以獨自完成，阿尼哥起到的是工程領導者和設計者的核心作用，肯定還有皇家玉工包括金代留下的玉匠在內的幫助。前引程鉅夫所撰寫的阿尼哥神道碑也就是《涼國敏慧公神道碑》記載，在阿尼哥的主要業績外，還「鑄黃金爲太子寶、安西北安王印、金銀字海青圓牌、內廷大鵬金翅，雕尙醞巨甕。」所謂尙醞，就是尙醞局，是宣徽院下轄的管理皇室飲用酒事務的機構，尙醞巨甕也就是瀆山大玉海。瀆山大玉海的完工與明堂針灸銅像的完工是在同一年，有可能是阿尼哥入朝之初同時領受的任務。神道碑記載的這條史料早已被研究者所寓目，爲何沒有人將其與阿尼哥相聯繫呢？實則是由於研究者將這句話斷錯句，因而產生歧義所致。如權威性的白壽彝先生總主編的《中國通史》寫到「此外還先後鑄成內廷之大鵬金翅雕和尙醞巨甕。」〔註12〕將「內廷大鵬金翅，雕尙醞巨甕」錯斷成「內廷大鵬金翅雕、尙醞巨甕」。因而產生了尙醞巨甕是鑄造成的理解錯誤。

由於瀆山大玉海的年代久遠，加之清朝乾隆帝對其進行過四次修補，因此現在我們看到的大玉海肯定不是阿尼哥剛完工時的原貌。儘管細部有所改變，但其整體紋飾、氣勢還是應該保留了下來。它是由一整塊黑、白相雜的橢圓形獨山大玉石雕刻而成，玉石內部掏空，整體成甕形。外壁周身雕飾洶湧的波濤，下部以浮雕加陰線勾刻表現波浪，上部則以陰刻曲線勾劃漩渦作底紋。周身浮雕嬉戲於波濤中的龍、鹿、豬、馬、犀、螺等動物，用不同的線條表現它們的體形、毛髮、鱗甲、翅膀。浮雕和線刻相結合的表現手法，使得整體粗獷豪放而局部細緻典雅。雕刻還採用了我國傳統玉雕中的俏色工藝，利用玉色的黑白不同來表現波浪的起伏、動物的眉目花斑。瀆山大玉海整體氣勢磅礴，攝人心魄，使我們看到了阿尼哥及其所率領的玉工的精湛技藝。

二、阿尼哥的繼任者阿僧哥與劉元的雕塑藝術

阿尼哥在自己進行創作的同時，還管理著龐大的工程團隊，這其中不乏技藝超群，成爲其後繼者，其中尤以其子阿僧哥和其徒劉元爲代表。

〔註11〕周南泉、王明時：《北京團城內瀆山大玉海考》，《文物》1980年第4期。

〔註12〕白壽彝：《中國通史》第八卷《中古時代元時期》下冊，上海人民出版社，2004年，第568頁。

　　阿尼哥有子六人，其中阿僧哥、阿述臘子承父業，阿僧哥任大司徒，阿述臘任諸色人匠總管府達魯花赤。阿述臘無具體事蹟流傳，而阿僧哥則同其父一樣，擔任了很多大型工程的負責人。

　　至大元年（1308），元武宗爲其母營建大承華普慶寺，至大三年（1310），阿僧哥領命新寺佛像的塑造，其工程量頗爲浩大。「正殿三世佛三尊，東西趓殿內山子二座，大小龕六十二，菩薩六十四尊。西洞房內螺髻佛並菩薩一百四十六尊，東西趓殿九聖菩薩九尊，羅漢一十六尊，十一□殿菩薩一十一尊，藥師殿佛一尊，東西角樓魔梨支王四尊，東北角樓尊勝佛七尊，西北角樓無量壽佛九尊，內山門天王十二尊。」〔註13〕以上塑像都是泥塑，另外還有後殿五尊佛則爲銅鑄。仁宗皇慶二年（1313），阿僧哥受命負責大聖壽萬安寺內五間殿、四座角樓等處神像的塑造。「塑造大小佛像一百四十尊，東北角樓尊勝佛七尊，西北趓樓內山子二座，大小龕子六十二，內菩薩六十四尊，西北角樓朵兒只南磚一十一尊，各帶蓮花座光焰等。西南北角樓馬哈哥剌等一十五尊，九曜殿星官九尊，五方佛殿五方佛五尊，五部陀羅尼殿佛五尊，天王殿九尊，東西角樓四背馬哈哥剌等一十五尊。」〔註14〕這些塑像都是泥塑，其中的九曜殿應該是道教殿堂。

　　劉元是薊州寶坻（今天津市寶坻區）人，曾出家爲道士，後師從阿尼哥，學習「西天梵相」，得到真傳。「至元中，凡兩都名刹，塑土、範金、摶換爲佛像，出元手者，神思妙合，天下稱之。」〔註15〕可見，劉元對於三種雕塑形式也就是泥塑、鑄造、摶換都有著精深的掌握。所謂摶換，也稱脫活，今天一般稱之爲夾紵，是製作塑像的一種工藝。先用泥塑成胎，然後把麻布貼在泥胎外面，在麻布上多次塗漆，漆乾後，從預留的孔洞中把泥胎打碎取出，對外表進行修飾。這樣製成的塑像的最大特點就是輕巧，易於搬運。元仁宗延祐四年（1317），劉元受命塑造青塔寺山門內的四天王像，採用的就是摶換工藝。清代詩人查嗣瑮詠之曰：「阿尼哥後孰知名？脫活爭傳正奉精。昔日黃冠今紫綬，莫將摶換等閒輕。」

　　劉元的代表作有上都三皇廟的三皇像，所謂三皇，就是天皇太昊伏羲氏、地皇炎帝神農氏、人皇黃帝軒轅氏。劉元塑造的三皇像古意盎然，細微處都

〔註13〕《元代畫塑記》，第13～14頁。
〔註14〕《元代畫塑記》，第15頁。
〔註15〕《元史》卷二〇三《劉元傳》。

得到了精確的體現。由此，他深得元世祖的讚賞，兩次被賞賜宮女爲妻。劉元最終官至昭文館大學士、正奉大夫、秘書卿。民間因此多稱呼其爲劉學士、劉正奉。元仁宗對劉元也很重視，曾命令如果沒有聖旨不許他爲別人私造神像。大都東嶽廟的神像也是劉元的得意之作。東嶽大帝被他塑造得有帝王的巍然氣度，而侍臣塑像的憂深思遠神態也刻畫地栩栩如生。「初，正奉欲造侍臣像，心計久之，未措手也。適閱秘書圖畫，見唐魏徵像，矍然曰：『得之矣，非若此莫稱爲相臣。』遽走廟中爲之，即日成。」〔註16〕爲此塑像的藝術設計，劉元頗費了一般精力。最終魏徵的畫像給了其創作靈感，塑像才得以完成。由此，也可見劉元藝術創作的嚴謹、認眞。

與劉元同時代，年長於他的還有一位雕塑大師劉鑾，其生平事蹟不是太清晰，因而後世多將他們混淆。今北京城內府右街北口有一條很小的胡同——劉蘭塑，又叫劉鑾塑胡同。就是這一現象的體現。胡同內原有元代天慶觀舊址，天慶觀神像的塑造者同樣有劉元、劉鑾兩種說法。隨著歲月的流逝，保存至今的劉元的作品可以說一件都沒有，有的研究者認爲山西省晉城市玉皇廟的二十八宿神像是劉元的作品，但這只是猜測，沒有任何史料可以證明。

三、居庸關雲臺——元大都雕塑藝術的代表

元大都的雕塑作品，除了瀆山大玉海外，還有一些摩崖石刻、佛像以及民間的石獅等小型雕刻。另外一件足以反映元大都雕塑藝術魅力的大型作品就是居庸關雲臺石雕，它也是元朝藏傳佛教雕塑作品中最重要的一件。

居庸關雲臺坐落於昌平區南口鎮北的居庸關關城內，是元代大型過街塔的基座，塔早已無存。過街塔始建於元順帝至正二年（1342），至正五年（1345）落成。雲臺由漢白玉砌成，高 9.5 米，東西長 26.84 米，南北深 17.57 米。臺頂四周安設石欄杆和排水龍頭，臺下正中開一南北向券洞，高 7.27 米，寬 6.32 米，可通車馬。

雲臺的主要雕刻在券洞內，都是浮雕形式，券洞頂部正中刻有五個曼荼羅，也就是五組圓形圖案式佛像，又稱爲壇場。券頂兩側的斜面上，刻有十方佛，東西兩面各五尊，在每方佛的周圍還分別刻有小佛 102 座，共計小佛 1020 座。小佛爲明代補刻。券洞內東西兩壁的四端刻有護法的四大天王，是整個浮雕群中最醒目、最精彩的部分。天王像各高 2.75 米，寬 3.65 米左右，

〔註16〕　（元）虞集：《道園學古錄》卷七《劉正奉塑記》。

身材魁梧、氣勢威猛。頭戴化佛冠，身著獸頭披膊和鎧甲。東南增長天王手持寶劍，東北持國天王手抱琵琶，西北多聞天王持傘，西南廣目天王一手握蛇。四天王多腳踩鬼神，只有持國天右腳踩一漢服裝束的婦女。四大天王之間用梵、藏、八思巴、畏兀兒、西夏、漢等六種文字鐫刻《陀羅尼經咒》與《造塔功德記》。

　　浮雕群以「減地平」和「剔地起突」等手法雕刻成，浮雕對人物的刻畫細緻入微，動靜結合，剛柔相濟，是「西天梵相」的代表之作，堪稱元代雕刻藝術的巔峰。

（原載《北京文史》2015 年第 4 期）

元明清北京花鄉的形成與發展

　　當今北京市豐臺區有一個名爲花鄉鄉的行政建置，其原名爲「黃土崗人民公社」、「黃土崗中匈友好人民公社」，十一屆三中全會以後改名爲花鄉鄉。這一地區自古以來就是北京市花卉的重要產地，因此，這一名稱正是歷史與現實的最佳反映。花鄉鄉位於豐臺區中南部的南側，東臨南苑鄉，西臨宛平城地區，北與豐臺鎮、盧溝橋鄉相鄰，南與大興區接壤。面積50.3平方公里。下轄草橋、黃土崗、新發地、白盆窯、郭公莊、高立莊、六圈、看丹、榆樹莊、羊坊、葆臺、樊家村、紀家廟、造甲村、四合莊等15個村。這一地區以草橋及附近的豐臺爲中心，「豐臺在宛平縣西，草橋南接連豐臺，爲近郊養花之所。元人園亭皆在此，今每逢春時，爲都人遊觀之地。自柳村、俞家村、樂吉橋一帶有水田，橋東有園，其南有荷花池，牆外俱水田種稻，至蔣家街，爲故大學士王熙別業。向時亭臺極盛，今亦荒蕪矣。其季家廟、張家路口、樊家村之西北地畝，半種花草，半種瓜蔬。劉村西南爲禮部官地，種植禾黍豆麥。京師花賈比比，於此培養花木，四時不絕，而春時芍藥尤甲天下。泉脈從水頭莊來，向西北流，約八九里，轉東南入南苑北紅門，歸張灣。水清土肥，故種植滋茂，春芳秋實，鮮秀如畫。」[註1] 由於這一地區水土條件一直較爲優越，且處於京師近郊。因而自元代之後，這裡逐漸由私家園林遍佈之處變爲了明清以來的花鄉勝地。

〔註1〕　（清）于敏中等編纂：《日下舊聞考》卷九〇《郊坰·南》引《京城古蹟考》，
　　　　北京古籍出版社，1983年，第1536頁。

一、從私家園林到花鄉勝地

元代，草橋及附近地區分佈著眾多私家園林。其中以萬柳園、匏瓜亭、玩芳亭、遂初堂等最為出名。「今右安門外西南，泉源湧出，為草橋河，接連豐臺，為京師養花之所。元人廉左丞之萬柳園、趙參謀之匏瓜亭、栗院使之玩芳亭、張九思之遂初堂，皆在於此。」〔註2〕萬柳園的主人是官至中書平章政事的廉希憲，在園內有「名花計萬本，京師號為第一」〔註3〕。廉希憲曾在此設宴招待盧摯、趙孟頫兩位名士。「時歌兒劉氏名解語花者，左手折荷，右手執杯，歌小聖樂侑酒。趙公喜，即席賦詩云：『萬柳堂前數畝池，平舒雲錦蓋漣漪。主人自有滄州趣，遊女仍歌白雪詞。手把荷花來勸酒，步隨芳草去尋詩。誰知咫尺京城外，便有無窮萬里思。』小聖樂乃元遺山所製，俗名驟雨打新荷者是也。」〔註4〕由此可見萬柳園花木的繁多以及園內池塘荷花盛開的美景。

匏瓜亭，又稱趙參謀匏瓜亭、趙參謀別墅。其主人趙鼎官至斷事府參謀，園因此得名。劉因曾以《匏瓜亭》詩一首相贈：「匏瓜隤自天，中涵太虛氣。造物全其真，世人苦其味。雖得終天年，惜作無用棄。伊誰窮混沌，太樸分為二。一供顏淵樂，一為許由器。顏有聖人依，許逢堯舜治。天下非其責，行藏適自遂。秋色高箕山，春風滿洙泗。後來鼎鐺徒，誰知兩瓢貴？寥寥千載間，復隨無用地。神物終有歸，至人可重值。偉哉子趙子，獨兼許顏義。匏瓜集大成，高亭挹空翠。感君亭上名，發我思聖喟。人知聖人言，孰有聖人志？聖人心如天，何時無生意？時無不可為，人無不可致。吾道苟寸施，吾民猶寸庇。堅白自有持，磨涅豈吾累？豈不欲無言？恐與匏瓜類。仲子誠少野，強直無再思。聖人進退間，歷歷生私議。請觀欲往心，豈與乘桴異？我生學聖人，棲棲形癙寐，窮年憂道喪，漫自中腸沸。君才當有為，自以無用置。我才當無用，自以有為覬。物性雖有殊，我心良可愧。顧君志我志，才志庶相利。使君名我名，名實亦相位。留彼匏中酒，供我浩歌醉。行當取其種，移動易川植。」〔註5〕

〔註2〕（清）孫承澤：《天府廣記》卷三七，北京古籍出版社，1984年，第562頁。
〔註3〕（清）吳長元：《宸垣識略》卷一三《郊坰二》，北京古籍出版社，1983年，第259頁。
〔註4〕（清）孫承澤：《天府廣記》卷三七，北京古籍出版社，1984年，第561頁。
〔註5〕（清）孫承澤：《天府廣記》卷三七，北京古籍出版社，1984年，第561～562頁。

　　玩芳亭，是栗院使別墅，栗院使其人生平事蹟不詳。「亭多花草，一時文人騷客來遊賞者，多有題詠。」〔註6〕官至參知政事的王士熙有《題玩芳亭詩》五首，其一：每憶城南路，曾來好畫亭。欄花經雨白，野竹入雲青。波景浮春砌，山光撲畫扃。褰衣對薜蘿，涼月照人醒。其二：何處春來好？城南尺五天。地幽迷曉樹，花重壓春煙。上客拋羅袂，佳人舞畫筵。曉來清興熟，移坐曲池邊。其三：留客青春過，題詩碧霧寒。亂鶯穿舞障，輕蝶立回欄。白日閒斟酒，清時早掛冠。主人多雅興，不覺玉卮乾。其四：拂拭亭前石，東風屋角生。淺雲浮水動，遲日傍花明。春去青林合，人來白鳥迎。暮塵回首處，此地可忘情。其五：美酒朝朝熟，佳賓日日來。玉卮擎雨露，翠袖拂塵埃。預恐春城閉，先教晚騎回。只今行樂地，飛絮落莓苔。〔註7〕從中可看出玩芳亭園內亭、池、迴廊、假山畢備，花木繁多，竹林蔽日，鶯飛蝶舞，美不勝收。薛元卿的《燕栗總管玩芳亭詩》寫到：「栗氏林亭好，南鄰借馬遊。藥欄當戶密，花徑近城幽。未許朝參懶，聊因逸興留。使君行樂處，風物為春柔。」〔註8〕馬祖常也有《南城》二首專門描繪玩芳亭的美景，其一：城南牡丹一百本，翰林學士走馬來。渡水楊花逐飛燕，薊中芳草送春回。其二：栗侯亭前花一園，客來日日費金錢。明朝碧樹看城合，恨不江頭問酒船。〔註9〕可見玩芳亭的景觀以花取勝，而花中尤以牡丹著名。如今，在玩芳亭的遺址上，建立了萬芳亭公園，續寫了這一名園的歷史。

　　遂初堂，又名遂初亭，「元詹事張九思別業，繞堂花竹水石之勝甲於都城。」〔註10〕趙孟頫有《張詹事遂初亭》詩：「青山繞神京，佳氣溢芳甸。林亭去天咫，萬象爭自獻。年多佳木合，春晚餘花殿。雕欄留戲蜂，藻井語嬌燕。退食鳴玉珂，友於此中宴。」〔註11〕

〔註6〕（清）孫承澤：《天府廣記》卷三七，北京古籍出版社，1984年，第562頁。

〔註7〕（清）于敏中等編纂：《日下舊聞考》卷九〇《郊坰・南》引《皇元風雅》，北京古籍出版社，1983年，第1533～1534頁。

〔註8〕（清）佚名編：《人海詩區》卷二《園亭》引《文翰類選》，北京古籍出版社，1994年，第304頁。

〔註9〕（清）佚名編：《人海詩區》卷二《園亭》引《石田集》，北京古籍出版社，1994年，第341頁。

〔註10〕（清）孫承澤：《天府廣記》卷三七，北京古籍出版社，1984年，第562頁。

〔註11〕（清）佚名編：《人海詩區》卷二《園亭》引《松雪齋集》，北京古籍出版社，1994年，第292頁。

　　到了明代，草橋一帶，「土以泉，故宜花，居人遂花爲業。」〔註12〕天啓年間，在草橋之北又建了碧霞元君廟，俗稱中頂。「歲四月，遊人集遝且博，旬日乃罷。」〔註13〕這樣，廟宇、花田與園林在這一地區交錯分佈，更使遊人如織。著名文學家袁宏道《遊草橋別墅》一詩寫到：「郊居絕勝午橋莊，南客行來眼亦忙。馬上乍逢蒲葦地，夢中移入水煙鄉。疏林透戶涼風出，翠葉平池急雨香。危石幽篁相對冷，一庭清影話瀟湘。」〔註14〕在他的筆下，草橋一帶修竹林立，蘆葦叢生，一派水鄉景致，使作爲湖北人的作者也目不暇接。同樣，在常州人管紹寧的《集草橋莊》中，草橋也是一派旖旎的江南水鄉風光。詩云：「官閒更喜調相同，把手郊園興未窮。一曲水環魚藻綠，幾肩花過石橋紅。柳蔭落日簾斜出，荷氣微風香暗通。池上客逢藜火夜，霜雪應曜尾箕中。」〔註15〕在明代詩人的筆下，春天與秋天的草橋景色是不同的，也都分別得以體現。公鼐《遊草橋》寫到：「參差三月遊難約，才共班荆見落花。黃鳥云云春欲老，青山望望外爲家。城隅舊寺生新草，溪上晴雲墮濕沙。勝國館亭何處問，平林一帶只昏鴉。」〔註16〕在早春三月，作者與知己好友來到久想一遊的草橋，落花與新草，舊寺與館亭，是此時此地的典型意境。在淡淡的憂傷中，也可體味出優美的環境給作者帶來的淡淡喜悅。金孺瞻的《秋日遊草橋》則體現了另一番意境：「蝶衰蜂少草蟲辰，老圃如農賽社神。除卻菊花俱入窖，人間秋矣地中春。」〔註17〕時值金秋，雖然蝴蝶、蜜蜂的好日子已經過去，但這時草蟲卻登上舞臺，長鳴不已。花農也在豐收時節祭祀土地。此時雖然菊花已在盛開過後入窖保藏，但是秋天的大地仍像春天一樣繁茂。

　　到了清代，從草橋到豐臺，花田已經連成一片，綿延不絕。「右安門外八

〔註12〕　（明）劉侗、于奕正：《帝京景物略》卷三《城南內外》，北京古籍出版社，1983年，第120頁。

〔註13〕　（明）劉侗、于奕正：《帝京景物略》卷三《城南內外》，北京古籍出版社，1983年，第120頁。

〔註14〕　（明）劉侗、于奕正：《帝京景物略》卷三《城南內外》，北京古籍出版社，1983年，第121頁。

〔註15〕　（明）劉侗、于奕正：《帝京景物略》卷三《城南內外》，北京古籍出版社，1983年，第121頁。

〔註16〕　（明）劉侗、于奕正：《帝京景物略》卷三《城南內外》，北京古籍出版社，1983年，第121頁。

〔註17〕　（明）劉侗、于奕正：《帝京景物略》卷三《城南內外》，北京古籍出版社，1983年，第121頁。

里，前後十八村，甘泉沃土，養花最宜，故居民多以養花爲業。」〔註18〕湯西厓《自黃村歸經草橋》一詩可驗證這種盛況。詩云：「按鷹臺北接春郊，信馬閒行未覺遙。尺五城南好光景，到天煙色柳條條。右安門外舊池亭，別墅參謀堂右丞。今日草橋清淺水，還留一縷照衰興。夭桃穠杏一時開，上巳風光次第來。向有殿春紅芍藥，連塍十里到豐臺。」〔註19〕可見，在連片的花田中，尤以芍藥爲特產。而到豐臺觀賞芍藥，也成了官員、文人樂此不疲的快事。康熙時任吏部侍郎的湯右曾有《豐臺看芍藥》詩二首，其一：曉色蔥蘢金障開，殿春花事數豐臺。天公雨露園公力，等是批紅判白來。其二：休嗟狼藉市門前，繞郭栽花望畛連。當日洛陽全盛日，一支姚魏直萬錢。〔註20〕可見，當時的花田已經在南城外接連成片分佈，而尤以豐臺花事最盛。在眾多的花木中，也不乏像洛陽牡丹中的姚魏那樣珍貴的品種。同樣在康熙時任翰林編修的宋至有同名詩：昨日慈仁買花歸，插滿銅瓶香徹夜。今日豐臺賞花來，補茵更坐芳叢下。溥溥朝露猶未晞，東風吹過珠還瀉。珊瑚成堆玉作盤，殷紅膩白紛低亞。晴郊士女如雲屯，野老孤亭容我借。南國美人悵望遙，賦手空懷鮑與謝。適情無事張華筵，白酒黃雞供村舍。帽側狂歌驚四鄰，醉來欲啖崑崙蔗。長安貴遊盡奢豪，雜沓歡呶猶夢怕。只應此地任棲遲，手斧腰鐮遠訕罵。〔註21〕所謂「慈仁」，就是「慈仁寺」，即今報國寺。在當時，每逢初五、十五、廿五，都有廟會和花市。作者在遊過慈仁花市後又來豐臺賞花，此地鮮花叢集，遊人如織，不僅有花可賞，還可以在農家品嘗田園風味的美酒佳餚，作者不禁留連忘返，樂不思歸了。

豐臺賞花，不僅得到下至平民百姓，上至官員文人的喜愛，甚至貴爲天子的乾隆帝也多次前往觀賞，留下了兩篇豐臺賞花詩，其中乾隆三十九年（1774）的題爲《豐臺》：「豐臺仍是舊名呼，接畛連畦種植俱。點綴韶光寧可少？偷移天巧得曾無？幻開頃刻欺殷七，下策火攻學阿奴。日下南門精數典，謂當花事祝蕃廡。」〔註22〕乾隆四十一年（1776）的題爲《豐臺行》：「廣

〔註18〕 （清）麟慶：《鴻雪因緣圖記》第三集《豐臺賦芍》，北京古籍出版社，1984 年。

〔註19〕 （清）戴璐：《藤陰雜記》卷一一，北京古籍出版社，1982 年，第 109 頁。

〔註20〕 （清）吳長元：《宸垣識略》卷一三《郊坰二》，北京古籍出版社，1983 年，第 262 頁。

〔註21〕 （清）吳長元：《宸垣識略》卷一三《郊坰二》，北京古籍出版社，1983 年，第 262 頁。

〔註22〕 （清）于敏中等編纂：《日下舊聞考》卷九〇《郊坰·南》，北京古籍出版社，1983 年，第 1536～1537 頁。

甸迤儷臨豐臺，豐臺村景殊他哉。郭駝遺風雜樹種，殷七妙術繁花開。花開樹種今復古（豐臺植花木，自勝朝已然，見《日下舊聞》──原詩小注），村人世業如商賈。何不治田爲農夫？惜矣墾植斯膏土。更思敷治在順民，百萬億分斯一分（豐臺種花樹之地，在京縣內不過億萬分之一耳──原詩小注）。所失或多得或少（如禁其種花樹而令種田，則失業者或反致多耳──原詩小注），法令禁制徒紛紜。冬雪春霖今歲好，嫣紅姹紫看夾道。黃筌畫中五里行，李賀詩囊益不少。勝朝酬唱多雅人，飲酒挾妓遨遊頻。百年來卻鮮繼者，亦足以見風俗淳。」〔註 23〕前一首詩主要讚歎豐臺花農高超的育花技術，其中重點提到冬天的堂花，下文詳述。第二首則反映了乾隆的一些經濟思想，在傳統重農思想中，無疑把糧食的生產放在第一位。據此，有些人認爲應將豐臺的花田改爲糧田。但是乾隆對此則不以爲然，認爲在京師各縣的農田中，豐臺種花之地只佔有極小的比例，而且花農自明朝就開始種花，如果強制他們改種糧食，則可能失大於得。乾隆的這種思想無疑具有先進性及科學性。另外在詩中，他對明朝文人雅士遊覽豐臺時多縱酒挾妓頗有微詞，認爲本朝風俗淳樸，在遊賞豐臺花事時沒有這種情況。

除了豐臺在清代成爲新的賞花中心外，草橋及周邊地區也保持了它自元代以來的遊覽勝地的地位，而遊覽活動也大多圍繞賞花來進行。清代，這一地區出現了祖氏園、中頂、花之寺等著名景點。

「祖氏園在草橋，水石林亭，擅一時之勝。遊草橋、豐臺者，往往過焉。乾隆初年，歸於王氏，今又易主矣。」〔註 24〕康熙朝官至禮部左侍郎的嚴我斯有《遊祖氏園》詩：「出郭不數里，名園傍水涯。蘆花圍野岸，楊柳幾人家。小閣臨池迴，疏籬抱徑斜。到來幽興極，竟日許停車。泯泯濠梁上，蕭蕭落葉天。柳歌魚撥刺，荷碎鷺聯拳。曲水縈花圃，晴雲下渚田。小山遺勝在，臨眺幾流連（去園里許有九蓮寺，或曰明慈聖太后九蓮菩薩後身也──原詩注）。更尋黃葉寺，幾眺白雲秋。徑曲雙橋隱，門開一磬幽。殘碑頻繫馬，過客倦登樓。歎息前朝事，西風蘆荻洲。」〔註 25〕可見，此地曲水環繞花圃是其最顯著的景觀特點。

〔註 23〕　（清）于敏中等編纂：《日下舊聞考》卷九〇《郊坰·南》，北京古籍出版社，
　　　　　　1983 年，第 1537 頁。
〔註 24〕　（清）吳長元：《宸垣識略》卷一三《郊坰二》，北京古籍出版社，1983 年，
　　　　　　第 259～260 頁。
〔註 25〕　（清）戴璐：《藤陰雜記》卷一一，北京古籍出版社，1982 年，第 108 頁。

在今草橋以北的中頂村有一座碧霞元君廟，俗稱中頂，和京城其他四座碧霞元君廟一起合稱五頂。「中頂碧霞元君廟在右安門外十里草橋地方，每歲六月初一日有廟市。市中花木甚繁，燦如列錦，南城士女多往觀焉。」〔註26〕觀賞花木，是中頂廟會的特色。由於時值六月，附近河池甚多，因此，盛開的荷花給遊人以無限樂趣。「月朔日，各行鋪戶攢聚香會，於右安門外中頂進香，回集祖家莊回香亭，一路河池賞蓮，簫鼓絃歌，喧呼竟日。」〔註27〕

距離中頂不遠的右安門外，還有一座以花聞名的寺廟——花之寺。「花之寺，自曾賓谷先生修後尚無恙，俗呼三官廟。壁懸賓谷先生詩幀，花木盈庭，大有蔥倩之致。」〔註28〕著名的詩人龔自珍曾於道光七年（1827）暮春遊覽此地，留下了著名的詩篇《西郊落花歌》：「西郊落花天下奇，古來但賦傷春詩。西郊車馬一朝盡，定庵先生沽酒來賞之。先生探春人不覺，先生送春人又嗤。呼朋亦得三四子，出城失色神皆癡。如錢唐夜潮澎湃，如昆陽戰晨披靡，如八萬四千天女洗臉罷，齊向此地傾胭脂。奇龍怪鳳愛漂泊，琴高之鯉何反欲上天為？玉皇宮中空若洗，三十六界無一青蛾眉。又如先生平生之憂患，恍惚怪誕百出難窮期。先生讀書盡三藏，最喜《維摩》卷裏多清詞。又聞淨土落花深四寸，冥目觀想尤神馳。西方淨國未可到，下筆綺語何漓漓！安得樹有不盡之花更雨新好者，三百六十日長是落花時！」〔註29〕詩前小序寫道：「出豐宜門一里，海棠大十圍者八九十本。花時車馬太盛，未嘗過也。三月二十六日，大風；明日風少定，則偕金禮部應城、汪孝廉潭、朱上舍祖轂、家弟自轂，出城飲而有此作。」豐宜門是金中都城的正南門，此處指代右安門。可見，花之寺以八九十株高大的海棠樹而聞名。當花開時節，車馬雜沓，眾人競相來此賞花。

二、花卉種類、種植技術與花卉的販售

明代，草橋等地種植的花卉種類就已十分繁多，並且四季皆有。春天的花卉就分為三類，初春的梅花有九英、綠萼、紅白緗等品種；山茶有寶珠、玉茗等品種；水仙有金錢、重胎等品種；探春有白玉、紫香等品種。春季中期有桃李、丁香，海棠有上西府、貼梗、垂絲等品種。暮春有牡丹、芍藥、

〔註26〕（清）富察敦崇：《燕京歲時記》，北京出版社，1961年，第69頁。
〔註27〕（清）潘榮陛：《帝京歲時紀勝》，北京出版社，1961年，第23頁。
〔註28〕（清）震鈞：《天咫偶聞》卷九《郊坰》，甘棠轉舍刊本，光緒33年（1907）。
〔註29〕《龔自珍全集》，中華書局，1959年，第367頁。

攀枝等。夏、秋兩季的花卉更是種類繁多,「入夏,榴花外,皆草花。花備五色者:蜀葵、鶯粟、鳳仙。三色者:雞冠。二色者:玉簪。一色者:十姊妹、鳥斯菊、望江南。秋花耐秋者:紅白蓼。江鄉花也,此地高幾以丈。不耐秋者:木槿、朝鮮夕葵。金錢。午後僅開。向夕早落。耐秋不耐霜日者:秋海棠。一日斷腸,或日思婦淚所凝也。木樨,南種也,最少。菊,北種也,最繁。」〔註30〕

在花鄉出產的北京本土花卉中,尤以春天的芍藥和秋天的菊花種類最為繁多,也深為大眾喜愛。「京都花木之盛,惟豐臺芍藥甲於天下。舊傳揚州劉貢父譜三十一品,孔常父譜三十三品,王通叟譜三十九品,亦云瑰麗之觀矣。今揚州遺種絕少,而京師豐臺,於四月間連畦接畛,倚擔市者日萬餘莖。遊覽之人,輪轂相望。惜無好事者圖而譜之。如宮錦紅、醉仙顏、白玉帶、醉楊妃等類,雖重樓牡丹亦難為比。」〔註31〕秋天,幾乎家家有賞菊之俗。「秋日家家勝栽黃菊,採自豐臺,品類極多。惟黃金帶、白玉團、舊朝衣、老僧衲為最雅。酒壚茶設,亦多栽黃菊,於街巷貼市招日:某館肆新堆菊花山可觀。」〔註32〕富裕人家往往把數百盆菊花擺在架子上,下寬上窄,稱為九花山子。而四面堆積的,成為金字塔形,號稱九花塔。菊花有陳秧、新秧之分,而兩者又各分為粗種、細種兩大類。陳秧粗種中又有大紅寶珠、金連環、金碧環、大金葵、滲金葵、金盤獻露、金毛獅子、金鳳翎、紫鳳舒翎、紫鳳雙疊、紫龍靠爪、紫蟹爪、真紫鉤、徐家紫、黃鶴毛、鷺鶴毛、蒼龍鬚、蒼龍訓子、雲龍煥彩、二色蓮、三季秋荷、映日荷花、旱地金蓮、芙蓉秋豔、玉扇銀針、紫松針、水紅針、玉匙調羹、粉屏、白牡丹、紫牡丹、粉牡丹、星光在水、楓林落照、夕陽斜照、鴉背夕陽、曉天霞、藍翎九等品種;陳秧細種中又有蜜連環、銀紅針、桃花扇、方金印、老君眉、西施曉妝、瀟湘妃子、鵝翎管、米金管、燈草管、紫虎鬚、灰鶴翅、平沙落雁、杏林春燕、朝陽紫、軟金素、青山蓋雪、朱砂蓋雪、白鶴臥雪、青蓮子、青河蓮、朱瓣湘蓮、玉池桃紅、玉筍長、玉樓春曉、寶剎浮圖、落紅萬點、泥金萬點、藕色霓裳、伽藍袈裟等品種;新秧粗種中又有金佛座、金鉤掛玉、金邊大紅、玉堂金馬、紫綬金章、紫袍金帶、紫電青霜、綠柳黃鸝、楊妃醉舞、西施粉、六郎面、

〔註30〕 (明)劉侗、于奕正:《帝京景物略》卷三《城南內外》,北京古籍出版社,1983年,第120頁。
〔註31〕 (清)潘榮陛:《帝京歲時紀勝》,北京出版社,1961年,第18頁。
〔註32〕 (清)潘榮陛:《帝京歲時紀勝》,北京出版社,1961年,第29頁。

墨麒麟、鸚哥抱子、蜜蜂窩、闔家歡樂等品種；新秧細種中又有銀虎鬚、墨虎鬚、朱墨雙輝、金卷朱砂、金鳳含珠、鳳梧添線、漢宮春曉、浣花溪水、天半朱霞、秋水明霞、秋水芙蓉、漢皋解佩、二喬爭豔、天女散花、桃花人面、鳥爪仙人、黃鶴仙人、羔裘大夫、仙人掌、醉太白、南極仙翁、文經武緯、鳳管鸞笙、洋蝴蝶、羚羊掛角、香白梨、金如意、水晶如意、沉香貫珠、一斛珠、碧玉騷頭、黃繡球、珊瑚鉤、金帶風飄、慈雲點玉、慈雲萬點、柳線垂金、重陽居住等品種。除了以上品種外，還有 200 多種菊花。〔註33〕

在漫長的生產實踐中，花鄉花農總結出了一系列的種植技術。以種植牡丹為例，就有「栽之法，分之法，接之法，澆之法，醫之法」〔註34〕等等。具體到「醫之法」也就是花木的病蟲害防治，則更為花農所重視，他們針對不同的害蟲總結出了不同的防治方法。以菊花為例，「種菊之法，自春徂夏，辛苦過農事。菊善病，菊虎類多於螈臘賊蠢，瘫頭者菊蟻，瘠枝者黑蚰，傷根者蚯蚓，賊葉者象骬蟲。菊蟻以鱉甲置傍，引出棄之，黑蚰以麻裹筋頭捋出之，蚯蚓以石灰水灌河水解之，象骬蟲磨鐵線穴搜之。」〔註35〕

花鄉花農還繼承和發展了冬季在溫室中栽種花卉的技術，也就是堂花或唐花。「今京師臘月即賣牡丹、梅花、緋桃、探春諸花，皆貯暖室，以火烘之，所謂堂花，又名唐花是也。按漢書召信臣傳：信臣為少府，大官園種多生蔥韭茹，覆以屋廡，晝夜煤蘊火，待溫氣乃生。唐人詩：內園分得溫湯水，二月中旬已進瓜。蓋漢唐以來皆然。」〔註36〕堂花技術使北京的冬天也充滿了盎然生機，「牡丹呈豔，金橘垂黃，滿座芬芳，溫香撲鼻，三春豔冶，盡在一堂」。〔註37〕乾隆帝為此曾在乾隆二十四年（1759）作《戲詠唐花》：「煤煴嫋嫋萬芳新，巧奪天工火迫春。設使言行信臣傳，憐他失業賣花人。」〔註38〕

京城的賣花人多為花鄉花農，其販賣方式多為沿街叫賣，所賣的多為玫

〔註33〕（清）富察敦崇：《燕京歲時記》，北京出版社，1961 年，第 77～78 頁。

〔註34〕（明）劉侗、于奕正：《帝京景物略》卷三《城南內外》，北京古籍出版社，1983 年，第 120 頁。

〔註35〕（明）劉侗、于奕正：《帝京景物略》卷三《城南內外》，北京古籍出版社，1983 年，第 120 頁。

〔註36〕（清）于敏中等編纂：《日下舊聞考》卷一四九《物產》引《居易錄》，北京古籍出版社，1983 年，第 2385～2386 頁。

〔註37〕（清）富察敦崇：《燕京歲時記》，北京出版社，1961 年，第 91～92 頁。

〔註38〕（清）于敏中等編纂：《日下舊聞考》卷一四九《物產》，北京古籍出版社，1983 年，第 2386 頁。

瑰、芍藥等時令鮮花。「玫瑰，其色紫潤，甜香可人，閨閣所愛之，四月花開時，沿街喚賣，其韻悠揚。晨起聽之，最爲有味。芍藥乃豐臺所產，一望彌涯。四月花含苞時，折枝售賣，遍歷城坊。有楊妃、傻白諸名色。」〔註39〕鮮花中尤以芍藥爲人喜愛，所謂「京師鬻花者以豐臺芍藥爲最」。〔註40〕在花之寺的南面都是花田，「每晨負擔人入城，賣花聲裏春事闌躚，大多以此間爲託根之所。而以芍藥爲尤盛，十錢可得數花，短几長瓶，春色如海矣。」〔註41〕可見，芍藥的價廉物美，是深受歡迎的重要原因。賣花人儘管辛勞，但生活仍不免困苦，有些人家的女兒淪爲別人的姬妾。如「豐臺賣花翁張姓女，名阿錢，毛檢討奇齡納爲小妾。」〔註42〕

　　除了沿街叫賣外，還有每月定期的花市。「豐臺種花人，都中目爲花兒匠，每月初三、十三、二十三日，以車載雜花至槐樹斜街市之。桃有白者，梨有紅者，杏有千葉者，索價恒浮十倍。日昳則雖不得善價亦售矣。」〔註43〕較花市更進一步則有長期開設的花廠，花廠在城內、城外都有開設，專門賣花。城內多設置在遊人眾多的寺廟，其中以隆福寺、護國寺（合稱東西廟）最爲有名。「兩廟花廠尤爲雅觀。春日以果木爲盛，夏日以茉莉爲盛，秋日以桂菊爲盛，冬日以水仙爲盛。至於春花中如牡丹、海棠、丁香、碧桃之流，皆能於嚴冬開放，鮮豔異常，洵足以巧奪天工，預支月令。」〔註44〕城外的花廠多坐落在花鄉地區，翁同龢曾出城訪花，「出南西門坐花之寺，又訪豐臺芍藥，至所謂樊家村者（距南西門八里），頗有大花廠，皆常卉，有數處籬落中芍藥甚密而皆蓓蕾。」〔註45〕

（原載《北京文博》2008年第3期）

〔註39〕　（清）富察敦崇：《燕京歲時記》，北京出版社，1961年，第61頁。
〔註40〕　（清）于敏中等編纂：《日下舊聞考》卷一四九《物產》引《香祖筆記》，北京古籍出版社，1983年，第2385頁。
〔註41〕　（清）震鈞：《天咫偶聞》卷九《郊坰》，甘棠轉舍刊本，光緒三十三年（1907）。
〔註42〕　（清）戴璐：《藤陰雜記》卷一一，北京古籍出版社，1982年，第106頁。
〔註43〕　（清）于敏中等編纂：《日下舊聞考》卷一四九《物產》引《六街花事》，北京古籍出版社，1983年，第2384頁。
〔註44〕　（清）富察敦崇：《燕京歲時記》，北京出版社，1961年，第51頁。
〔註45〕　瞿宣穎編：《同光間燕都掌故輯略》第二引《翁文恭日記》二七，光緒十四年四月初十日，世界書局，1936年，第15頁。

史道與明代涿州史氏家族

　　涿州史氏家族自明代以來一直是當地的名門望族，時至當代，仍然有以著名作家史鐵生、中國社會科學院學部委員史金波為代表的家族成員活躍在社會各領域。這一家族在明代最為顯赫的人物是曾任兵部尚書的史道，其本人、父親以及一個兒子都是進士出身，作為三代進士及官宦之家，在明代涿州有著顯赫的地位。本文對史道及其家族成員的生平作一簡要介紹，對史道家族在涿州的社會地位與交遊也略為闡述。

一、史道生平

（一）政治鬥爭

　　史道字克弘，號鹿野，又號鹿峰，明代涿州（今河北省涿州市）人。正德八年（1513）順天府鄉試第一，是為解元。正德九年（1514）甲戌科會試中試為貢士，但未及殿試，其父去世。「廬於墓側三年。服闋，賜二甲進士出身，選授翰林院庶吉士，改授兵科給事中。」〔註1〕作為言官的兵科給事中是六科給事中之一，六科給事中又是明代三大監察系統之一，其後史道仕途也多在監察系統。明代監察官員的職責主要有三個方面：對各級官員的不法行為進行彈劾；介入刑獄；考察和推薦官員。職責所在，史道的仕途從起步開始就難免參與了各種政治鬥爭。

　　史道走上仕途，已是明武宗在位末期，明武宗信用幸臣江彬與宦官谷大用等人。史道不畏佞倖，「性剛毅，遇事敢言。疏論谷大用、江彬誤國，王憲

────────────

〔註 1〕 （明）焦竑：《國朝獻徵錄》卷三九《兵部尚書鹿野史公道行狀》。

黨阿，並請止太監張佐等封爵。又嘗疏救尚書王瓊、陸完等死罪。」〔註2〕對於史道的上疏，武宗雖然不能全部採納，但是也「改顏受之」。〔註3〕明世宗登基後，嘉靖元年（1522）十二月，史道由兵科給事中升遷山西按察司僉事，任命宣佈五日後，史道卻上疏彈劾當時深孚眾望的首輔大學士楊廷和。楊廷和隨即不再上朝，上章請求致仕，世宗多次下旨請楊廷和復出。楊廷和針對史道的奏章也上疏反駁，論列史道欺罔二十事，長達四千餘字，見載於《楊文忠三錄》卷八中。緊隨史道之後，御史曹嘉、給事中閻閎也彈劾楊廷和，並且言及內閣及各部尚書。這樣，造成了高級官員人心浮動，內閣及各部尚書也都紛紛上疏乞休。直到次年二月，史道的奏章開啓的政爭使朝政動盪不已。年僅十五六歲，剛剛登基一年多的世宗爲了穩定局面，下令「史道這廝已升外任，卻仍挾私怨望，排陷大臣，變亂國是。著吏部便參看了來說。」〔註4〕史道、曹嘉、閻閎被下詔獄，史道被貶謫爲陝西金縣縣丞，曹嘉謫四川茂州判官，閻閎謫雲南蒙自縣縣丞。「公及閻、曹二公俱嘗爲庶吉士，故時稱爲『館中三傑』」。〔註5〕三人被貶謫，又引起言官數十人上章論救，世宗命史道復任兵科給事中。史道之所以上疏彈劾楊廷和，當時有的人包括楊廷和子侄輩認爲是史道由翰林院庶吉士而未升翰林官，對楊廷和心懷怨恨。但時人大多認爲不能僅將其歸因於個人恩怨，而是有人指使。當今有的研究者認爲，是出於史道所論救過的前兵部尚書王瓊的指使。〔註6〕不論眞相如何，史道作爲言官，敢於上疏彈劾最高官員，確實是勇氣可嘉，不辱其職的。

史道對於復任兵科給事中予以懇辭，被任命爲江西按察司僉事，不久改任河南僉事，兼兵備潁州（今安徽省阜陽市）。由於其父史俊曾任此職，潁州傳以爲盛事，在史道去職後，給他立了去思碑，紀念他的德政。不久，史道升任光祿少卿。當時的首輔張璁與楊廷和不和，「公因上言：『輔臣不協，無以息天變，致太平。』詔以其章宣示內閣。」〔註7〕後陸續任大理少卿、僉都御史、大理寺卿並掌都察院印。在史道任僉都御史時，當時的都察院右副都

〔註2〕乾隆三十年《涿州志》卷一四《人物志三》，第20～21頁。
〔註3〕乾隆三十年《涿州志》卷二二《墓碑》。
〔註4〕（明）楊廷和：《楊文忠三錄》卷八。
〔註5〕（明）焦竑：《國朝獻徵錄》卷三九《兵部尚書鹿野史公道行狀》。
〔註6〕胡吉勳：《大禮議與明廷人事變局》，社會科學文獻出版社，2007年，第179～189頁。
〔註7〕乾隆三十年《涿州志》卷二二《墓碑》。

御史汪鋐掌管院事，汪鋐對待屬下採取壓制態度。爲此，史道「勸以培養直氣，及嘗爭黜給事中王準事，意頗相忤。」〔註8〕與汪鋐結下了矛盾。嘉靖十三年（1534）正月，史道任大理寺卿並兼管都察院時，汪鋐任吏部尚書。四月，明世宗認爲科道官中有奸惡者，命吏部清查。史道由於本人就是科道官員出身，自然維護科道官的利益。一次他在經過大明門時與汪鋐相遇，「乃力言人材可惜，老先生留得一分是一分。」〔註9〕當面汪鋐表示同意，但是轉眼就上奏史道爲科道官當說客。於是，史道被罰俸五月。之後，一次朝會史道與其他幾名官員遲到，汪鋐上奏進行處罰，其他人都上疏請罪，唯獨史道爲自己辯解。這樣，激起了世宗的憤怒，史道被免官家居。

（二）出使朝鮮

出使朝鮮是史道一生中的一件大事。正德十六年辛巳（1521）三月，明武宗駕崩。四月，世宗即位，改明年爲嘉靖元年。八月，命翰林院修撰唐皋、時任兵科給事中的史道擔任頒登極詔正、副使出使朝鮮。「嘉靖改元，公奉命賜玉帶一品服，出使朝鮮。至其國，饋贐一無所受，雖《皇華集》亦卻之。朝鮮國王以公之清介奏聞，且以《皇華集》封進。敕禮部頒給。」〔註10〕史道也因此「直聲清望震一時。」〔註11〕

朝鮮對於明朝的使臣都要派出遠接使全程陪同，雙方在外交活動之餘往往以詩互相唱和，朝鮮事後將雙方的詩文結集出版，名爲《皇華集》。爲了區分，往往前綴干支紀年，史道此次出使的《皇華集》名爲《辛巳皇華集》。《辛巳皇華集》四卷，收錄唱和詩共496首，文兩篇，分別是唐皋的《練光亭記》和史道的《納清亭記》。除了明朝的兩名使者外，還收錄了朝鮮擔任遠接使的議政府右參贊李荇的 162 首詩。朝鮮參與唱和的官員還有內資寺正（弘文館典翰）鄭士龍、禮賓寺副正李希輔、成均館司成（弘文館直提學）蘇世讓、刑曹判書李沆、承政院都承旨尹希仁、議政府領議政金銓、議政府左議政南袞、承政院右副承旨徐厚、禮曹判書洪淑、京畿道觀察使成雲、兵曹判書張順孫、知中樞府事韓亨允、工曹參議成世昌、副護軍黃瑾、弘文館副提學金安老、弘文館直提學蔡忱、司憲府掌令表憑、弘文館副修撰沉思順、承政院

〔註8〕乾隆三十年《涿州志》卷二二《墓碑》。
〔註9〕（明）焦竑：《國朝獻徵錄》卷三九《兵部尚書鹿野史公道行狀》。
〔註10〕（明）焦竑：《國朝獻徵錄》卷三九《兵部尚書鹿野史公道行狀》。
〔註11〕乾隆三十年《涿州志》卷二二《墓碑》。

注書宋純等 19 人。

《辛巳皇華集》收錄史道詩 84 首，按內容，可分為羈旅詩、紀行紀景詩、歌頌詩、交往心情詩、餞別詩和題贈詩。〔註12〕其中《平壤勝蹟》19 首，記載了德巖、文廟、檀君祠、箕子祠、東明王祠、白銀灘、錦繡山、牧丹峰、酒巖、乙密臺、風月樓、練光亭、朝天石、麒麟窟、井田、大同江、快哉亭、浮碧樓、綾羅島等 19 處平壤的勝蹟。儘管此行史道寫了大量詩篇，但平心而論，其詩情、詩才都屬一般。如《大同江》寫到：「江水傍城郭，流入斷山去。乘槎欲尋源，不知在何處。」〔註13〕其詩過於直白，缺乏意境。

史道與陪同的朝鮮大臣李荇等結下了深厚的友誼，其臨別贈詩《留別相國李相》寫到：「行行復行行，已到離別時。離顏人共見，別況誰則知。鴨江一分手，兩地各風吹。胡馬與越禽，北風與南枝。生地自有限，所適不可移。相思豈相見，有夢常相隨。莫愁去時路，且倒會時巵。與君期痛飲，醉中相別離。」李荇的和詩寫到：「萍逢兩相值，邂逅亦暫時。形影一已異，會合那得知。夜月莫須出，天風休更吹。月明有驚鵲，風吹無定枝。我懷只如此，耿耿終不移。願將耿耿懷，常作魂夢隨。且歌白雲篇，莫勸金屈巵。醉中意逾苦，此別非生離。」〔註14〕

（三）修築五堡

嘉靖十五年（1536），史道被重新啟用，被任命為左僉都御史，巡撫大同。此前的嘉靖十二年（1533）十月，因為蒙古韃靼部屯軍大同塞外，時任大同總兵的李瑾為了防備蒙古鐵騎的突襲而督促鎮卒挖壕，由於時間緊迫，對待鎮卒較為嚴苛，激起了兵變，李瑾被殺。叛兵據城死守，直到次年二月，明軍才攻下大同，平定了叛亂。面對亂後的危局，為了安穩人心，史道攜時年八十餘歲的母親上任。

在大同駐守期間，韃靼部不斷有小的侵擾。嘉靖十六年（1537），因為破敵，史道被升為右副都御史。為了徹底解決威脅，嘉靖十八年（1539），史道主持在長城內修築了鎮河堡、鎮虜堡、弘賜堡、鎮川堡、鎮邊堡五堡，形成

〔註12〕唐宸：《明代唐皋、史道出使朝鮮與〈辛巳皇華集〉考論》，曾軍主編《文史與社會──首屆東亞「文史與社會」研究生論壇論文集》，上海大學出版社，2012 年，第 183～196 頁。

〔註13〕趙季輯校：《足本皇華集》卷一六，鳳凰出版社，2013 年，第 528 頁。

〔註14〕趙季輯校：《足本皇華集》卷一六，鳳凰出版社，2013 年，第 536 頁。

了一通完整的防禦體系，有力地維護了邊境的安全。史道在《創立五堡以嚴邊防事》的上疏中有詳細記載：

> 鎮城迤東六十里洞子溝之南，原設鎮胡廢堡，四匝溝岔，道路崎嶇，如遇虜眾攻圍，轉輸救援，一時不可卒至，該堡稍西地名南車房，土脈肥厚，地勢高阜，就此創立一堡與關頭、北車房等處相距，虜賊不敢似前直犯腹裏，採掠安子等山及聚落等處地方矣。及鎮城東北四十里水盡頭，原有舊堡地僻。除非險衝，土乾不便汲水。仍移向稍東平崗之地，則四望豁敞，戰守得獲矣。又紅寺舊堡，在鎮城正北，當諸邊適中之處。原額舊堡，規度狹小，氣概不雄。況經歲年之久，風雨披塌，遂成丘土。今當開展擴充，易舊成新，中間多增軍馬，於此管攝諸路兵將。若遇賊警忽至，互相傳報，從而並力捍禦，真有一呼千應之據也。又紅寺稍西有張布袋、紅土等溝，俱係常年暗通賊虜便路，不有所處，則紅寺雖存，未免孤立無助，西二十五里有護堡村，正當前溝通會之地，於此立堡，則東援紅寺，北控諸溝，一應零星之賊無從潛地而入矣。又西五十里沙河舊堡設在沙河北岸，然而坐陷淤泥之間，今移其所於河南好女村立堡，則北距河險，東與護村等處聲勢聯絡，賊騎不敢肆然南渡矣。前項應設五堡，展築者一、創修者四。紅寺改名弘賜堡、南車房改名鎮邊堡、水盡頭改名鎮川堡、護村改名鎮虜堡、沙河堡改名鎮河堡。〔註15〕

五堡的修築，使得明朝「廣地數百里，人得耕戍其間，歲省漕輓無算。」〔註16〕史道因此升遷爲兵部右侍郎。嘉靖二十年（1541）六月，史道被升爲兵部左侍郎並受命回朝，但未及啓程，韃靼部又入侵，史道兩次親自督戰，取得勝利。當月二十一日，史道的母親去世，他返鄉守制。大同的軍民爲了紀念他，「於鎮城南關起一樓名望野，蓋以鹿野爲公之號也。於內立有生祠。」〔註17〕

嘉靖二十九年（1550）秋，韃靼部又入犯畿輔，甚至在盧溝橋一帶劫殺行旅。史道被召，復任兵部左侍郎，仍舊負責對韃靼的防務。「嘉靖三十年，以總兵仇鸞言，詔於宣府、大同開馬市，命侍郎史道總理之。」〔註18〕當年，史道「以目疾疏歸。歸七日，復召還，升兵部尚書。公業知協理者不可共事，

〔註15〕（明）陳子龍編：《明經世文編》卷一六六，中華書局，1962年，第1688頁。
〔註16〕乾隆三十年《涿州志》卷一四《人物志三》，第20～21頁。
〔註17〕（明）焦竑：《國朝獻徵錄》卷三九《兵部尚書鹿野史公道行狀》。
〔註18〕《明史》卷八一《食貨志五·馬市》，中華書局，1974年，第1989頁。

乃上疏，懇乞骸骨，不許。再疏，許之。已論功，加太子少保，蔭一子錦衣百戶。」〔註19〕嘉靖三十三年（1554）四月二十六日，史道病卒，享年七十歲。史道的著述除了見載於《辛巳皇華集》外，還有《史鹿野奏議》、《鹿野雲中奏議》。〔註20〕

二、史道家族其他成員

史道家族世系圖

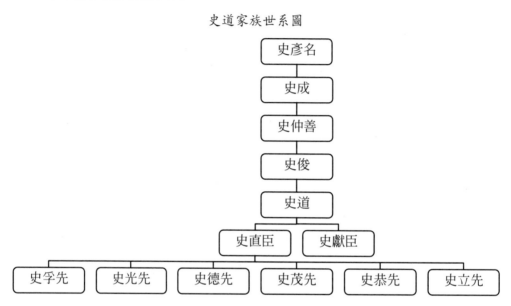

據明代李木所撰《資善大夫太子少保兵部尚書史公神道碑》〔註21〕，史道的高祖父史彥名，曾祖父史成都沒有當過官，因而默默無聞。其祖父史仲善也只當過山西臨晉縣的典史這一不入流的小官。史道的父親史俊，號栢庵，是成化戊子（1468）科解元，乙未（1475）科進士。〔註22〕「授主事，歷升河南按察司僉事、穎壽兵備道。」〔註23〕其官職也不高，只是後來父因子貴，而與史仲善都被贈官右副都御史。由於史俊、史道父子都是解元出身，還有一段與此相關的佳話。《神道碑》記載：「正德癸酉，（史道）就試順天，舉第一。先是，僉事公亦舉順天第一。及公試畢，僉事公閱所試文，手作『父子

〔註19〕乾隆三十年《涿州志》卷二二《墓碑》。
〔註20〕（清）劉獻廷：《廣陽雜記》卷一，中華書局，1957年，第33頁。《鹿野雲中奏議》原誤爲《鹿野雲中奏議》。
〔註21〕乾隆三十年《涿州志》卷二二《墓碑》。
〔註22〕乾隆三十年《涿州志》卷九《選舉志》。
〔註23〕清康熙十六年《涿州志》卷五《科第》。

『解元』字，緘寄公，戒且勿廢。比放榜，發之，人以爲神鑒云。」〔註24〕《行狀》對於史俊的預言記載更爲詳細：「正德癸酉，順天府鄉試，翁栢庵見公三場文字，即封一柬遺公，令勿發。及公聞報中解元，視之，乃對一聯，云『二三千人中文章魁首，四五十年來父子解元』。此時相傳，以爲美談。」〔註25〕此事也充分說明了史俊對史道的精心培養教育以及由此產生的充分信心。

史道有兩個兒子，長子史直臣字子忠，號鶴峰。同他的父親、祖父一樣也是進士出身，他於嘉靖二十六年（1547），登丁未科進士第。〔註26〕清康熙十六年《涿州志》卷5《科第》將史直臣登第科次繫於嘉靖戊戌（1538）科，是錯誤的。史直臣登第後，擔任過工部主事〔註27〕、工部員外郎〔註28〕，某縣縣令。之後，出任松江府同知、知府。松江府雖然歷來是富庶之地，但是史直臣剛任職時，松江府卻是一片蕭條，民不聊生。「瀕年水潦洊臻，倭奴猖獗，民皆失其故業。日削月殘，去者流離不歸，存者瘡痍未定。而兼以國用告匱，羽書交馳，新徵愈繁，舊逋仍迫，吾民汲汲乎朝不謀夕，莫必其生矣。」〔註29〕經過他的一番勵精圖治，松江府「國無稽賦，軍無耗伍，庭無留牘，而圄圉無累囚」。〔註30〕史直臣因爲治績突出，於嘉靖四十年（1561）升任山西按察司副使。隆慶元年（1567）八月，他由陝西按察使升任陝西布政司右布政使。〔註31〕隆慶五年（1571）三月，他由河南布政使司右布政使升任左布政使。〔註32〕隆慶六年（1572），有他擔任山西左布政使的記載。〔註33〕

史直臣不但是一個能吏，而且勤於撰著。他撰有嘉靖《涿州志》，現殘存9卷。另外他還編有《詩文類範》18卷，隆慶七年（1573）刊刻，國家圖書館和北京大學圖書館都有收藏。該書胡定序云：「鶴峰史先生採補子夏至漢以

〔註24〕 乾隆三十年《涿州志》卷二二《墓碑》。
〔註25〕 （明）焦竑：《國朝獻徵錄》卷三九《兵部尚書鹿野史公道行狀》。
〔註26〕 （明）何三畏：《雲間志略》卷三《郡侯鶴峰史公傳》，臺灣明文書局《明代傳記叢刊》本，第145冊，第159頁。
〔註27〕 清康熙十六年《涿州志》卷五《科第》，第8頁。
〔註28〕 （明）沈愷：《環溪集》卷二六，明隆慶五年至萬曆二年沈紹祖刻本。
〔註29〕 （明）何三畏：《雲間志略》卷三《郡侯鶴峰史公傳》，臺灣明文書局《明代傳記叢刊》本，第145冊，第159頁。
〔註30〕 （明）何三畏：《雲間志略》卷三《郡侯鶴峰史公傳》，臺灣明文書局《明代傳記叢刊》本，第145冊，第161頁。
〔註31〕 《明穆宗實錄》卷一一。
〔註32〕 《明穆宗實錄》卷五五。
〔註33〕 《明神宗實錄》卷二。

來及近代李獻吉文若干篇，李唐詩若干首，依模擬輯，略具諸家之言云。」前 6 卷爲文，後 12 卷爲詩，選詩 5443 首，分類編排，如遊幸、獻壽、赴舉、觀省……時令、雨雪、居宅、關、花木、禽獸、蟲等。〔註 34〕

史道的次子史獻臣沒有走科舉入仕之途，而是「以父蔭授都察院照磨，歷升宗人府經歷。」〔註 35〕史獻臣沒有兒子，而史直臣有六子：史孚先、史光先、史德先、史茂先、史恭先、史立先。其中史孚先以祖蔭入國子學，史德先以父蔭入國子學。〔註 36〕

三、史道及其家族在明代涿州的社會地位與交遊

由於史道家族三代進士出身，並且本人官至兵部尚書，其家族在涿州有著較高的社會地位，涿州城內有三座牌坊是爲其家族所建，分別是大中丞坊、大廷尉坊、父子解元坊，前兩座爲史道所建，後一座爲史俊、史道父子兩人所建，因爲兩人都曾中解元。〔註 37〕

史道家族與涿州地方官員保持著良好的私人關係。史道曾爲涿州知州賀榮撰寫《涿守滄河賀公均田記》。「明中葉以後，某些主張改革田賦徭役積弊的官員，主張『均田定役』，通過調整鄉官、鄉紳、豪強地主和小戶的徭役田糧負擔而緩和社會矛盾。」〔註 38〕涿州知州賀榮是「均田定役」的踐行者。他「緣丘歷畝，循踐四境。分區類號，晝夕磨檢。引民獻隱，採及芻蕘。吏書不得試低昂之手，大族不得擅沃饒之便。高下有定等，彼我有定分。多寡有無，屹然有定數。」〔註 39〕爲此，涿州的士大夫推舉史道作記，刻石立於州衙署。時間可能是在史道丁母憂期間，或是退休之後。史道在鄉期間，還經常與地方官員及士紳舉行聚會，如頓銳的《史宮保江村晴泛，郡守縉紳畢集有作》一詩記載到：「羈禽脫樊籠，鼓翼喜欲舞。野人出朝市，如釋縲絏苦。江村水彌漫，遠目欣快睹。未論得幽勝，且足沃肺腑。四美成盍簪，二難有嘉主。尚書匹齊賢，橋莊繼名午。琴尊弄滄浪，席幄炤水滸。嘯詠人物清，簡質衣裳古。太守蘇白風，歌鐘軋簫鼓。菱荷萬紅妝，麗服映修浦。芳蘭香

〔註 34〕黃淑芳、王順貴：《新發現稀見宋元明清唐宋詩歌選本二十種述論》，《上饒師範學院學報》2011 年第 5 期，第 26 頁。

〔註 35〕清康熙十六年《涿州志》卷六《胄監》。

〔註 36〕清康熙十六年《涿州志》卷六《胄監》。

〔註 37〕乾隆三十年《涿州志》卷四《坊表》。

〔註 38〕劉伯涵：《明代的「均田定役」與「均田免糧」》，《史學集刊》1989 年第 3 期。

〔註 39〕清康熙十六年《涿州志》卷一一《記》。

可搴，游鱗歷勘數。積雨綠遠山，斜陽舊高樹。捨舟沿村墟，桑麻亂深隖。吳越擅清佳，信美非吾土。永辭衣冠縛，甘就農漁伍。吾慕龐德公，足不入城府。」〔註40〕這次名為江村晴泛的聚會很可能是在涿州城北的拒馬河邊舉行的。「橋莊繼名午」典出唐代宰相裴度，裴度在東都洛陽午橋建有別墅，稱為午橋莊，又稱綠野堂。史道很可能在拒馬河邊也建有別墅，且其位置可能在著名的石拱橋永濟橋附近。史道還經常接待門人故舊的來訪，「居里中，過單門下士，未嘗或貌謾之。」〔註41〕他在《門人李培齋訪至涿，感舊有作，因以原韻次答》一詩中寫到：「四十餘年交誼深，相逢回首憶高岑。三秋隔面頻煩夢，兩地關情每寄音。我亦思君同笑語，君來訪我費招尋。青春白髮無新舊，地久天長屬此心。」〔註42〕對於去世的親朋故舊，史道也常常應邀為之撰寫墓誌銘，現在可見的有《明故封君頓公墓誌銘》〔註43〕、《明故中順大夫福建少參楊公墓誌銘》〔註44〕、《明修職郎豐齋田君合葬翟孺人墓誌銘》〔註45〕。這些，都密切了史道家族與鄉里的關係。

史道家族與涿州的其他大家族也有著良好的關係和密切交往，主要有頓銳與楊瀹兩個家族。頓銳，字權養，自號鷗汀。祖先為安徽六安人，永樂初年，曾祖頓英以百戶調屯涿鹿左衛，於是定居涿州。頓銳正德辛未（1511）進士登第，較史道還早三年。歷任江蘇高淳知縣、戶部主事、戶部員外郎、代王府長史，由於頓銳本人性格恬淡，不樂仕途，在任戶部主事後即乞休家居。經其母親再三要求，才再次出仕，但在母親去世後，就退居家園，建別墅於涿州懷玉山，棲遲於山林。頓銳的父親頓瑄沒有當過官，但是因善於經商而致家族富裕。史、頓兩家有通家之好，史道曾給頓瑄撰寫墓誌銘。〔註46〕史道在墓誌銘中自稱為姻生，可見兩個家族有婚姻關係，但是具體情況現有史料還難以說明。楊瀹屬於史道和頓銳的子侄輩，他是嘉靖壬辰（1532）科進士，歷任翰林院編修、按察司副使。他的父親

〔註40〕清康熙十六年《涿州志》卷一二《題詠》。乾隆三十年《涿州志》卷一九《藝文志·詩》此詩題目作《偕史宮保晴泛，郡守縉紳畢集有作》。
〔註41〕乾隆三十年《涿州志》卷二二《墓碑》。
〔註42〕清康熙十六年《涿州志》卷一二《題詠》。
〔註43〕涿州市文物保管所編：《涿州貞石錄》，北京燕山出版社，2005年，第132頁。
〔註44〕涿州市文物保管所編：《涿州貞石錄》，北京燕山出版社，2005年，第138頁。
〔註45〕涿州市文物保管所編：《涿州貞石錄》，北京燕山出版社，2005年，第140頁。
〔註46〕涿州市文物保管所編：《涿州貞石錄》，北京燕山出版社，2005年，第132頁。

楊鎡曾任知縣。〔註 47〕頓銳去世後，楊瀹給他撰寫了《中憲大夫代府右長史前戶部員外郎頓公墓誌銘》。〔註 48〕楊瀹的岳母也是涿州史氏，但是同史道不是一個家族，而是南京府軍前衛知事史英之女。史氏去世後，楊瀹撰寫了墓誌銘，而史道則以「郡人」的身份親自書寫。〔註 49〕由此可見，史道家族與楊瀹家族也有著密切的關係。這樣，三個家族在明代涿州形成了盤根錯節、聲氣相通的密切關係。無疑，也在一定程度上影響著當地的地方政治。

（原載《河北學刊》2014 年第 6 期）

〔註47〕清康熙十六年《涿州志》卷五《科第》。
〔註48〕乾隆三十年《涿州志》卷二二《墓碑》。
〔註49〕涿州市文物保管所編：《涿州貞石錄》，北京燕山出版社，2005 年，第 136 頁。

二閘——明清北京的公共休閒空間

　　自元朝郭守敬主持開鑿通惠河後，這一運河不但是北京物資供應的生命線，也是一條風光旖旎的風景線，尤其是起自東便門外大通橋，向東到慶豐閘的河段。自明代起，逐漸成為京城上自官員，下至百姓日常觀光休閒的勝地。到清末漸趨鼎盛。民國後，這一帶漸漸蕭條。建國後，這一名勝則完全荒廢。時至今日，只有經過修繕但卻原味盡失的慶豐閘遺址可尋。可是，這一段河道已完全失去了觀光遊覽的功能。本文僅就明清這一河段作為城市的休閒空間這一職能略作闡述。

一、明代以大通橋為中心的通惠河之遊

　　通惠河從東便門外大通橋到八里橋的河段上共有五座閘門，從西到東依次是大通閘、慶豐閘、平津上閘（高碑店閘）、平津下閘（花兒閘）、普濟閘，按其順序，慶豐閘又被稱為二閘，民間也多呼為二閘，很少稱其正名。

　　明代的通惠河遊覽多在大通橋至慶豐閘一線，但多以大通橋為中心。明朝劉侗的《帝京景物略》有「三忠祠」一條描述這一帶的景致，姑引如下：

> 出崇文門三里，曰大通橋。運河數千里，閘七十二，抵橋下閘，不復通矣。大通云者，著有成也。水從昌平白浮村之神山泉，過雙塔榆河，會一畝、玉泉諸水，入城，匯積水潭，繇玉河中出。橋下閘而灘之，淘淘沌沌，攖怒則鳴。過灘貿然，汎汎活活，水乃疾行。疾者去之，緩以洄者取之，吱吱軋軋，林間之桔橰也。倚高城，臨運河，一二園亭而東之。三忠祠祀三忠：漢武侯、宋鄂王、信國也。祠後濯纓亭，亭即河之岸，撥船千艘，亭檻艘檣，日與摩拂。河故元通惠河，

都水監郭守敬濬者，即金遼故河也。我成化正德中再疏之，再未就。嘉靖丁亥，御史吳仲請修，修三月告成功，上舟觀之，塵居夾岸二十里，柳垂垂蘸河，漕舟上下達。大學士張璁等聯句以聞，上喜，給光祿饌，又分御膳賜焉。萬曆中歲運，二月徂五月，凍糧至，去年糧也；夏徂秋，逮乎冬而至，本年分糧也。十年來，餉用急，漕政漸修，閘河一線，無守凍船。每花信麥秋時，亭陰閒閒，岸草靜好。出都門，半取水道，送行人，閒者別張家灣，忙者置酒此祠亭，去住各荒率，亭所閒，少閒人。對岸鹿園，金章宗故園也，今曰藍靛廠。

可見，自大通橋向東，有一二座園林。園林東面運河南岸有三忠祠，是明代周珍創建，專門供奉諸葛亮、岳飛和文天祥這三位歷史上赫赫有名的忠臣。在祠堂北面緊鄰運河有一座濯纓亭，此處經常被作爲送別宴客的場所。嘉靖六年（1527），此段通惠河再次修濬，沿河 20 里，遍植垂柳，形成了一條別具江南水鄉特色的景觀帶。工程告竣後，嘉靖帝也曾親自登舟視察，首輔大學士張璁等爲此聯句作詩，題爲《侍上泛通惠河，同官聯句》。詩中有「落日秋風好放舟，已過三閘順安流」及「殘柳壓堤閒宿鷺，輕帆破浪未妨鷗」等語〔註1〕，描繪了泛舟通惠河上心情的暢快與環境的美麗。

民國時期的大通橋

此後，明朝北京的官員、文人都以泛舟通惠河爲樂事，而且遊覽的重點大多以大通橋一帶爲中心。著名詩人，「南園後五子」之一的歐大任（1516～1596 年）曾作詩《三月晦日遊大通橋濯纓亭》，詩中也提到濯纓亭西側的桔槔亭〔註2〕。明代著名文學家，「公安派」主要代表人物，號稱「公安三袁」的

〔註1〕　（明）劉侗、于奕正：《帝京景物略》卷三《城東內外》，北京古籍出版社，2001 年，第 83 頁。

〔註2〕　（清）佚名編：《人海詩區》卷一《橋閘》，北京古籍出版社，1994 年，第 123 頁。

袁氏三兄弟中的袁宏道（1568～1610）與袁宗道（1560～1600）都曾遊覽過
通惠河。袁宏道有詩《夏初，黃無淨邀同項玄池諸友及家伯修，泛舟大通橋》：
「京師百戲都，所少惟舟筏。御水落漕渠，淙淙流一發。凡目未經先，雖少
亦奇絕。何況集棠舟，遊遨似吳越。菱蒲得水長，鳧鴛避沙熱。朱碧好亭子，
稀疎出林樾。雙航無定質，隨波作周折。遇樹即停帆，因風或舟楫。閘水高
十仞，百斛量琳屑。駿馬下危坡，疾雷震空碣。西門亦有水，寬丈深寸尺。
計較今昔遊，居然分勝劣。朝日照來騎，歸途見微月。」〔註3〕可見，對於繁
華的京城缺少水景，作者不無遺憾，但是通惠河卻填補了這一缺憾，並且其
風光酷似吳越，給來自水鄉的作者以親切之感。袁宗道也有詩《夏日高戶部
循卿招飲大通橋》：「一望皆林塘，孤亭臨水際。連彎四五人，一揖易巾屨。
主人陳尊罍，花下趨人吏。兩行檀壓酒，百巡車行戴。長艭潞河來，人衣沾
草翠。潭影見軒窗，遊魚呷亭宇。散坐捐煩苛，縱談忘忌避。水風醒心脾，
百罰不成醉。舟行窮幽奧，目境轉奇邃。臨涯逼懸流，萬雷擊山墜。對面不
聞語，但見口開閉。冰柱萬條直，雪岩千片碎。側身奔石間，趾酸心病悸。歸
臥北窗下，枕邊聞水氣。」〔註4〕同樣描繪了大通橋一帶運河的秀美風光。

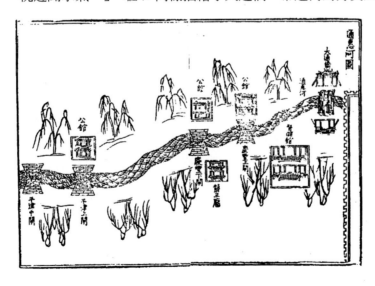

通惠河圖（採自《通惠河志》）

〔註3〕 （明）劉侗、于奕正：《帝京景物略》卷三《城東內外》，北京古籍出版社，
　　　　 2001年，第85頁。
〔註4〕 （明）劉侗、于奕正：《帝京景物略》卷三《城東內外》，北京古籍出版社，
　　　　 2001年，第85頁。

明代通惠河的遊客中多爲朝廷官員，少見百姓，且南方出身的官員較多。這與大通橋一帶近似江南水鄉的風光有關，旖旎的景色更能給這些遠離家鄉的遊子以故園之思。

二、清代官民同樂的休閒活動——逛二閘

到了清代，從大通橋到慶豐閘的通惠河段依然是遊覽勝地，與明代不同的是，由以大通橋爲中心轉而以慶豐閘爲中心，並且此地也成了平民百姓觀光休閒的絕佳場所。

康熙十五年（1676），工部郎中田雯主持修復大通橋，爲此作詩《大通橋行》。公務之餘，在慶豐閘遊玩，作有《慶豐閘閒步》二首，其一：「村口人家淺，爲園傍野塘。疏泉畦水細，鋪地芥花香。斜纜穿堤柳，饑鳥上釣床。北方宜種秫，亦插稻田秧。」其二：「莽莽沙村路，遙連漁浦煙。小橋垂柳下，古廟野花香。風過雕翎落，山昏兩腳懸。忘歸天欲暮，野興劇流連。」〔註5〕可見，清初的慶豐閘尚不是十分熱鬧，具有幽靜的荒野田園景色。但是，由於通惠河的水鄉特色在北京尤顯難得，因而此地逐漸遊人如織，遊船如雲，以二閘爲中心成爲了京城的遊覽勝地。「城東卷地黃埃，一過大通橋，見水頓覺心曠神怡，故二閘泛舟，都人目爲勝遊之一。」〔註6〕

逛二閘的主要活動當然是乘舟沿河遊覽，遊覽路線一般是自大通橋到慶豐閘，也有少數人再接著遊到平津閘。如勞宗茂有《遊二閘》詩：「紅船白板綠煙絲，好句揚州杜牧之。何事大通橋上望，風光一樣動情思。慶豐才過又平津，立遏通渠轉遞頻。莫謂盈盈衣帶水，勝他多少犢輪辛。」〔註7〕泛舟通惠河所雇船資並不昂貴，能爲普通百姓所接受。「小舟三兩，艤岸相待，遊人投之錢，即款乃行。」〔註8〕但如有特殊需求，則價格甚貴。「賃船並不昂，若偕伎包船往來，則貴不可問。」〔註9〕二閘觀水，是一項重要的遊覽活動，由於閘壩形成的上下流落差，二閘向下流泄水處「水聲潺潺，酷肖瀑布」。〔註10〕而「雨後

〔註5〕 （清）佚名編：《人海詩區》卷一《橋閘》，北京古籍出版社，1994年，第131頁。
〔註6〕 （清）戴璐：《藤陰雜記》卷一一，北京古籍出版社，1982年，第103頁。
〔註7〕 （清）吳長元：《宸垣識略》卷一二《郊坰一》，北京古籍出版社，1983年，第249頁。
〔註8〕 李家瑞編：《北平風俗類徵》引《側帽餘譚》，商務印書館，1937年，第351頁。
〔註9〕 崇彝：《道咸以來朝野雜記》，北京古籍出版社，1982年，第24頁。
〔註10〕 李家瑞編：《北平風俗類徵》引《京華春夢錄》，商務印書館，1937年，第352頁。

觀水,尤壯旺。」〔註11〕二閘一帶的居民多以漕運爲生,因此水性都很好,其子弟也因遊客衆多,利用良好的水性爲遊客表演以賺取獎賞。「閘下水深數仞,窺不及底,遊者輒憑橋欄,下擲錢物,附近居民,竄入急流,取原物歸,藉博賞資。業此者多十齡左右之小兒,都人稱之爲『水蝦子』。」〔註12〕有竹枝詞描繪這種場景,「幾個兒童赤體蹲,身輕如鳥浪中翻。今朝乞得錢三倍,歸於爺娘共笑言。」〔註13〕

二閘泛舟

　　遊人的衆多,也促使二閘一帶飲食服務業的繁盛,茶館、酒樓,舉目皆是,並且環境宜人。震鈞就曾在大通橋西的茶館飲茶,感歎環境雖好,但水及茶葉都差強人意。「大通橋西堰下,舊有茶肆,乃一老卒所闢。並河有廊,頗具臨流之勝。秋日葦花瑟瑟,令人生江湖之思。餘數偕友過之,茗話送日。惜其水不及昆明,而茶尤不堪。」〔註14〕較爲知名的茶館有如意館、雅利居等。〔註15〕有的茶館也供應酒席,「臨河茶棚甚多,以大花障爲有名,肴酒俱備,價昂而不佳,以缺爲貴也。」〔註16〕大花障之類是較爲抵擋的餐飲場所,較高檔的則有望海樓、望東樓等。望東樓魚湯尤給人回味無窮之感。「乘舟二

〔註11〕 崇彝:《道咸以來朝野雜記》,北京古籍出版社,1982年,第24頁。
〔註12〕 李家瑞編:《北平風俗類徵》引《京華春夢錄》,商務印書館,1937年,第352頁。
〔註13〕 (清)王述祖:《二閘竹枝詞》,載《餘園詩稿》,轉引自雷夢水、潘超、孫忠銓、鍾山編《中華竹枝詞》(一),北京古籍出版社,1997年,第217頁。
〔註14〕 (清)震鈞:《天咫偶聞》卷八《郊坰》,北京古籍出版社,1982年,第187頁。
〔註15〕 (清)王述祖:《二閘竹枝詞》,載《餘園詩稿》,轉引自雷夢水、潘超、孫忠銓、鍾山編《中華竹枝詞》(一),北京古籍出版社,1997年,第216頁。
〔註16〕 崇彝:《道咸以來朝野雜記》,北京古籍出版社,1982年,第24頁。

閘欲探幽，食小魚湯味亦甘。最是望東樓上好，桅檣煙雨似江南。」〔註17〕

二閘還有一項重要的歲時活動，那就是中元（陰曆七月十五日）放河燈。「而中元之夕，月光大好，則霧縠披驅，茉莉堆髻，脂粉狼藉，履舄雜沓。憑欄俯瞰，閘波漾天，月如串珠，足媲盧溝曉景，然一年一度，轉瞬即逝，以是趨者爭先，唯恐或後。迨宵闌月斜，涼侵芳肌，冒露言歸，蹄痕碎月，柔意彌爽，雅懷滋適矣。」〔註18〕在這一天，還有扭秧歌、舞獅等民間娛樂活動。「運河二閘，自端陽以後遊人甚多。至中元日例有盂蘭會，扮演秧歌、獅子諸雜技。晚間沿河燃燈，謂之放河燈。中元以後，則遊船歇業矣。」〔註19〕另外，每年二月二日，各種民間花會在此彙集、表演。「每屆二月二日，文場少林、太獅少獅子，於此會集。」〔註20〕其中的獅子會就是二閘當地人表演的，舞獅有大獅子和小獅子之分，大獅子名之爲「太師」，小獅子名之爲「少獅」。平日二閘的娛樂活動還有聽大鼓書、三弦等，有竹枝詞記載道：「雛鶯乳燕不知名，開口欣然座客迎。一曲清歌金一餅，遊人念爾亦蒼生（女唱向人乞憐，客有擲以金錢者——原詩後小注）。」〔註21〕

二閘修禊（採自《鴻雪因緣圖記》）

〔註17〕（清）得碩亭：《草珠一串》，載《清代北京竹枝詞（十三種）》，北京古籍出版社，1982年，第57頁。

〔註18〕李家瑞編：《北平風俗類徵》引《京華春夢錄》，商務印書館，1937年，第352頁。

〔註19〕（清）富察敦崇：《燕京歲時記》，北京出版社，1961年，第72頁。

〔註20〕李家瑞編：《北平風俗類徵》引《京華春夢錄》，商務印書館，1937年，第352頁。

〔註21〕（清）王述祖：《二閘竹枝詞》，載《餘園詩稿》，轉引自雷夢水、潘超、孫忠銓、鍾山編《中華竹枝詞》（一），北京古籍出版社，1997年，第217頁。

　　二閘遊玩，可雅可俗。雅的可在此舉行上巳修禊的古禮，俗的則有闊大奶奶之閒逛。嘉慶二十五年（1820）三月初三，後來官至江南河道總督的完顏麟慶曾與友人 15 人來到通惠河邊，仿照東晉王羲之等人著名的蘭亭會，舉行上巳修禊之禮。「或泛小舟，或循曲岸，或流觴而列坐水次，或踏青而徑入山林，日永風和，川晴野媚，覺高情爽氣各任其天。」〔註 22〕時隔多年，他回憶及此，為永久保留美好的印象，而留下了一幅《二閘修禊》圖，描繪了煙柳迷茫的三月二閘美麗的景色。在滿族民間文學子弟書中，有一篇《闊大奶奶逛二閘》，細緻描摹了滿族貴婦逛二閘的整個過程，文字淺顯易懂，讀來饒有興味。引錄如下：

> 命僕從前往渡頭將船雇，買了些爆竹花鴨作樂遊。帶了些美味乾鮮果品，預備著對景開懷遣興幽。眾家人船中陳設多齊整，這佳人香車慢下棄岸登舟。丫嬛連忙鋪下坐褥，佳人坐定吩咐開舟。不多時清風陣陣吹人面，彷彿身從鏡內遊。真可喜新晴一派清涼景，遠望郊原豁倦眸。傍岸野花香氣放，沿堤楊柳翠煙浮。迢迢載米船來往，款款尋泥燕子幽。觀不盡水秀山青天然古畫，卻喜那波光掩映蕩輕舟。三忠祠選勝任來爭喚酒，得月軒叫會聲喧過渡頭。絃管嘈雜三塊板，笙歌宛轉韻偏幽。柳陰時看垂釣客，花間笑語踏青疇。這佳人畫舫已過蘆花岸，觀不盡水色連天霞色浮。又則見兩岸高桅排燕翅，見船家拽纜停舟到渡頭。尋茶社雅座偏宜如意館，近水濱料看相對望東樓。這佳人斜倚欄杆觀佳景，一望山河爽二眸。又則見幾個兒童浮水面，盼望著下水摸錢把客興留。這佳人春扇輕搖消永晝，光分銀漢日映中流。不多時夕陽欲下催歸棹，兩岸邊鳥韻悠揚綠樹頭。渡頭前從新把香車上，前後圍隨進了皇州。〔註 23〕

二閘一帶，遊人群聚，難免魚龍混雜，出現一些醜惡現象。二閘附近有一座靈官廟，尼姑廣真住持，時人稱之為廣姑子。道光中葉，其廟香火極盛，又靠近二閘，遊人眾多。廣真在廟內招妓設賭，貴族子弟多在此嫖妓、賭博、吸食鴉片，胡作非為，可謂「黃賭毒」俱全。歷時數年之久，風聲極大。後在道光十八年（1838）被御史舉報，「參軍統領派弁往抄，適值廣真作壽，來

〔註 22〕（清）完顏麟慶：《鴻雪因緣圖記》第一集上冊，道光丁未年七月揚州刻本。
〔註 23〕北京民族古籍整理出版規劃小組輯校：《清蒙古車王府藏子弟書》，國際文化出版公司，1994 年，第 111～112 頁。

賓甚盛，因而俱罹於難。」〔註 24〕其中牽涉到莊親王奕賣、輔國公溥喜、鎮國公綿順等王公大臣。道光帝一時震怒，幾人的爵位都被革除，廣姑子被刑部判罪發遣，成爲轟動一時的醜聞。當時就有好事者將此事編成子弟書《緒（續）靈官廟》〔註25〕，到處傳唱。

　　進入民國後，隨著運河航運業的衰落，二閘作爲風景名勝區也隨之衰落了。待到 1927 年沈從文先生寫下著名的散文《遊二閘》時，給他留下深刻印象的，只有討錢的戲水兒童了。童謠所唱：「勞您駕，道您乏，明年請您遊二閘。」也已成爲明日黃花的往事了。

（原載《北京文博》2010 年第 3 期）

〔註24〕崇彝：《道咸以來朝野雜記》，北京古籍出版社，1982 年，第 20 頁。
〔註25〕北京民族古籍整理出版規劃小組輯校：《清蒙古車王府藏子弟書》，國際文化出版公司，1994 年，第 306～309 頁。

謠諺中的清代北京社會

　　謠諺歷來不但是普通百姓對日常生活經驗的總結，也是針砭時弊的有力表達，充分反映了民生、民意。可以說，一個時代的謠諺，就是一個時代的一面鏡子。在清代的謠諺中，有很多產生在北京，反映了清代北京社會的方方面面，從受到針砭的時政官場，到真實細微的民生百態乃至豐富多彩的歲時民俗，給我們展示了一幅當時社會的風情畫卷。本文僅就以上幾方面，對謠諺中的清代北京社會進行一番簡單的描述。

一、謠諺中的時政官場

　　在清代北京的官場中，有一條十分著名的諺語。「京師相傳有十可笑：光祿寺茶湯，太醫院藥方，神樂觀祈禳，武庫司刀槍，營繕司作場，養濟院醫糧，教坊司婆娘，都察院憲綱，國子監學堂，翰林院文章。猶漢世諺稱舉秀才，不知書，察孝廉，父別居之謂也。」〔註1〕這條諺語辛辣地譏諷了官僚機構的名不副實和端拱無為。其實，在明代，此條諺語就已出現，只不過是清代又在其基礎上加以增益。明代沈德符《萬曆野獲編》卷二四《京師名實相違》條記載：「京師向有諺語云：『翰林院文章，武庫司刀槍，光祿寺茶湯，太醫院藥方。蓋譏名實之不稱也。然正不止此：儒生之曳白，無如國子監；官馬之駑下，無如太僕寺；曆學之固陋，無如欽天監；音樂之謬誤，無如太常寺；帑藏之空乏，無如太倉庫；士卒之老弱，無如三大營；書法之劣俗，與畫學之蕪穢，無如制誥兩房、文華武英兩殿。真可浩歎！至若京官自政事

〔註1〕　（清）于敏中等編纂：《日下舊聞考》卷一四六《風俗》，北京古籍出版社，1983 年，第 2239 頁。

之外，惟有拜客赴席爲日課。然皆不得自由。」可見，封建社會官僚機構的積弊具有共通性，儘管改朝換代，但也不影響其弊端一直延續。但是，也有清人筆記認爲這條諺語是「蓋各舉其職守也」。〔註2〕當代也有研究者如此認爲，〔註3〕這無疑是迴避或忽視了謠諺對現實的反面反映。

到了封建社會末期，腐敗無爲成了各級官僚機構的通病，僅以內務府爲例，就有多條諺語諷刺之。如「二馬吃盡天下草」〔註4〕二馬指馬齊和他的弟弟馬武，二人出身滿洲富察氏，馬齊曾任總管內務府大臣。總管內務府大臣清代定制六人，光緒年間，福錕、嵩申、師曾（原姓田）、巴克坦布（原姓王）、崇光（原姓金）、文琳六人任內務府大臣，有一條諺語將這六人都編入其中，諷刺其庸碌無爲。諺稱：「嵩不知，巴不管，胡塗中堂塡不滿（塡與田音同，言其貪得無厭——原注）；禁不住，肩臂軟（金與禁同音，言其凡事無擔當也——原注），末後跟之文四眼（貢三眼大短視，不可須臾離眼鏡也——原注）。」〔註5〕

在官僚階層中，對於選官任吏的不公，也有諺語流傳。「道、咸之際，京中有諺語『牛吼一聲坐中堂』，指瑞澄泉相國麟而言。瑞由太常寺贊禮郎起家，聲音宏壯，像貌魁梧，每於壇廟祀典贊禮，宣宗特別注意。於是由郎署擢少卿，至道光末，已升至禮部侍郎，仍管太常寺事。咸豐八年，由尙書竟拜相（未經協揆階級——原注）。」〔註6〕瑞麟由於身爲太常寺贊禮郎，在各項祭祀典禮中擔任唱贊之職，由於聲音洪亮而爲道光帝所欣賞，因而平步青雲，引起了眾人的譏諷。出於嘲諷此類現象，還有「十年窗下苦，不如一聲嚎」〔註7〕的諺語。爲了升遷，京城官場中諂媚之風盛行，有些人的行爲不堪入目。道光年間，穆彰阿當權，有官員甚至讓妻子爲穆掛朝珠，當時人就諷刺道：「百八牟尼親手掛，拈來猶帶乳花香」。〔註8〕又有一權貴的夫人死了，一官員作祭文，文中有「喪師母如喪我母」之句。他又曾宴請該權貴，該權貴稱讚荼肴可口，他回答說：「此係內人所作，請老師不敢用廚人也。」當時人諷刺道：

〔註2〕 （清）陳康祺：《郎潛紀聞初筆》卷六，中華書局，1984年，第131頁。

〔註3〕 參見潘洪鋼：《傳統社會中的民間謠諺與社會政治生活——以清代謠諺爲例的討論》，《學習與實踐》2008年第6期。

〔註4〕 （清）昭槤：《嘯亭雜錄》卷九，中華書局，1980年，第284頁。

〔註5〕 （清）崇彝：《道咸以來朝野雜記》，北京古籍出版社，1982年，第3頁。

〔註6〕 （清）崇彝：《道咸以來朝野雜記》，北京古籍出版社，1982年，第76頁。

〔註7〕 （清）戴璐：《藤陰雜記》卷三，北京古籍出版社，1982年，第30～31頁。

〔註8〕 （清）丁柔克：《柳弧》卷六，中華書局，2002年，第375頁。

「喪師母如喪我母，用內人不用廚人。」〔註9〕

　　對於決定人生命運的科舉考試的不公，也有諸多謠諺加以諷刺，而這些謠諺的作者很可能就是身受其害的普通舉子們。乾隆二十六年（1761）會試，「有『中者不如不中，用者不如不用』之謠。時劉侍郎秉恬取入中正榜，不數年總督四川；孫補山先生二甲第三，文字入選未用，壬午召試授中書，不十年開府雲南，終大學士，贈公爵。若馮方伯應榴，查他山慎行，郭侍讀元濂，皆未用，榜下選翰林者皆不之及。」〔註10〕高心夔是江西的名士，入京作肅順的幕僚，肅順對他十分禮敬。「會咸豐己未中進士，肅以大魁許之。及覆試日，詩題爲柳暗花明又一村得村字，屬十三元韻。高詩出韻，多涉十四寒，遂置四等，罰停殿試一科。次年，值庚申恩科，始得殿試，肅囑諸監試大臣待高氏完卷，不論時之早晚，即一律收捲。於是不完卷者甚眾，其實爲高大魁計也。高列於二甲中，並非高第。朝考日，試題爲紗窗宿斗牛得門字，又屬十三完韻（本唐人孫遜夜宿雲門寺詩——原注）。高復出韻，置四等，歸班銓選（此項既未指定何官，永無選期，空言耳——原注）。當時有人嘲之曰：『平生雙四等，該死十三元。』」〔註11〕肅順也因此事而爲廣大士子所痛恨。

　　在謠諺中，百姓對權貴的蔑視是十分辛辣的，光緒年間，北京有諺語云「六部三司官大榮小那端老四，九城五窯姐雙紅二翠萬人迷。」〔註12〕「大榮小那端老四」分別指當時最有權勢的榮祿、端方、那桐等人，而這些人竟然與妓女相提並論，可見其在民間的口碑。還有一條諺語說京師之物有三大，「娘兒們的腳大，抬靈柩的槓大，新翰林的片子大」。〔註13〕也透露出對翰林的嘲弄與菲薄。在清代北京，謠諺嘲諷的對象不僅限於官僚，甚至上至皇帝、皇后也同樣受到嘲諷。「文宗體弱，騎術亦嫻，爲皇子時，從獵南苑，馳逐群獸之際，墜馬傷股。經上駟院正骨醫治之，故終身行路不甚便。咸豐初，京中市井語有『跛龍病鳳掌朝堂』之謠，謂慈安善病也。」〔註14〕

〔註9〕　（清）丁柔克：《柳弧》卷六，中華書局，2002年，第375頁。

〔註10〕　（清）戴璐：《藤陰雜記》卷二，北京古籍出版社，1982年，第18頁。

〔註11〕　（清）崇彝：《道咸以來朝野雜記》，北京古籍出版社，1982年，第62頁。

〔註12〕　（清）夏仁虎：《舊京瑣記》卷三《朝流》，北京古籍出版社，1986年，第50頁。

〔註13〕　（清）丁柔克：《柳弧》卷四，中華書局，2002年，第284頁。

〔註14〕　（清）崇彝：《道咸以來朝野雜記》，北京古籍出版社，1982年，第2頁。

另外，還有一些流傳於官場內部的諺語，並無針砭之意，只是對實際情況的一種明確描述。如「吏部四司，世稱喜怒哀樂。蓋文選司掌升遷除授之籍，故曰喜司；考功司掌降革罰俸之籍，故曰怒司；稽勳司掌丁憂病故之籍，故曰哀司；驗封司掌封贈蔭襲之籍，故曰樂司。」〔註 15〕又如刑部有諺語「直不直，奉無縫」〔註 16〕之說。這是因為在刑部的十八個司中，直隸司有司門而不走，出入都走旁門。而奉天司有照壁，照壁上如果有裂紋，被附會為對長官不利，所以經常塗飾。

二、謠諺中的民生百態

有很多諺語反映清代北京普通百姓的生活，這在衣食住行上都有體現。清末，在北京有一句諺語：「頭戴馬聚源，身披瑞蚨祥，腳踏內聯陞，腰纏四大恆。」馬聚源、瑞蚨祥、內聯陞分別是當時北京最好的帽店、衣料店和鞋店，四大恆則是恆利、恆和、恆興、恆源四家錢莊的總稱。這句諺語充分反映了平民百姓對富足生活的追求與渴望。另外，除了四大恆之外，還有泰源號錢莊實力更為雄厚，「至內務府與宮內流動之款，則由泰源錢號司之。」〔註 17〕因此有所謂「四恆不如一泰源」之諺。

清代北京飲食方面的諺語往往與時令聯繫在一起。有一句諺語說：「三月茵陳四月蒿，五月六月砍柴燒。」〔註 18〕茵陳原本是一種蒿草，它春季三月剛長出的嫩芽才叫茵陳，可以入藥。到了四月，則長成青蒿，是一種蔬菜。等到長老了之後，就只能作為柴火了，兒童也常常將其點燃玩耍，名為星燈。時至今日，北京乃至北方，還有一句「冬至餃子夏至麵」的諺語，這句諺語在清代北京是「冬至餛飩夏至麵」。每逢夏至，「京師於是日家家俱食冷淘麵，即俗說過水麵是也。乃都門之美品。向曾詢及各省遊歷友人，咸以京師之冷淘麵爽口適宜，天下無比。」〔註 19〕冬至，則「民間不為節，惟食餛飩而已」。〔註 20〕餛飩都是以細肉做餡。北京諺語中有關食品的還有「送信的臘八粥，要命的關東糖，救命的煮餑餑」之說，主要說的是窮人躲債之意。第一句是

〔註 15〕 （清）陳康祺：《郎潛紀聞初筆》卷六，中華書局，1984 年，第 131 頁。

〔註 16〕 （清）崇彝：《道咸以來朝野雜記》，北京古籍出版社，1982 年，第 45 頁。

〔註 17〕 （清）崇彝：《道咸以來朝野雜記》，北京古籍出版社，1982 年，第 104 頁。

〔註 18〕 （清）潘榮陛：《帝京歲時紀勝》，北京出版社，1961 年，第 18 頁。

〔註 19〕 （清）潘榮陛：《帝京歲時紀勝》，北京出版社，1961 年，第 21 頁。

〔註 20〕 （清）富察敦崇：《燕京歲時記》，北京出版社，1961 年，第 85 頁。

說臘月初八喝臘八粥的時候，已經是開始追債的時候了。關東糖是臘月二十三祭灶之時給灶王爺吃的，此時正是債主討債的關鍵時刻，所以對欠債人來說「要命」。而民間約定俗成地討債以除夕午夜爲限，這樣到了除夕，吃煮餑餑（即餃子）時，窮人才鬆了一口氣，又躲過了一關。

在京城居住著眾多的高官權貴，因此有「東富西貴」之諺，其意「不過謂東城大宅多，西城府第多」。〔註21〕其中尤以禮王、豫王的府邸更爲豪奢，又有「禮王府的房，豫王府的牆」的諺語。另外，還有一部分較爲富裕的居民。「都中土著，在士族工商以外，有數種人，皆食於官者，曰書吏，世世相襲，以長子孫。其原貫以浙紹爲多，率擁厚資，起居甚奢。夏必涼棚，院必列磁缸以養文魚，排巨盆以栽石榴。無子弟讀書，亦必延一西席，以示闊綽。譏者爲之聯云：『天棚魚缸石榴樹，先生肥狗胖丫頭。』其習然也。」〔註22〕後來，這句諺語引申開來，又被喻爲四合院中較爲富足的北京平民的理想生活狀態。清代北京工程很多，「殿廷曰『欽工』，陵寢曰『陵工』，官署城垣曰『官工』。或由欽派，或屬工部，或隸內府。」〔註23〕工程多由木廠廠商以最低價承包，而又層層加價轉包，往往有很高的利潤，因此有「十包九不盡」之諺。

清代北京的道路狀況很差，百姓難於出行，有很多諺語中反映了這種情況。如「無風三尺土，有雨一街泥」。「晴天是香爐，雨天象墨盒」等等。更令人難以忍受的是，每年春季，都要掏挖道路旁邊排水溝渠中的污泥。「每年一開，例在二三月間，四月而畢，正舉人會試期之前後也。時人爲之語曰：「臭溝開，舉子來；闈墨出，臭溝塞。」〔註24〕可想而知，當時臭氣薰天的景況給舉子們留下了什麼印象。到了清朝末年，這一狀況有所改變，先後在王府井、東華門、東長安街等處鋪設了十幾條石板路，於是留下了「明朝修廟，清朝修道」的諺語。

在清代北京謠諺中，還有很多反映滿族民俗的。如「京師有諺語曰：『雞不啼，狗不咬，十八歲大姑娘滿街跑。』蓋即指小姑也。」〔註25〕在滿族八

〔註21〕 （清）崇彝：《道咸以來朝野雜記》，北京古籍出版社，1982年，第99頁。

〔註22〕 （清）夏仁虎：《舊京瑣記》卷一《俗尚》，北京古籍出版社，1986年，第41頁。

〔註23〕 （清）夏仁虎：《舊京瑣記》卷九《市肆》，北京古籍出版社，1986年，第100頁。

〔註24〕 徐珂：《清稗類鈔》「譏諷類‧臭溝」，中華書局，1984年，第1656頁。

〔註25〕 徐珂：《清稗類鈔》「風俗類‧旗人重小姑」，中華書局，1984年，第2212頁。

旗家庭中，未出嫁的小姑地位很高，在家庭中，無論男女老少，都尊稱爲姑奶奶。在吃飯時，小姑陪伴在父母身邊，而兒媳婦則要侍立於側，如僕人一般。未出嫁的姑娘也享有很高的自由度，「南城外之茶樓、酒館、戲園、球房，罔不有姑奶奶。衣香鬢影，雜沓於眾中。每值新年，則蹤跡所到之處，爲廠甸、香廠、白雲觀等處，姑奶奶盛裝豔服，雜坐於茶棚。」〔註 26〕因此，才有了這句諺語的產生。對於滿族內的一些不良現象，也有謠諺加以諷刺。如清末有諺語云：「樹小牆新畫不古，此人必是內務府。」內務府官員都是旗人出身，有些人並沒有什麼文化，因此，一旦發跡，儘管宅第可以新蓋，但是樹是新栽的，家中也沒有什麼文化積累，讓人一看就可知是暴發戶。

　　清代北京還有系列以三命名的諺語，包含了京城的民生百態，其中有好的方面，也有不好的方面。「三惡：臭蟲、老雅、土妓；三苦多：天苦多疾風，地苦多浮埃，人苦多貴官；三絕無：好茶絕無，好煙絕無，好詩絕無；三尚可：書尚可買，花尚可看，戲尚可聽；三便：火爐、裱房、邸鈔；三可吃：牛奶葡萄、炒栗子、大白菜；三可愛：歌郎、冰桶、蘆席棚。」〔註 27〕

三、謠諺中的歲時風俗

　　清代北京的謠諺中還有大量反映歲時風俗的，從正月初一直到臘月三十，都可以在謠諺中看到。正月初一，正是拜年的日子，由於要走訪的人家太多，所以拜年者往往「親者登堂，疏者投刺而已」。〔註 28〕因此，諺稱「走千家不如坐一家」。〔註 29〕正月京城到處燃放煙火，煙火種類各種各樣，鞭炮有雙響震天雷、升高三級浪等，在地上盤旋的有地老鼠，在水中燃放的有水老鼠，還有霸王鞭、竹節花、泥筩花、金盆撈月、疊落金錢等等。還有深爲兒童喜愛的，有童謠曰「滴滴金，梨花香，買到家中哄姑娘。」〔註 30〕正月中還有頗多禁忌，在諺語中都有反映「春戊寅日爲天赦，新葬墳墓，於戊寅前期祭掃，諺云『新墳不過赦』。正月不遷居，不糊窗槅，爲善正月。諺云『正五九，沒處走。』」〔註 31〕

〔註 26〕徐珂：《清稗類鈔》「風俗類·旗人重小姑」，中華書局，1984 年，第 2212 頁。

〔註 27〕李家瑞編：《北平風俗類徵》引《越縵堂日記》，商務印書館，1937 年，第 464 頁。

〔註 28〕（清）富察敦崇：《燕京歲時記》，北京出版社，1961 年，第 43 頁。

〔註 29〕（清）潘榮陛：《帝京歲時紀勝》，北京出版社，1961 年，第 6 頁。

〔註 30〕（清）潘榮陛：《帝京歲時紀勝》，北京出版社，1961 年，第 9 頁。

〔註 31〕（清）潘榮陛：《帝京歲時紀勝》，北京出版社，1961 年，第 11 頁。

春季萬物復蘇，兒童們脫下厚重的棉衣，有著豐富多彩的娛樂活動，有童謠說：「楊柳青，放空鐘。楊柳活，抽陀羅。楊柳發，打尜尜。楊柳死，踢毽子。」〔註 32〕清明時節，一方面是人們對故去的先輩進行祭掃的時節，一方面也是人們出城春遊的好時光。祭掃後，在墳前放風箏是其中一項重要的娛樂活動。另外人們還採摘新柳佩帶，諺云：「清明不帶柳，來生變黃狗。」〔註 33〕

到了夏季，天氣狀況對農時有著重要影響。諺云：「有錢難買五月旱，六月連陰吃飽飯。」〔註 34〕在長期的生產實踐中，人們還總結出了北京的雨水特點，諺云：「大旱不過五月十三。」〔註 35〕傳說此日是關羽過江會吳之期，這天下的雨稱之爲磨刀雨。如果七月立秋時下雨，往往預示著有好的收成，所謂：「騎秋一場雨，遍地出黃金。」〔註 36〕另外，如果九月重陽日和十三日都沒有下雨，則往往預示著冬季乾燥少雪。即所謂「重陽無雨看十三，十三無雨一冬乾。」〔註 37〕

冬季是一年中歲時諺語最豐富的季節，著名的九九歌流傳已久，各代各地有不同的版本，清代北京的爲：「一九二九，相逢不出手。三九四九，冰上走。五九四十五，窮漢街前舞。七九六十三，路上行人著衣單。」〔註 38〕臘月因爲臨近過年，所以物價昂貴，「故有『臘月水土貴三分』之諺。高年人於歲逼時，訓飭後輩謹慎出入，又有『二十七八，平取平抓』之諺。」〔註 39〕爲了迎接新年，人們一般都要在年尾沐浴，諺云：「二十七，洗疚疾。二十八，洗邋遢。」〔註 40〕對於整個臘月乃至正月初一的活動，還有一首童謠加以總結。「老婆老婆你別饞，過了臘八兒就是年，臘八粥幾天，漓漓拉拉二十三。二十三糖瓜黏，二十四掃房日，二十五炸豆腐，二十六燉羊肉，二十七殺公雞，二十八把麵兒發，二十九蒸饅頭，三十晚上熬一宵，大年初一去拜年。

〔註 32〕　（清）潘榮陛：《帝京歲時紀勝》，北京出版社，1961 年，第 10 頁。
〔註 33〕　（清）潘榮陛：《帝京歲時紀勝》，北京出版社，1961 年，第 14 頁。
〔註 34〕　（清）潘榮陛：《帝京歲時紀勝》，北京出版社，1961 年，第 18 頁。
〔註 35〕　（清）富察敦崇：《燕京歲時記》，北京出版社，1961 年，第 65 頁。
〔註 36〕　（清）潘榮陛：《帝京歲時紀勝》，北京出版社，1961 年，第 24 頁。
〔註 37〕　（清）潘榮陛：《帝京歲時紀勝》，北京出版社，1961 年，第 29 頁。
〔註 38〕　（清）潘榮陛：《帝京歲時紀勝》，北京出版社，1961 年，第 33 頁。
〔註 39〕　（清）潘榮陛：《帝京歲時紀勝》，北京出版社，1961 年，第 35 頁。
〔註 40〕　（清）潘榮陛：《帝京歲時紀勝》，北京出版社，1961 年，第 37 頁。

您新禧，您多禮，一手白麵不攙你，到家給你父母道新禧。」〔註41〕

（原載《北京文博》2009 年第 1 期）

〔註41〕李家瑞編：《北平風俗類徵》引《北平歌謠集》，商務印書館，1937 年，第 107 頁。

北京永定河碑刻概說

　　2017 年 9 月 29 日，《北京城市總體規劃（2016 年～2035 年》發佈，其中指出推進大運河文化帶、長城文化帶、西山永定河文化帶三條文化帶的整體保護利用。永定河是北京城的母親河，北京的成長與發展，離不開永定河的哺育與滋潤。永定河文化有著豐厚、燦爛的內涵，而沿著永定河兩岸星落分佈的有關永定河的碑刻是永定河文化重要的有機的組成部分，永定河碑刻反映著這條母親河給北京帶來的繁榮與痛苦，奮鬥與進步。對永定河碑刻進行深入地研究，無疑會大大推進西山永定河文化帶的保護和利用。〔註1〕

　　對於永定河碑刻進行系統地整理，始於清代編纂的三部永定河志書，即乾隆五十四年（1789）陳琮主纂的《永定河志》，嘉慶二十年（1815）李逢亨主纂的《永定河志》和光緒八年（1882）朱其詔、蔣廷皋主纂的《永定河續志》。前兩種志書在附錄中有「碑記」專門對永定河碑刻進行全文著錄，並且有宸章紀（碑文、記、詩、匾、聯）記載了一部分御製碑，建置考中以「碑亭」一目記載了相關碑刻。嘉慶《永定河志》所記內容基本與乾隆《永定河志》一致，只補充了個別碑刻。光緒《永定河續志》記載了前兩志修訂之後所立的一些永定河碑刻。儘管上述三志記載了大量的永定河碑刻，但鑒於三志的漏載以及三志修成後的清末乃至民國又新立了一些永定河碑刻，因而對永定河碑刻的整理仍是一個亟待進行的基礎工作。

　　本文在上述三志的基礎上，搜覽史籍，參考今人撰著，並進行實地考察，

〔註 1〕　「永定河碑刻」概念的定義可以分為寬泛的與具體的兩種，寬泛的永定河碑刻指的是永定河流域的所有碑刻，而具體的則指永定河流域範圍內與永定河有密切關係的碑刻。本文研究的對象是後者。

共輯得北京地區〔註2〕1949 年以前的永定河碑刻 65 種，〔註3〕並按照內容將其分爲水利工程、法律規章、御製詩、河神信仰、水利糾紛等五類，〔註4〕對其進行概要介紹。

一、水利工程類永定河碑刻

儘管永定河是北京城的母親河，但歷史上卻多次氾濫成災，嚴重地威脅著流域內的生命與財產安全。因此，對永定河的河患治理一直爲歷代統治者所重視，這也反映在北京永定河碑刻尤其是清代及以後的碑刻上。

魏建城鄉侯劉靖碑雖已佚失，但碑文得以保留，記載了戾陵堰（戾陵遏）、車廂渠這一永定河上最早的水利工程。碑文記載車廂渠「所潤涵四五百里，灌田萬有餘頃」。取得了良好的社會效益。武定摩崖石刻是北京現存最早的一處碑刻，位於門頭溝區河北村永定河畔一方巨石上。其內容很短：「武定三年十月十五日，平遠將軍□安太守，築城都使元勒又用夫一千五百人，鄉豪都督三十一人，十日訖功。」雖然記載的是在永定河邊築城的經過，但這一緊鄰永定河的築城工程肯定涉及到供排水等與永定河密切相關的工程。北京永定河碑刻中的另外兩種摩崖石刻也與水利工程有關，左宗棠的部將王德榜於光緒年間在門頭溝區域內的永定河段建設下葦店、丁家灘、車子崖（陳家莊）、水峪嘴、琉璃局五處水利工程，光緒七年（1881），恭親王奕訢、醇親王奕譞奉慈禧命令視察工程，王德榜在河邊石壁鐫刻「醇親王到此」以示紀念。次年，工程完工，王德榜再次在崖壁鐫刻文字，記載其事。

水利工程類永定河碑刻有記載堤壩建設的，如明代的重修盧溝河堤記、固安縣修堤建龍王廟記以及清代的奉修固安縣渾河堤岸碑記等。如重修盧溝河堤記碑記載了正統元年（1436）春，盧溝橋附近的盧溝河兩岸河堤潰決 11處，總計長度 1200 丈。明英宗派內官監太監蕭通、襄城伯李鄘、工部尚書曹

〔註2〕 儘管有些永定河碑刻不在今北京轄區內，但在立碑的當時都位於順天府範圍內，故一併輯錄。

〔註3〕 永定河碑刻種類數量的統計很複雜，有的一種碑刻同時刊刻成幾通石碑，分立於各處，這樣的，統計數字列爲一種。有的碑陽、碑陰乃至碑側都先後刻有不同的內容，這樣的就不計爲一種，而是計爲幾種。有的碑陽與碑陰是同一篇章，則計爲一種。

〔註4〕 李雪梅：《定章立制：清代〈永定河志〉中奏議和碑文之功用》，《古籍整理研究學刊》2014 年第 3 期。該文將三種《永定河志》中的永定河碑刻歸納爲河務紀事碑與制度公文碑兩類。

鑒負責修繕堤壩，動用了官兵 3000 人，民夫 800 人，工程始於三月十一日，「不數月而堤就功成。缺者以完，壞者以復，橫流者以息，修築者以固。農有耕獲之利，居無漂蕩之虞，行無阻滯之憂。」〔註5〕

　　水利工程類永定河碑刻有記載具體一處水利工程的，如金門閘諸碑等。金門閘位於河北省涿州市義和莊鄉北蔡村北永定河右岸，與北京市交界。金門閘初建於清康熙四十年（1701），其作用是引荓牛河的清水入永定河沖刷淤泥。後於乾隆三年（1738）移動位置，改建爲石閘，沿用金門閘之名。永定河泥沙較多，爲了防止淤積，造成河面高於閘門的情況，經常要予以疏濬。歷次工程完工後，多立碑予以記錄，如乾隆三十八年（1773）所立的金門閘濬淤碑，同年所立的金門閘三次修建丈尺銀數碑等。前者記載了乾隆皇帝派遣官員疏濬金門閘，「於金門閘過水之處，即爲挑濬，務始積淤盡除，水道暢行，以資疏泄。」〔註6〕後者記載了乾隆三年（1738）、乾隆六年（1741）、乾隆三十五年（1770）三次金門閘工程建設的施工數據以及所使用經費數據。

　　水利工程類永定河碑刻有記載治理河患決口的，如北上二號漫口合龍將軍顯著靈異記。該碑記載了光緒十六年（1890）因爲連續大雨，形成洪水，於六月初五日，沖毀永定河堤北上二號處堤壩達 200 多丈。水勢洶湧，南達南苑，北面直接威脅京城。清政府星夜調集官兵搶修，可是材料準備不足，不能立刻堵上決口。只能一方面派人到處購買搶險物資，一方面開鑿引河，減小水勢。到了九月十日，搶險工程進行到決口將要合龍時，水勢突然大漲，兩岸堤壩岌岌可危。但這時河神顯靈，將洪水導入引河，轉危爲安，決口得以合龍，大堤得到保全。該碑雖然將功勞繫於河神保祐，但也可以看出當時搶險工程的險峻以及廣大施工人員的辛勤付出。

　　水利工程類永定河碑刻還有記載永定河上及附屬交通設施的，如盧溝橋諸碑、永定河十里鋪渡口記事碑、鎮威軍張總司令以工代賑創修永定河汽車路德政碑等。鎮威軍張總司令以工代賑創修永定河汽車路德政碑由時任京兆永定河河務局長孔祥榕立於民國十四年（1925），記載了當時控制北京的軍閥張作霖（時任鎮威軍總司令）派閻澤溥任京津賑務總辦，採取以工代賑的辦法，用 450 石的賑濟糧，募集災民，修通了永定河北堤的汽車路也就是公路，

〔註5〕　（清）陳琮纂：乾隆《永定河志》卷一九《附錄》，學苑出版社，2013 年，第583 頁。

〔註6〕　（清）朱其詔、蔣廷皋纂：光緒《永定河志》卷一五《附錄》，學苑出版社，2013 年，第 475 頁。

公路從京西跑馬廠經楊村直抵天津。工程由永定河河務局負責，只用了短短20多天就告竣工。由此可見，公路的等級不會太高，應該是在原有河堤基礎上略加整修。碑文雖然對張作霖不無溢美之詞，但也反映了工程的實際情況。

以上的四類水利工程類永定河碑刻都是研究永定河水利史的第一手寶貴資料。

二、法律規章類永定河碑刻

法律規章類永定河碑刻主要是清代的碑刻，清朝歷代皇帝將針對永定河制定的各項法律規章制度以碑刻的形式公諸於世，並且同一種碑文多處立碑，使永定河沿岸的百姓廣爲得知並且加以遵守。

清乾隆三十八年（1773）三月所立永定河事宜碑在五處設立，碑文規定了石景山同知、南北岸同知、三角澱通判等各級永定河河道官員所具體管轄的堤壩工段，以及其他永定河水利施工的具體事宜。清乾隆十八年（1753）三月所立禁河身內居民添蓋房屋碑在三處設立，碑文詳細記載了沿岸各縣永定河各工段堤壩內各村現有的戶數、房屋類型及房間數，嚴禁村民再額外新蓋，以保證行洪安全。立於清光緒三年（1877）的禁止下口私築土埝碑嚴令禁止永定河下游村莊的村民私自修築土埝，修築土埝雖然能保障村民的農田安全，但是對於行洪的大局卻有諸多危害，因此必須禁止。

三、御製詩類永定河碑刻

現存的御製詩類永定河碑刻最早的是立於清康熙四十年（1701）十一月一日康熙帝察永定河詩碑，詩云：「源從自馬邑，溜轉入桑乾。渾流推濁浪，平野變沙灘。廿載爲民害，一時奏効難。豈辭宵旰苦，須治此河安。」表達了康熙皇帝對於徹底治理好永定河的殷切心情。

除了此碑外，現存此類碑刻都是乾隆皇帝所立，有的詩是專門視察水利工程所留，有的詩是經過永定河、盧溝橋所留。儘管乾隆皇帝的文采一般，詩尤其平淡無味，但這些詩碑多立於永定河畔，也是清朝治理永定河的標誌紀念物，具有較高的歷史價值。

四、河神信仰類永定河碑刻

由於歷史上永定河爲害甚巨，而當時生產力與科技水平的低下又難以徹

底根除河患，因而統治者轉而求助神的力量，希望神來幫忙。從金代開始，將永定河冊封爲安平侯，每年派地方官員予以祭祀。元代封永定河爲顯應惠濟公，明代曾在永定河的河堤上修建龍神廟。

清康熙三十七年（1698），康熙皇帝親自視察治河工程，竣工之際，賜河名爲「永定」，並在盧溝橋北建立神廟，立了永定河神廟碑，後稱此廟爲南惠濟廟。雍正七年（1729），雍正皇帝在石景山龐村西（今首鋼院內）新建了惠濟廟，後稱之爲北惠濟廟（北惠濟祠），祭祀永定河神，並在廟中建碑亭，立御製永定河神廟告成祭文碑。乾隆十六年（1751），乾隆皇帝正式封永定河爲「安流廣惠永定河神」，並重修了北惠濟廟。之後，在京南固安縣又修築了東、西惠濟廟，成爲四大皇家祭祀永定河的廟宇，廟中都立有御製詩碑。今僅北惠濟廟仍有建築及碑刻遺留，其他三座惠濟廟都已蕩然無存。

除了官方祭祀的廟宇外，民間在永定河畔也往往建有龍王廟，如永定河邊的門頭溝區三家店村至今有保存完整的龍王廟，存碑四通。

五、水利糾紛類永定河碑刻

此類碑刻今僅存琉璃渠村勝訴碑一種，原在門頭溝區琉璃渠村，民國十九年（1920）立。城龍灌渠是清光緒八年（1882）春，左宗棠部下王德榜率部在永定河出山口一帶所修的飲水灌溉工程，引水處在琉璃渠村，佔用了該村一些耕地，灌渠流經城子、大峪、劉莊子、曹各莊、橋戶營、上岸、栗園莊、西辛秤，最後到臥龍崗村，使沿途九村獲益不淺。但是到民國時，王德榜的後人王道本將灌渠據爲己有，並創辦興殖水利公司，向受益村莊收取水費。琉璃渠村因被占耕地卻沒有得到水費收益，故而村民阻斷灌渠，這樣又引起了九村村民與琉璃渠村的矛盾。最後經宛平縣長及河北省建設廳長出面調停，興殖水利公司每年向琉璃渠村交納大洋八十元，分兩次交付。事件得以解決，琉璃渠村立碑爲證。

由於種種歷史原因，現存北京永定河碑刻的保存現狀不容樂觀，集中在原地保存超過兩通碑刻以上的只有金門閘的五通碑，豐臺區北天堂村大王廟的三通碑，盧溝橋的四通碑，門頭溝區三家店村的四通碑。實際上前兩處雖在原地保存，但各碑也都移動過。其他各處零星保存的永定河碑刻有的已被收入博物館、文管所，原地保存的也大多沒有得到妥善保管，這種狀況希望在以後的西山永定河文化帶的整體保護利用中能夠得以改觀。

北京永定河碑刻一覽表

序號	名稱	立碑時間	著錄情況	存佚情況	備注
1	魏建城鄉侯劉靖碑	西晉元康五年（295）	陳琮纂：乾隆《永定河志》卷一九《附錄》，學苑出版社，2013年，第582～583頁。	今已無存。	
2	武定摩崖石刻	東魏武定三年（545）十月十五日	北京石刻藝術博物館：《北京地區摩崖石刻》，學苑出版社，2010年，第56～57頁。	位於門頭溝區王平地區河北村永定河畔一方巨石上。	
3	重修盧溝河堤記	明正統元年（1436）十月	陳琮纂：乾隆《永定河志》卷一九《附錄》，學苑出版社，2013年，第583頁。	碑原在盧溝橋回龍廟，今已無存。	
4	固安堤記	明正統三年（1438）七月	陳琮纂：乾隆《永定河志》卷一九《附錄》，學苑出版社，2013年，第584頁。	碑原在盧溝橋回龍廟，今已無存。	
5	重修盧溝橋河堤記略	明嘉靖	陳琮纂：乾隆《永定河志》卷一九《附錄》，學苑出版社，2013年，第584頁。	今已無存。	
6	固安縣修堤建龍王廟記	明萬曆三年（1575）六月	陳琮纂：乾隆《永定河志》卷一九《附錄》，學苑出版社，2013年，第585頁。	碑原在固安北堤口古河神廟，今已無存。	
7	固安縣創修重堤暨龍王廟碑記	明萬曆四十三年（1615）六月	陳琮纂：乾隆《永定河志》卷一九《附錄》，學苑出版社，2013年，第586頁。	碑原在固安西惠濟廟，今已無存。	
8	重修龍興庵碑記	清順治二年（1645）		在門頭溝區三家店村龍王廟。	
9	盧溝橋碑	清康熙八年（1669）十一月二十七日	陳琮纂：乾隆《永定河志》卷首，學苑出版社，2013年，第21頁。	在盧溝橋。	滿漢碑。
10	奉修固安縣渾河堤岸碑記	清康熙三十一年（1692）	陳琮纂：乾隆《永定河志》卷一九《附錄》，學苑出版社，2013年，第7頁。	碑原在固安十里鋪河神廟，乾隆三十六年（1771）五月在遷移的過程中沉於永定河。	

11	永定河神廟碑	清康熙三十七年（1698）十二月十六日	陳琮纂：乾隆《永定河志》卷首，學苑出版社，2013年，第 21～22 頁；北京圖書館金石組編：《北京圖書館藏中國歷代石刻拓本彙編》，1989 年，第 65 冊第 136 頁。	原在盧溝橋北南惠濟祠，今不存。	
12	固安縣太平莊東河神廟碑記	清康熙三十九年（1700）八月	陳琮纂：乾隆《永定河志》卷一九《附錄》，學苑出版社，2013年，第 587 頁。	碑原在永定河南岸五工太平莊河神廟，今已無存。	
13	察永定河詩	清康熙四十年（1701）十一月一日	英廉等纂：《日下舊聞考》卷一二六《京畿·東安縣》，北京古籍出版社，1983 年，第 2033 頁；陳琮纂：乾隆《永定河志》卷首，學苑出版社，2013年，第 26 頁；北京圖書館金石組編：《北京圖書館藏中國歷代石刻拓本彙編》，1989 年，第 65 冊第 176～177 頁。	在盧溝橋。	碑陽、碑陰都有文字。
14	北惠濟廟御製碑	清雍正十年（1722）四月	陳琮纂：乾隆《永定河志》卷首，學苑出版社，2013年，第 22 頁。	現存石景山區首鋼院內北惠濟祠。	
15	石景山初禮惠濟祠、惠濟祠疊癸酉舊作韻	清乾隆十八年（1753）十月，乾隆二十九年（1764）二月	陳琮纂：乾隆《永定河志》卷首，學苑出版社，2013年，第 36、39 頁。	現存石景山區首鋼院內北惠濟祠。	刻於北惠濟廟御製碑碑陰。
16	西惠濟廟碑	清雍正十一年（1733）	陳琮纂：乾隆《永定河志》卷一九《附錄》，學苑出版社，2013年，第 588 頁。	碑原在固安西惠濟廟，今已無存。	
17	過盧溝橋	清乾隆二十年（1755）二月	陳琮纂：乾隆《永定河志》卷首，學苑出版社，2013年，第 37 頁；北京圖書館金石組編：《北京圖書館藏中國歷代石刻拓本彙編》，1989 年，第 71 冊第 55 頁；北京石刻藝術	原在房山行宮，現存於房山區長溝鎮小學校一教室牆壁上。	

			博物館：《新日下訪碑錄（房山卷）》，北京燕山出版社，2013 年，第 332～333 頁。	
18	閱永定河堤因示直隸總督方觀承	清乾隆十五年（1750）三月	陳琮纂：乾隆《永定河志》卷首，學苑出版社，2013 年，第 30～31 頁；北京圖書館金石組編：《北京圖書館藏中國歷代石刻拓本彙編》，1989 年，第 70 冊第 126 頁。	碑原存石景山區龐村北惠濟廟，今存北京石刻藝術博物館。	
19	閱永定河詩及記	清乾隆二十年（1755）	陳琮纂：乾隆《永定河志》卷首，學苑出版社，2013 年，第 37～38 頁；北京圖書館金石組編：《北京圖書館藏中國歷代石刻拓本彙編》，1989 年，第 71 冊第 53 頁。	碑原存石景山區龐村北惠濟廟，今存北京石刻藝術博物館。	刻於乾隆十五年閱永定河隄因示直隸總督方觀承碑碑陰。
20	安流廣惠永定河神廟碑	清乾隆十六年（1751）十一月十一日	陳琮纂：乾隆《永定河志》卷首，學苑出版社，2013 年，第 23 頁。	原在盧溝橋北南惠濟祠，今不存。	
21	《觀永定河新移下口處兼示總督方觀承、永定河道白中山》詩四章	清乾隆十八年（1753）二月	陳琮纂：乾隆《永定河志》卷首，學苑出版社，2013 年，第 36 頁。	碑原在永定河南堤七工舊南堤二號碑亭，今已無存。	
22	《取道閱永定河即事成韻》詩一章	清乾隆十八年（1753）二月		碑原在永定河南堤八工舊南堤十五號碑亭，今已無存。	
23	盧溝曉月	清乾隆十六年（1751）	陳琮纂：乾隆《永定河志》卷首，學苑出版社，2013 年，第 34 頁；北京圖書館金石組編：《北京圖書館藏中國歷代石刻拓本彙編》，1989 年，第 70 冊第 157 頁。	在盧溝橋。	碑陽為「盧溝曉月」四字，碑陰為詩，碑側為詩。

24	過盧溝橋作	清乾隆五十九年（1794）三月	李逢亨纂：嘉慶《永定河志》卷首，學苑出版社，2013 年，第 80 頁。	在盧溝橋。	刻於盧溝曉月碑側。
25	禁河身內居民添蓋房屋碑	清乾隆十八年（1753）三月	陳琮纂：乾隆《永定河志》卷一九《附錄》，學苑出版社，2013 年，第 591～593 頁。	原有三座，分別在南岸四工四號堤上，南堤七工五號堤上，北堤七工廢北墊頭號。三碑今皆不存。	
26	東惠濟廟碑	清乾隆二十二年（1757）	陳琮纂：乾隆《永定河志》卷一九《附錄》，學苑出版社，2013 年，第 589 頁。	碑原在固安東惠濟廟，今已無存。	
27	三角澱惠濟廟碑	清乾隆二十二年（1757）	陳琮纂：乾隆《永定河志》卷一九《附錄》，學苑出版社，2013 年，第 589～590 頁。	碑原在北墊上汛孫家坨堤上，今已無存。	
28	閱文安堤工作	清乾隆三十二年（1767）二月	英廉等纂：《日下舊聞考》卷一二二《京畿·文安縣》，北京古籍出版社，1983 年，第 1989 頁；付豔華：《文安縣乾隆御詩碑》，《文物春秋》，2014 年第 4 期。	位於文安縣蘇橋鎮東與崔家坊村相交處的皇恩亭中。	
29	閱文安堤工疊舊作韻	清乾隆三十五年（1770）三月	英廉等纂：《日下舊聞考》卷一二二《京畿·文安縣》，北京古籍出版社，1983 年，第 1989 頁；付豔華：《文安縣乾隆御詩碑》，《文物春秋》，2014 年第 4 期。	位於文安縣蘇橋鎮東與崔家坊村相交處的皇恩亭中。	刻於閱文安堤工作碑碑陰。
30	閱文安堤工再疊舊作韻	清乾隆三十八年（1773）	英廉等纂：《日下舊聞考》卷一二二《京畿·文安縣》，北京古籍出版社，1983 年，第 1989～1990 頁；付豔華：《文安縣乾隆御詩碑》，《文物春秋》，2014 年第 4 期。	位於文安縣蘇橋鎮東與崔家坊村相交處的皇恩亭中。	刻於閱文安堤工作碑碑側。
31	閱文安堤工三疊舊韻	清乾隆五十三年（1788）	民國十一年《文安縣志》；付豔華：《文安縣乾隆御詩碑》，《文物春秋》，2014 年第 4 期。	位於文安縣蘇橋鎮東與崔家坊村相交處的皇恩亭中。	刻於閱文安堤工作碑碑側。

32	重修南岸五工河神廟記	清乾隆三十三年（1768）	陳琮纂：乾隆《永定河志》卷一九《附錄》，學苑出版社，2013年，第590頁。	碑原在永定河南岸五工太平莊河神廟，今已無存。	
33	閱永定河記	清乾隆三十八年（1773）三月	英廉等纂：《日下舊聞考》卷一二六《京畿·東安縣》，北京古籍出版社，1983年，第2033～2035頁；陳琮纂：乾隆《永定河志》卷首，學苑出版社，2013年，第23～25頁；付豔華：《乾隆〈閱永定河記碑〉與永定河的治理》，《文物春秋》，2013年第6期。	原位於廊坊市安次區調河頭鄉朱官屯村永定河南堤北側回龍碑亭（原永定河北堤三號堤上碑亭），現存廊坊市文物管理處碑碣苑內。	滿漢碑。
34	往閱永定河下口輿中作	清乾隆三十八年（1773）三月	陳琮纂：乾隆《永定河志》卷首，學苑出版社，2013年，第45頁；英廉等纂：《日下舊聞考》卷一二六《京畿·東安縣》，北京古籍出版社，1983年，第2035頁；付豔華：《乾隆〈閱永定河記碑〉與永定河的治理》，《文物春秋》，2013年第6期。	原位於廊坊市安次區調河頭鄉朱官屯村永定河南堤北側回龍碑亭（原永定河北堤三號堤上碑亭），現存廊坊市文物管理處碑碣苑內。	在閱永定河記碑碑陰。
35	閱永定河下口詩以示裘日修、周元理、何煟	清乾隆三十八年（1773）三月	陳琮纂：乾隆《永定河志》卷首，學苑出版社，2013年，第45頁；英廉等纂：《日下舊聞考》卷126《京畿·東安縣》，北京古籍出版社，1983年，第2035～2036頁；付豔華：《乾隆〈閱永定河記碑〉與永定河的治理》，《文物春秋》，2013年第6期。	原位於廊坊市安次區調河頭鄉朱官屯村永定河南堤北側回龍碑亭（原永定河北堤三號堤上碑亭），現存廊坊市文物管理處碑碣苑內。	在閱永定河記碑碑側。
36	永定河神祠詩碑	清乾隆三十八年（1773）三月	陳琮纂：乾隆《永定河志》卷首，學苑出版社，2013年，第42～43頁；北京石刻藝術博物館：《新日下訪碑錄（大興卷、通州卷、順義卷）》，北京燕山出版社，2016年，第43～44頁。	原在大興區正福莊鄉趙村龍王廟遺址，今存大興區文管所。	碑陽刻「葵薪非不屬」詩，碑陰刻「庚寅下決口」詩。

37	堤柳一首	清乾隆三十八年（1773）三月	陳琮纂：乾隆《永定河志》卷首，學苑出版社，2013年，第44頁；涿州市文物保管所：《涿州貞石錄》，北京燕山出版社，2005年，第80～81頁。	碑原在永定河南岸二工十四號河神祠碑亭，現存河北涿州金門閘。	
38	閱金門閘作	清乾隆三十八年（1773）三月	陳琮纂：乾隆《永定河志》卷首，學苑出版社，2013年，第43～44頁；涿州市文物保管所：《涿州貞石錄》，北京燕山出版社，2005年，第82～83頁。	碑原在永定河南岸二工十四號河神祠碑亭，現存河北涿州金門閘。	刻於堤柳一首碑碑陰。
39	永定河事宜碑	清乾隆三十八年（1773）三月	陳琮纂：乾隆《永定河志》卷一九《附錄》，學苑出版社，2013年，第593～595頁；北京圖書館金石組編：《北京圖書館藏中國歷代石刻拓本彙編》，1989年，第73冊第118頁。	原有五座，分別在河道署儀門左，盧溝橋南惠濟廟正殿前，南岸四工五號，北岸三工十五號堤上，北堤七工頭號堤上。五碑今皆不存。	
40	金門閘濬淤碑	清乾隆三十八年（1773）六月	朱其詔、蔣廷皋纂：光緒《永定河續志》卷一五《附錄》，學苑出版社，2013年，第475頁。	原在南岸二工金門閘南壩臺，現存河北涿州市北蔡村金門閘。	
41	金門閘三次建修丈尺銀數碑	清乾隆三十八年（1773）	朱其詔、蔣廷皋纂：光緒《永定河續志》卷一五《附錄》，學苑出版社，2013年，第475～476頁。	現存河北涿州市北蔡村金門閘。	刻於金門閘濬淤碑碑陰。
42	良鄉縣沿河十六村莊碑	清乾隆四十二年（1777）	朱其詔、蔣廷皋纂：光緒《永定河續志》卷一五《附錄》，學苑出版社，2013年，第476～477頁。	碑現無存。	
43	重葺盧溝橋記	清乾隆五十一年（1786）二月	陳琮纂：乾隆《永定河志》卷首，學苑出版社，2013年，第25～26頁。	在盧溝橋。	
44	過盧溝橋詩（有序）	清乾隆五十一年（1786）二月	陳琮纂：乾隆《永定河志》卷首，學苑出版社，2013年，第51～52頁。	在盧溝橋。	刻於重葺盧溝橋記碑碑陰。

45	重修龍王廟碑記	清乾隆五十一年（1786）十月	北京圖書館金石組編：《北京圖書館藏中國歷代石刻拓本彙編》，1989年，第75冊第64頁。	在門頭溝區三家店村龍王廟。	
46	過盧溝橋作	清乾隆五十三年（1788）二月	陳琮纂：乾隆《永定河志》卷首，學苑出版社，2013年，第52頁。	在盧溝橋。	刻於重葺盧溝橋記碑碑側。
47	過盧溝橋作	清乾隆五十五年（1790）二月	李逢亨纂：嘉慶《永定河志》卷首，學苑出版社，2013年，第79～80頁。	在盧溝橋。	刻於重葺盧溝橋記碑碑側。
48	重修金門閘碑	清道光四年（1824）	朱其詔、蔣廷皋纂：光緒《永定河續志》卷一五《附錄》，學苑出版社，2013年，第477頁；涿州市文物保管所：《涿州貞石錄》，北京燕山出版社，2005年，第88～91頁。	現存河北涿州市北蔡村金門閘。	碑陽、碑陰都有文字。
49	南上汛建造灰壩碑	清道光四年（1824）	朱其詔、蔣廷皋纂：光緒《永定河續志》卷一五《附錄》，學苑出版社，2013年，第477～478頁。	碑現無存。	
50	重修金門減水石閘碑	清同治十一年（1872）	朱其詔、蔣廷皋纂：光緒《永定河續志》卷一五《附錄》，學苑出版社，2013年，第478～479頁。	現存河北涿州市北蔡村金門閘。	碑陽、碑陰都有文字。
51	重修南上汛灰壩碑	清同治十二年（1873）	朱其詔、蔣廷皋纂：光緒《永定河續志》卷一五《附錄》，學苑出版社，2013年，第480頁。	碑現無存。	
52	重修求賢灰壩碑	清同治十三年（1874）	朱其詔、蔣廷皋纂：光緒《永定河續志》卷一五《附錄》，學苑出版社，2013年，第480～481頁。	現存大興區求賢村。	
53	禁止下口私築土墊碑	清光緒三年（1877）	朱其詔、蔣廷皋纂：光緒《永定河續志》卷一五《附錄》，學苑出版社，2013年，第481～482頁。	碑現無存。	
54	重修龍王廟碑	清光緒七年（1881）		在門頭溝區三家店村龍王廟。	

55	龍王廟施銀題名碑			在門頭溝區三家店村龍王廟。	
56	永定河十里鋪渡口記事碑	清光緒七年（1881年）十二月	趙玉良：《永定河渡口記事碑：記錄歷史的來往》,《中國水利報》,2014年3月27日。	在榆垡鎮辛安莊村永定河大堤內機井房東側。	
57	「醇親王到此」摩崖石刻	清光緒七年（1881）十月二十日	北京石刻藝術博物館：《北京地區摩崖石刻》,學苑出版社,2010年,第81頁。	位於門頭溝區丁家灘村京門鐵路2號道口東北巨石上。	
58	王德榜治河摩崖石刻	清光緒八年（1882）	北京石刻藝術博物館：《北京地區摩崖石刻》,學苑出版社,2010年,第82頁。	位於門頭溝區丁家灘村京門鐵路2號隧道西側石壁。	
59	永定河告示碑	清光緒十年（1884）閏五月十六日	北京石刻藝術博物館：《新日下訪碑錄（大興卷、通州卷、順義卷）》,北京燕山出版社,2016年,第52～53頁。	現存大興區東、西蘆城村。	兩碑相同。
60	北上二號漫口合龍將軍顯著靈異記	清光緒十七年（1891）	北京圖書館金石組編：《北京圖書館藏中國歷代石刻拓本彙編》,1989年,第86冊第193頁。	現存豐臺區北天堂村大王廟。	
61	盧溝橋岱王廟碑	清光緒二十一年（1895年）八月		現存盧溝橋岱王廟。	碑殘。
62	重建金門閘記	清宣統元年（1909）	北京圖書館金石組編：《北京圖書館藏中國歷代石刻拓本彙編》,1989年,第90冊第13～14頁；涿州市文物保管所：《涿州貞石錄》,北京燕山出版社,2005年,第100～103頁；馬壘：《宣統元年〈重建金門閘記〉碑的史料價值》,《文物春秋》,2014年第6期。	現存河北涿州市北蔡村金門閘。	碑陽、碑陰都有文字。
63	馮檢閱使德政碑	中華民國十四年（1925）一月	北京圖書館金石組編：《北京圖書館藏中國歷代石刻拓本彙編》,1989年,第94冊第144頁。	現存豐臺區北天堂村大王廟。	

| 64 | 鎮威軍張總司令以工代賑創修永定河汽車路德政碑 | 中華民國十四年（1925）一月 | | 現存豐臺區北天堂村大王廟。 | |
| 65 | 琉璃渠勝訴碑 | 中華民國十九年（1920） | | 原在琉璃渠村，現存永定河文化博物館。 | |

（原載《中國地方志》2019 年第 1 期）

附錄：重要永定河碑刻輯錄

一、永定河神廟碑

永定河神廟碑文／

朕勞心萬民，於農田水利諸務常切講求，大要仿古之決河濬川而因勢利導，度有可行，期於必濟。惟動丕應，樂觀／厥成。念茲永定河，其初也無定。蓋緣河所從來遠，發源太原之天池，經朔州馬邑，會雁雲諸水，過懷來夾山而下，至／都城南。土疏衝激，數徙善潰，頗壞田廬，爲吾民患苦，朕甚憫之。蠲賑雖頻，告菑如故。永圖捍禦之策，諏度疏濬之方。／特命撫臣于成龍董司厥事，庀役量材，發帑諏日，具告禱於／神。乃率作方興，庶民子來，畚鍤雲集。湯湯之水，湍波有歸，橫流遂偃。嘉此新河，既瀦既平。計地自宛平之盧溝橋至永／清之朱家莊，滙郎城河注西沽以入於海。計里延袤二百有餘，廣十有五丈。計工始於康熙三十七年三月辛丑，即／工於五月己亥。自今蓄泄交資，高卑竝序，民居安集，亦克有秋。夫豈惟人力是爲，抑亦神麻是賴。宜永有秩於茲土，／以福吾民，用是錫河名曰永定，封爲河神。新廟奕奕，丹艧崇飾，更頒翰墨，大書匾顏，▉畲靈貺。豈特於祈報之禮／肴加，尙俾知水利有必可興，水患有必當去，而勤於民事，神必相之，以勸我長吏。凡一渠一堰，咸所當盡心。爰揭諸／碑，紀茲實事，鑒於後人，視永定河所自始。／

康熙三十七年歲次戊寅冬十有二月十六日。

碑拓片高 190 釐米，寬 69 釐米。北京圖書館金石組編：《北京圖書館藏中國歷代石刻拓本彙編》，1989 年，第 65 冊第 136 頁。

二、察永定河詩碑

察永定河詩碑陽拓片

源從自馬邑，溜轉入桑乾。渾流／推濁浪，平野變沙灘。廿載爲民／害，一時奏効效難。豈辭宵旰苦，須／治此河安。察永定河。

碑陰

康熙四十年辛巳冬十一月一日。／

巡撫直隸等處地方管轄紫荊密雲等關隘督理軍務兼理糧餉□部……／

兼督察院右副都御史臣李光地管理直隸錢穀守……／

良鄉縣知縣……

碑在盧溝橋，清康熙四十年（1701）十一月一日立。拓片高 174 釐米，寬 64 釐米。北京圖書館金石組編：《北京圖書館藏中國歷代石刻拓本彙編》，1989 年，第 65 冊第 176～177 頁。

三、閱永定河隄因示直隸總督方觀承詩碑

額篆書「御製」

碑陽

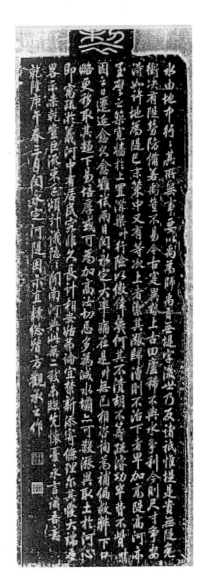

閱永定河隄因示直隸總督方觀承詩碑照片及拓片

　　水由地中行，行其所無事。要以禹爲師，禹貢無隄字。後世乃反諸，祇惟隄是貴。無隄免／衝決，有隄勞防備。若禹豈不易，今古寔異勢。上古田廬稀，不與水爭利。今則尺寸爭，安／得如許地。爲隄已末策，中又有等次。

上者禦其漲，歸漕則不治。下者卑加高，隄高河亦／至。譬之築寬牆，於上置溝渠。叶。行險以僥倖，幾何其不潰。胡不籌疏濬，功半費不貲。叶。／因之日遷延，愈久愈難試。兩日閱永定，大率病在是。叶。無已相諮詢，爲補偏救弊。下口／略更移，取其趨下易。培厚或可爲，加高汝切忌。多爲減水壩，亦可殺漲異。取土於河心，／即寓疏淤義。河中有居民，究非久長計。相安姑弗論，宜禁新添寄。條理爾其覆，大端吾／畧示。桑乾豈巨流，束手煩計議。隱隱聞南河，與此無二致。未臨先懷憂，永言識吾意。／

乾隆庚午春三月閱永定河隄因示直隸總督方觀承。

碑原存石景山區龐村北惠濟廟，今存北京石刻藝術博物館。清乾隆十五年（1750）三月立。碑身拓片高 262 釐米，寬 90 釐米。額高 30 釐米，寬 34 釐米。北京圖書館金石組編：《北京圖書館藏中國歷代石刻拓本彙編》，1989 年，第 70 冊第 126 頁。

四、閱永定河詩及記碑

永定本無定，竹箭激濁湍。長源來塞外，兩山束其間。挾沙下且駛，不致爲災患。一過盧溝／橋，平衍漸就寬。散漫任所流，停沙每成山。其流復他徙，自古稱桑乾。所以疏刳方，不見紀／多官。一水麥雖成，亦時災大田。因之創築隄，／聖人哀民艱。行水屬之澱，蕩漾歸清川。其初非不佳，無奈歷多年。河底日以高，隄牆日以穿。無／已改下流，至今凡三遷。前歲所遷口，復歎門限然。大吏請予視，蒿目徒憂煎。我無禹之能，／況禹未治豚。詎云其可再，不過爲補偏。下口依汝移，目下庶且延。復古事更張，尋思有／所難。乙亥暮春閱永定河作。／

永定河，古所稱一水一麥之地。康熙三十二年，始事築堤。而下流入澱，挾沙易淤，故下口數／徙。康熙年間由柳汊口，雍正年間由三角澱，近年改由冰窖，今復漸淤。總督方觀承建議／移下口於北隄之東，因親臨視，詩以紀之。乾隆御筆。

刻於乾隆十五年《閱永定河隄因示直隸總督方觀承》碑碑陰，碑原存石景山區龐村北惠濟廟，今存北京石刻藝術博物館。碑額篆書「御製」。碑身拓片高 258 釐米，寬 88 釐米。額高 30 釐米，寬 33 釐米。北京圖書館金石組編：《北京圖書館藏中國歷代石刻拓本彙編》，1989 年，第 71 冊第 53 頁。

閱永定河詩及記碑照片

五、北上二號漫口合龍將軍顯著靈異記碑

碑額篆書「萬古流芳」

北上二號漫口合龍／將軍顯著靈異記／

今上御極之十五年，余奉／命視道篆，巡歷上下游。見河身淤墊，竊用殷憂，建議疏濬中泓，以經費過鉅，事不果行。越歲，甫交大汛，淫／雨爲災。河水陡發，經數晝夜不息。又兼風狂雨猛，人力難施。以至六月初五日，北上二號漫口二百／數十丈。水勢洶騰，逕趨南苑，直逼京門。星夜調集員兵搶護，而勢甚兇猛，物料不濟，迄不可支。／蒙／宮太傅爵閣督部堂李奏派按察使周馥、候補道吳廷斌會同培因督辦堵築口門。以石／景山同知竇延馨董理壩務，調南七主簿潘煜任北上事。是時，物料正值青黃不接之際，委員四路／購備，即於七月望日興作。時秋水正旺，盧溝橋以下溜勢湍激，辦理諸多棘手。爰開通引河，以分水／勢。各旱口門與禦水等工亦一律舉辦。迨九月十日，將合龍時，河水陡高，兩壩垂墊幾殆。幸賴／將軍於金門口特著靈異，得以轉危爲安。甫啓引河全溜順軌，大壩頃刻合龍。是皆仰託／國

家洪福，故河伯効靈，／傅相據情奏達。仰蒙／御書「金隄永固」匾額，以答神庥。且刻桷丹楹，廟貌又爲之一肅。是役也，費帑三十餘萬金。在事者，百餘員。／役夫以萬計。夫無曠工，員無曠職。尤賴兩會辦擘畫之勞，廳汛贊襄之力，俾兩閱月告厥成功。／傅相以功之勞且成之速也，聞諸／朝廷，敘功論賞各有差。功成之明年，伏秋二汛，獲履安瀾。余也竊幸此功之告成，又喜成其功者之能永／固斯隄也。爰紀其顛末，勒諸石以誌不朽。／

　　欽命二品銜、賞戴花翎、總理直隸永定河道隨帶加十級萬培因謹撰。／
　　欽加三品銜、掌理大壩事宜、在任候補道卓異候升石景山同知竇延馨。／
　　欽加五品銜、隨辦壩務、在任候補知縣、調署北上汛、武清縣縣丞潘煜。／
　　欽加五品銜、在任候補知縣卓異候升宛平縣盧溝司巡檢陳人龍謹書。／
大清光緒十七年歲次辛卯吉月日立。

北上二號漫口合龍將軍顯著靈異記碑照片

　　碑在豐臺區北天堂村大王廟。拓片高 136 釐米，寬 87 釐米。額高 28 釐米，寬 24 釐米。北京圖書館金石組編：《北京圖書館藏中國歷代石刻拓本彙編》，1989 年，第 86 冊第 193 頁。

六、馮檢閱使德政碑

碑額楷書「永垂不朽」

馮檢閱使德政碑／

夫自古水患，黃河而外，首推永定。蓋以上源諸水，皆夾流於晉北萬山中，高於本河三千餘尺，水湍土鬆，挾沙泥而下，河淤堤高，人／居釜底，每一決潰，爲患最深。甲子入夏以來，連月苦雨，水氣勃戾，上源驟漲，匯而下注，溜益湍急。南上二、三兩工搶護無效，先後決／口四處，隄外數百里盡成澤國，人畜漂蕩，田廬淹沒，爲百十年來罕見之奇災。黃土坡者，左倚京奉鐵道，右臨本河北上二工，爲潰／決各口門之對岸也。當南岸決口之後，大溜斜奔，該工正當掃灣頂撞之衝。隄根被水，不轉瞬而大隄涮去一百四十餘丈，雖經／內務部派員周技正象賢、方顧問維因偕本河員弁、兵夫竭力搶護，未能脫險。七月八日，水勢更大。復蒙／陸軍檢閱使馮公玉祥派現任京畿警備總司令鹿師長鍾麟，鳴鐘率同部下軍隊二千餘人到隄協助。自營長以上，／莫不負薪捧土，身先士卒。嗣見水溜過急，隨潰隨搶，危在旦夕。乃率軍士就殘餘土坡，加築新隄，晝夜弗懈。歷三十餘日，新隄始成。／而水勢洶洶，如萬馬奔騰，衝撞而至，使無新隄之防禦，豈惟沿河村落被淹，鐵道被毀，即畿輔以南數十萬生民皆葬魚腹矣，厥績／豈不偉哉！祥榕甲子十月奉令管理永定河務，巡視各工。至黃土坡，見新隄百餘丈，形如彎月，迎流若屏障焉。河干父老告余曰：「此／馮公隄也。今夏大水，倘無此隄防護，則吾民早與波臣俱去矣。吾數百村生命財產今日得以父其父，子其子者，皆馮公之賜也。／且也時當盛暑，隄外有荷田數畝，花葉亭亭。以兩團兵士之眾，從事工作者一月有餘。雖汗流浹背，未嘗妄採一藕以止渴。其紀律／之嚴，誠爲近世所罕覩。」祥榕聞言，乃知德政感民之深且遠也。馮公不但精於治兵，且善於治水，古之良將、良吏，馮公兼而有／焉。當今舉世滔滔，安得盡如馮公之連年派隊協助者。則又不禁臨流悚惶，爲無數蒼生前途既危且懼也。惟是南岸決口未堵，／涿、良、文、霸各縣人民尚日處於洪溜飄蕩中，而環顧兩岸堤工，焦頭爛額，如黃土坡之險要，亟待修治者，尚不一而足。今幸／薛公篤弼來尹京兆，凡百爲政，勤求治理。對於河工，尤亟亟垂詢，思所以整治之策。是又繼馮公而救我胞與者矣。祥榕欽敬之／餘，爰銘貞珉，聊代口碑云爾。／

京兆永定河河務局長孔祥榕率全河員弁等恭立。／

中華民國十四年歲在乙丑一月穀旦。

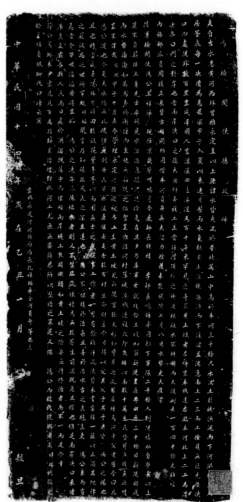

馮檢閱使德政碑照片及拓片

碑在豐臺區北天堂村大王廟。拓片高 178 釐米，寬 83 釐米。北京圖書館金石組編：《北京圖書館藏中國歷代石刻拓本彙編》，1989 年，第 94 冊第 144 頁。

七、鎮威軍張總司令以工代賑創修永定河汽車路德政碑

碑額楷書「永垂不朽」

鎮威軍張總司令以工代賑創修永定河汽車路德政碑／

昔汲黯發粟，德被淮南；李冰治水，名垂西蜀。是皆兼而爲政，功在民生。若夫爲國家干城之重寄，作末／世劫海之慈航。能使千夫額手，萬姓臚歡。如／鎮威軍張總司令者，是尤難能矣。查永定河向以經費不足，舊堤失

修，而沿河村民因罹凶年，田廬漂／沒，嗷嗷待哺者不可勝數。甲子十月祥榕奉命任京兆永定河河務局長，於履勘河務之餘，曾著修／治本河方略。內有以工代賑辦法，頗以空言無補，實惠難施。幸承／張總司令派閻君澤溥爲京津賑務總辦，採及蒭蕘，實行以工代賑辦法，撥給賑糧四百五十石，創／修永定河北岸汽車路。祥榕督飭本河員弁，悉集沿河災黎，分給賑糧，以日計工。上自京西跑馬廠起，／下經楊村，以達天津，分段興工，凡二十有幾日而全路工程告竣。以歲久失修之河堤，今成汽車通行／之大道。不但可以補助京津交通之不足，且於本河搶險、輸料、查察工程，尤有莫大之便利。而沿河災／黎得此賑糧，復免凍餒。一舉三善，謂非／張總司令之功德也哉！祥榕仰企風猷，謹識始末，爰勒貞珉，用垂不朽云。／

京兆永定河河務局長孔祥榕率全河員弁等恭立。／

中華民國十四年歲在乙丑一月。

鎮威軍張總司令以工代賑創修永定河汽車路德政碑照片

碑在豐臺區北天堂村大王廟。

參考文獻

（以作者姓名音序排列）

一、古籍

1. （漢）班固：《漢書》，中華書局，1974 年。
2. 北京民族古籍整理出版規劃小組輯校：《清蒙古車王府藏子弟書》，國際文化出版公司，1994 年。
3. 北京圖書館金石組編：《北京圖書館藏中國歷代石刻拓本彙編》，中州古籍出版社，1989 年。
4. （清）陳琮纂：乾隆《永定河志》，學苑出版社，2013 年。
5. （清）陳康祺：《郎潛紀聞初筆》，中華書局，1984 年。
6. （明）陳子龍編：《明經世文編》，中華書局，1962 年。
7. （清）崇彝：《道咸以來朝野雜記》，北京古籍出版社，1982 年。
8. （清）戴璐：《藤陰雜記》，北京古籍出版社，1982 年。
9. （清）丁柔克：《柳弧》，中華書局，2002 年。
10. （清）富察敦崇：《燕京歲時記》，北京出版社，1961 年。
11. （金）孔元措：《孔氏祖庭廣記》，叢書集成初編本。
12. （清）李逢亨纂：嘉慶《永定河志》，學苑出版社，2013 年。
13. （清）麟慶：《鴻雪因緣圖記》，北京古籍出版社，1984 年。
14. （明）劉侗、于奕正：《帝京景物略》，北京古籍出版社，1983 年。
15. （金）劉祁：《歸潛志》，中華書局，1983 年。
16. （清）劉獻廷：《廣陽雜記》，中華書局，1957 年。
17. （清）潘榮陛：《帝京歲時紀勝》，北京出版社，1961 年。
18. （明）沈榜：《宛署雜記》，北京古籍出版社，1983 年。
19. （明）沈愷：《環溪集》，明隆慶五年至萬曆二年沈紹祖刻本。

20. （清）孫承澤：《天府廣記》，北京古籍出版社，1984 年。

21. （宋）司馬光等：《資治通鑒》，中華書局，1956 年。

22. （明）宋濂等：《元史》，中華書局，1976 年。

23. （元）脫脫等：《遼史》，中華書局，1974 年。

24. （元）脫脫等：《宋史》，中華書局，1977 年。

25. （元）脫脫等：《金史》，中華書局，1975 年。

26. （清）吳長元：《宸垣識略》，北京古籍出版社，1983 年。

27. （清）夏仁虎：《舊京瑣記》，北京古籍出版社，1986 年。

28. 向南編：《遼代石刻文編》，河北教育出版社，1995 年。

29. （元）熊夢祥：《析津志輯佚》，北京古籍出版社，1983 年。

30. （宋）徐夢莘：《三朝北盟會編》，上海古籍出版社，1987 年。

31. 薛瑞兆、郭明志編纂：《全金詩》，南開大學出版社，1995 年。

32. 閻鳳梧主編：《全遼金詩》，山西古籍出版社，1999 年。

33. 閻鳳梧主編：《全遼金文》，山西古籍出版社，2002 年。

34. （宋）葉隆禮撰，賈敬顏、林榮貴點校：《契丹國志》，上海古籍出版社，1985 年。

35. （元）佚名：《元代畫塑記》，人民美術出版社，1964 年。

36. （清）佚名編：《人海詩區》，北京古籍出版社，1994 年。

37. （清）于敏中等編纂：《日下舊聞考》，北京古籍出版社，1983 年。

38. （宋）宇文懋昭撰，崔文印校證：《大金國志校證》，中華書局，1986 年。

39. （金）元好問編：《中州集》，中華書局，1959 年。

40. （金）元好問編：《中州集》，華東師範大學出版社，2014 年。

41. （金）元好問：《元好問全集》（增訂本），山西古籍出版社，2004 年。

42. （宋）曾鞏撰，王瑞來校證：《隆平集校證》，中華書局，2012 年。

43. （清）張金吾編：《金文最》，中華書局，1990 年。

44. （清）張廷玉等：《明史》，中華書局，1974 年。

45. （金）趙秉文：《閑閑老人滏水文集》，叢書集成初編本，商務印書館，1936 年。

46. 趙季輯校：《足本皇華集》，鳳凰出版社，2013 年。

47. （清）震鈞：《天咫偶聞》，甘棠轉舍刊本，光緒三十三年（1907）。

48. （清）昭槤：《嘯亭雜錄》，中華書局，1980 年。

49. （清）朱其詔、蔣廷皋纂：光緒《永定河志》，學苑出版社，2013 年。

50. （宋）莊綽：《雞肋編》，中華書局，1997 年。

二、著作

1. 北京石刻藝術博物館：《北京地區摩崖石刻》，學苑出版社，2010 年。
2. 北京石刻藝術博物館：《新日下訪碑錄（大興卷、通州卷、順義卷）》，北京燕山出版社，2016 年。
3. 高福順：《科舉與遼代社會》，中國社會科學出版社，2015 年。
4. 胡吉勳：《大禮議與明廷人事變局》，社會科學文獻出版社，2007 年。
5. 李桂芝：《遼金科舉研究》，中央民族大學出版社，2012 年。
6. 李家瑞編：《北平風俗類徵》，商務印書館，1937 年。
7. 徐珂：《清稗類鈔》，中華書局，1984 年。
8. 于德源：《北京歷代城坊、宮殿、苑囿》，首都師範大學出版社，1997 年。
9. 于傑、于光度：《金中都》，北京出版社，1989 年。
10. 張國慶：《佛教文化與遼代社會》，遼寧民族出版社，2011 年。
11. 周峰：《完顏亮評傳》，民族出版社，2002 年。
12. 涿州市文物保管所編：《涿州貞石錄》，北京燕山出版社，2005 年。

三、論文

1. 陳曉偉：《遼以釋廢：少數民族社會視野下的佛教》，《世界宗教研究》，2010 年第 1 期。
2. 付豔華：《乾隆〈閱永定河記碑〉與永定河的治理》，《文物春秋》，2013 年第 6 期。
3. 付豔華：《文安縣乾隆御詩碑》，《文物春秋》，2014 年第 4 期。
4. 黃春和：《阿尼哥與元代佛教藝術》，《五臺山研究》，1993 年第 3 期。
5. 黃淑芳、王順貴：《新發現稀見宋元明清唐宋詩歌選本二十種述論》，《上饒師範學院學報》，2011 年第 5 期
6. 李雪梅：《定章立制：清代〈永定河志〉中奏議和碑文之功用》，《古籍整理研究學刊》，2014 年第 3 期。
7. 劉伯涵：《明代的「均田定役」與「均田免糧」》，《史學集刊》，1989 年第 3 期。
8. 馬壘：《宣統元年〈重建金門閘記〉碑的史料價值》，《文物春秋》，2014 年第 6 期。
9. 潘洪鋼：《傳統社會中的民間謠諺與社會政治生活——以清代謠諺為例的討論》，《學習與實踐》，2008 年第 6 期。
10. 熊文彬：《元朝宮廷的「西天梵相」及其藝術作品》上，《中國藏學》，2000 年第 2 期。

11. 鄭紹宗：《豐潤天宮寺發現的遼代刻經》，《內蒙古文物考古文集》（第二輯），中國大百科全書出版社，1997年。